TEXTBOOKS

TSUKAMU

教育学をつかむ
【改訂版】

木村 元・小玉重夫・船橋一男――著

有斐閣
YUHIKAKU

改訂版を刊行するにあたって

　『教育学をつかむ』が刊行されてから10年を迎えました。この間，11刷を重ね，教育学を学ぶための基本書として定着することができました。しかし，この10年間で日本内外の教育と教育をめぐる動向は大きく変容し，また，新学習指導要領への移行もはじまりました。これらに対応すべく，新しい内容を大幅に取り入れるとともに，内容を精選して改訂版として刊行するはこびとなりました。

　新しい動向のひとつに，教職大学院やコアカリキュラムを中心とした教員養成の改革の動きがあります。これは，理論より教育の実践を重視しようとする動きであり，アカデミックな教育学と教職教育を架橋する本書の特徴がますます求められているともいえます。実践を教育そのものに立ち返って捉えたり，教育を社会との関係で把握する視点は，実践を深める意味でも欠かすことができないからです。

　こんにちの教育が難しくなっている背景には，社会の少子高齢化，グローバル化，人工知能（AI）に代表される情報処理技術の飛躍的向上といった人類史的な社会変動があります。この10年間で，こうした変動が，教育や学校の領域に直接反映してきています。教育は，福祉などと関係を強め，より総合的な観点から見直されてきており，教師と生徒を軸にしてきた学校のあり方も，スクールカウンセラーやスクールソーシャルワーカーなどが参入するなかでその構成員をひろげています。「多民社会」の進行は，国家を前提とした教育の枠組みを大きく問い直し，シティズンシップ教育の必要を促すとともに，情報テクノロジーの著しい進展により，これまでの教員文化やそこでの教育のあり方を変えることが予想されます。

　さらに，3.11東日本大震災以降，リスク教育が注目され，また，入試は学校接続という観点から選別としてだけでなく入学後の教育の準備としても考えられるようになってきています。OECDによる生徒の学習到達度調査以来，コンピテンシーという概念も定着してきています。アクティブラーニングや18歳選挙権への対応なども含めて，これらの新しい教育の動向を踏まえて教育学を理解できるように刷新したのが本書です。

はしがき

📖 本書のねらい

 教育は，誰もが受けてきた最も身近な経験です。また，教育について，連日のようにマスメディアをはじめとしてさまざまなところで論じられています。素人談義がしやすいというところに，教育という分野の特徴があるといえるかもしれません。しかし本書は，それとはやや異なった角度から，教育学という学問を通して教育を「つかむ」ことを目指しています。教育学という学問のネタをなるべくわかりやすく伝えたい，そんな思いからこの本はつくられました。

📖 本書の構成

 教育学の世界では近年，教員養成や現職教員研修のための「教職教育学」と，教員養成を目的としない「アカデミックな教育学」とが，分離される傾向があります。それに対してこの本では，「教職教育学」と「アカデミックな教育学」を結びつけてつかむことを目指しています。そのために，キーワードとして，「ペダゴジー（教えるということ）」を据え，以下のような構成にしました。

 まず，教育の基本的な原理を社会や歴史との関係をふまえながら学びます（第Ⅰ部）。次に，教えることと学ぶことに関わるペダゴジーの特徴を考えます（第Ⅱ部）。そのうえで，こんにちの教育が直面する現代的諸課題から，教育の現在を考えます（第Ⅲ部）。全体としては，「ペダゴジー（教えるということ）」を真ん中に据えて（第Ⅱ部），それを歴史や思想（第Ⅰ部）と現代的な諸課題（第Ⅲ部）でサンドイッチ状にはさむ，という構成になっています。

 結果として本書は，狭義の教職教育学よりも広い領域と課題を対象としています。もとより，本書がつかもうとしている教育学が教職教育学と別種のものであるというわけではありません。むしろ，本書で示されたような知見こそが，教職教育学にとってもきわめて重要ではないかと私たちは考えています。

📖 本書の使い方

 本書は，独立した 32 の unit を 3 部 10 章に分けて構成しています。部や章は各 unit の位置づけを示すもので，各 unit は読み切りで書かれていますので，

どのunitから読まれても大丈夫です。この「はしがき」を補う意味では，unit 31を最初に読むと，本書の趣旨を理解するのに役立つかもしれません。

　unit 1からunit 30までは，それぞれ，本論と本論の理解を深めるための**重要ポイント，要約，確認問題，読書案内**から成り立っています。確認問題は本論の理解を確認するために役立ちますが，読書案内にあげられている文献も参考にしながら，自分なりの問いを発見するためにも活用してください。

　本書は，幅広くさまざまな読者層を対象にしています。

　大学等（教員免許更新講習や教職大学院等での教職研修も含む）でのテキストとして用いられる場合には，各章ごとに用いても，ねらいによってunitを取捨選択し，組み合わせて使っていただいてもよいようにつくられています。

　学生や研究者のみなさんには，確認問題などを参考にしながら，論文やレポートのテーマ選び，論点探しにも生かしてもらえればと思います。

　教師の方や教師を志望される方は，まず第Ⅱ部から読まれ，第Ⅰ部で原理的な問題を関連づけて学ばれ，さらに第Ⅲ部で現代的な視点を深めるという読み方もあるかもしれません。学校での日々の実践を教育学の観点から意味づけ，説明するための材料としても活用いただければ幸いです。

　教育問題に関心のある方や一般読者の方は，第Ⅲ部の関心のあるテーマからお読みいただき，第Ⅰ部やⅡ部に戻って視野を広げることもできます。

　私たちは3年にわたってほぼ毎月，各自の担当した原稿を持ち寄って議論を重ねてきました（執筆分担は著者紹介にあります）。その際，有斐閣の池一氏と中村さやか氏には大変お世話になりました。お2人には，なかなか進まない私たちの作業に対して，辛抱強く，あるときは励ましをあるときはご鞭撻をいただきました。この場を借りて感謝を申しあげたいと思います。

2009年3月

木　村　　　元
小　玉　重　夫
船　橋　一　男

著者紹介

木 村　　元（きむら　はじめ）

執筆分担：unit 0～4, 6, 11, 22, 24, 28

1958 年生まれ。東京大学大学院教育学研究科博士課程単位取得退学。
現在，一橋大学大学名誉教授，青山学院大学コミュニティ人間科学部特任教授。
主な著作：
　『境界線の学校史──戦後日本の学校化社会の周縁と周辺』（編著，東京大学出版会，2020 年），『学校の戦後史』（岩波新書，2015 年），『日本の学校受容──教育制度の社会史』（編著，勁草書房，2012 年），『教育から見る日本の社会と歴史』（共編著，八千代出版，2008 年：韓国版，ノンヒュン日本学シリーズ 26，2011 年），『人口と教育の動態史──1930 年代の教育と社会』（編著，多賀出版，2005 年），など。

小玉重夫（こだま　しげお）

執筆分担：unit 5, 7～9, 20, 21, 23, 25, 29～31

1960 年生まれ。東京大学大学院教育学研究科博士課程修了。博士（教育学）。
現在，東京大学大学院教育学研究科教授。
主な著作：
　『教育政治学を拓く──18 歳選挙権の時代を見すえて』（勁草書房，2016 年），『学力幻想』（ちくま新書，2013 年），『難民と市民の間で──ハンナ・アレント『人間の条件』を読み直す』（現代書館，2013 年），『シティズンシップの教育思想』（白澤社，2003 年），『教育改革と公共性──ボウルズ＝ギンタスからハンナ・アレントへ』（東京大学出版会，1999 年），など。

船 橋 一 男（ふなばし　かずお）

執筆分担：unit 10, 12～19, 26, 27

1959 年生まれ。立教大学大学院文学研究科博士課程単位取得退学。
現在，埼玉大学教育学部教授。
主な著作：
　『近代日本の人間形成と学校──その系譜をたどる』（共著，クレス出版，2013 年），『「社会」の発見と変容』講座 東アジアの知識人 3（共著，有志舎，2013 年），『ことばを育む教室──つながり・わかちあう「ことばの体験」を』（共編著，つなん出版，2005 年），など。

目　次

- unit **0**　序　教育学とは何か ——————————————— 1
  教育学を成り立たせているもの（1）　教育というものの性格について（2）　教育学の成立の基盤——ペダゴジーの胎動（3）　教育科学の登場（4）　ペダゴジーとしての教育学と教育科学（5）　教育学の困難（6）　教育学をどうつかむか——教育学の構成（7）

第Ⅰ部　教育をどうとらえるか

第Ⅰ部　Introduction（10）

第1章　教育と子ども ——————————————— 11

Introduction 1　（12）

- unit **1**　教育とは何か——教育の概念 ——————————— 13
  人間形成と教育（13）　人間形成における「形成」と「共同体のための教育」（14）　子どもを価値とする教育——〈教育〉の誕生（16）　〈教育〉の困難（17）　教育をどう考えるか（18）　テクノロジーの進展のなかの教育——エンハンスメントとの対比（19）

- unit **2**　子ども観——文化・人口・家族 ——————————— 22
  子ども観の形成とその背景（22）　西洋の子ども観の諸相（22）　日本の子ども観の展開（24）　多産多死社会から少産少死社会へ（25）　戦後日本の子ども観と家庭教育（26）　少子社会の子育ての課題（27）

- unit **3**　人間の発達と教育 ——————————————— 30
  発達を考えるために（30）　発達はどうとらえられてきたか（31）　発達の基盤としての人間の特性（32）　「発達と教育」に関する諸理論の展開（34）　発達論の現代的動向（35）　「発達と教育」の歴史的・社会的規定（35）

第2章　教育と社会 ——————————————————— 39

Introduction 2　（40）

- unit ❹ 学校とは何か──近代学校の成立と特徴 ──── 41
  - 大人になるための通過儀礼（41）　学校の成立（41）　文化伝達の方式の転換（42）　近代学校の要請とその特徴（43）　日本の学校の展開と特徴（46）　近代学校の定着と不信（47）　問われる，学校へ行くこと（49）　教育機会確保法と多様な学び（51）
- unit ❺ 国民国家と教育 ──── 53
  - 国民教育の思想（53）　「国民」概念の両義性（54）　日本における国民教育（55）　国民概念の分岐と再編成（56）
- unit ❻ 社会変動と教育 ──── 60
  - ペダゴジーと社会変動（60）　高度成長期以前の社会と「青年」（61）　家族−学校−職業の連結──高度成長期の社会と教育（62）　高度成長期後の社会と教育──1970年代半ばの転換（63）　大衆消費社会と情報化社会の到来と青少年の生活（64）　家族・地域・生活の変容と学校（66）　少子高齢化社会と教育（67）

第❸章　教育の目的 ──── 71

Introduction ❸　（72）

- unit ❼ 近代の教育思想 ──── 73
  - 『二十四の瞳』の大石先生──近代啓蒙思想としての教育（73）　カントの啓蒙思想（74）　近代の産物としての「子ども」（74）　コンドルセの啓蒙思想（77）　教職課程カリキュラムにみられるコンドルセの影響とその変化（78）　啓蒙主義の行きづまりと現代（79）
- unit ❽ ジェンダーとセクシュアリティ ──── 81
  - 性別役割規範の問い直し（81）　フェミニズムと教育（82）　ジェンダー概念の導入（82）　ジェンダーからセクシュアリティへ（83）　セクシュアリティと教育（84）
- unit ❾ リテラシーと教養 ──── 88
  - リテラシー概念の変遷（88）　普通教育と教養型リテラシーの成立（89）　教養型リテラシーの特徴（91）　普通教育の再編と教養型リテラシーの変容（91）　もう1つのリテラシー──政治的リテラシー（92）

第Ⅱ部　教えるということ──教育の事実をつくりだすペダゴジー

第Ⅱ部　Introduction（98）

第4章　ペダゴジーのグランドデザイン ……………………… 99

Introduction 4　（100）

unit ⑩　学ぶということ ──────────────── 101
　学ぶという行為の成り立ち（101）　古典ギリシャにおける学びの理想（102）　近代人の開かれた学び（103）　「勉強」＝疎外された学びの様式（104）　経験の再構成としての学び（104）　批判的意識化と解放のための学び（106）

unit ⑪　目標・評価・学力 ──────────────── 109
　教育目的・目標と教育評価──教育のバックボーン（109）　教育目標の性格と課題（110）　学力をめぐる議論（111）　学力評価の展開──相対評価と到達度評価（112）　指導要録の学力評価の課題（113）　教育評価の新しい動向（113）　教える－学ぶを媒介すること（116）

unit ⑫　カリキュラム開発 ──────────────── 118
　カリキュラムとは何か（118）　カリキュラムの3つの次元（119）　教育課程編成からカリキュラム開発へ（120）　工学的アプローチ──カリキュラム開発の様式①（121）　カリキュラム開発の主体としての教師（121）　羅生門的アプローチ──カリキュラム開発の様式②（122）　「実践－批評－開発モデル」と学校に基礎をおくカリキュラム開発（123）　カリキュラムの再定義（123）

第5章　ペダゴジーの遂行① ……………………………………… 127

Introduction 5　（128）

unit ⑬　学習の過程と形態──新たな学びのデザインへ ──── 129
　学習のとらえ直し（129）　状況的学習（130）　認知的徒弟制（131）　社会文化的アプローチと活動理論（132）　媒介された行為としての学習（133）　拡張による学習（133）　分散認知と学習者の共同体（136）

unit ⑭　メディアとしての教材と教科書 ──────────── 138
　メディアという視点（138）　教材とは何か（139）　教科書をどう扱うか（140）　教材解釈について（141）　教材開発について

　　　　　　（142）

unit ⑮　学びの空間のデザイン ―――――――――――― 146
　　　学校という空間（146）　オープンスクールにみる学びの改革と新しい空間のデザイン（147）　アメニティの追求とアクティビティの誘発（149）

第6章　ペダゴジーの遂行②―――――――――――― 153

Introduction 6　（154）

unit ⑯　生 活 指 導 ―――――――――――――――― 155
　　　生活指導の発生とその根拠（155）　「生き方」の指導としての生活指導（156）　社会・文化の変革と生活指導（157）　戦後民主主義と生活指導（158）　思春期問題と生活指導（159）　異質協同型の集団づくり（160）　公共性の概念と生活指導（161）

unit ⑰　教 育 相 談 ―――――――――――――――― 165
　　　教育相談へのニーズ（165）　教育相談とカウンセリングマインド（166）　カウンセリングとは何か（167）　受容と共感のアプローチ（167）　カウンセリングのアプローチの導入と教育現場（169）　カウンセラーと教師のパートナーシップ（170）　国家資格「公認心理師」をめぐって（172）

第7章　ペダゴジーの担い手 ―――――――――――― 175

Introduction 7　（176）

unit ⑱　教師の力量とアイデンティティの形成 ――――― 177
　　　4つの教職モデル（177）　公僕としての教師（178）　技術的熟達者としての教師（179）　技術的熟達者モデルの限界（179）　反省的実践家としての教師（180）　省察とは何か（181）　ライフストーリー研究とライフコース研究（183）

unit ⑲　教職の専門職化 ―――――――――――――― 185
　　　教職の専門職化をめぐる現状（185）　専門職とは何か（186）　教職の専門職化へ向けた2つの国際的文書（186）　民主的専門職性の提起（188）　学校を基盤にした研究コミュニティ（188）

第Ⅲ部　ペダゴジーをめぐる現代的な課題

第Ⅲ部　Introduction（194）

第8章　教育の制度 …… 195

Introduction 8　（196）

unit 20　教育行政と学校の統治 ── 197
文部科学省と教育委員会（197）　　教育委員会の理念と役割（198）　　教育委員会廃止論（199）　　学校づくりの新しい試み（200）

unit 21　教育における法と政治 ── 203
教育における法治主義と立憲主義（203）　　国民の教育権か国家の教育権か（204）　　法に先立つ政治（205）

第9章　教育の接続 …… 209

Introduction 9　（210）

unit 22　学校接続と中等教育 ── 211
学校システムの逆説（211）　　学校システムの基本構造──中等教育の位置（211）　　ヨーロッパの中等教育システムの形成（212）　　日本における中等教育システムの定着──入試選抜による接続（213）　　戦後の接続関係の特徴（213）　　進級制度からみた日本の教育制度（214）　　新しい接続関係に向けての課題（214）

unit 23　高等教育 ── 217
大学進学率の変化（217）　　高等教育のユニバーサル化（218）　　高大接続改革（218）　　知の解放（220）

unit 24　進路指導／キャリア教育 ── 223
「学ぶ」ことと「働く」ことの接続（223）　　「学校経由の就職」の起動──学校と職業社会をつなぐシステムの特徴（224）　　「進学（受験）指導」と「就職指導（あっせん）」による進路指導（224）　　大人になるプロセスの動揺──21世紀を迎えた労働市場の状況（225）　　「キャリア教育」の提唱と内容（227）　　「権利としてのキャリア教育」の提示（228）　　学校教育における進路指導の固有性（228）

unit 25　社会教育と生涯学習 ── 231
社会教育と学校教育（231）　　生涯教育から生涯学習へ（232）　　アンドラゴジーからポスト・アンドラゴジーへ（233）

第10章　共生の教育 ———————————————————— 237

Introduction 10　（238）

unit 26　子どもの学習と参加の権利 ———————————— 239

権利としての教育（239）　学習権の思想（239）　次世代の権利としての学習権（240）　子どもの権利条約（240）　意見表明権と参加の権利（241）　参加の実践（242）　今後の展望（243）

unit 27　多文化教育 ———————————————————— 247

多文化教育とは（247）　教育的平等から教育的公正へ（248）　多文化教育の展開の諸相（249）　多文化教育の全体像（250）　多文化教育の実践①——取り出し型アプローチ（251）　多文化教育の実践②——人間関係的アプローチ（253）　多文化教育の実践③——多文化的・社会構築主義的アプローチ（254）

unit 28　特別ニーズ教育／インクルーシブ教育 —————— 256

「特殊教育」としての障害児教育からの転換（256）　「特殊教育」の成立（256）　日本の戦後「特殊教育」の展開と統合教育（257）　サラマンカ宣言（259）　特別ニーズ教育／インクルーシブ教育（260）　インクルーシブ教育の展開と課題（261）

unit 29　グローバリゼーションと教育開発 ———————— 264

グローバリゼーションのなかの教育（264）　発展途上国の教育開発（264）　潜在能力アプローチ（265）　「持続可能な開発」とは何か（266）

unit 30　シティズンシップ ———————————————— 270

いま，なぜシティズンシップか（270）　シティズンシップの系譜（271）　シティズンシップ概念の転換（272）　シティズンシップ教育の展開（272）　シティズンシップ教育の具体例——イギリスの場合（273）　日本におけるシティズンシップ教育の展開（276）

unit 31　結　本書がつかもうとした教育学 ————————— 279

教育学という学問の性格について（279）　教育学と社会，政治の関係について（281）　公共性の再構成（282）　東日本大震災と教育（283）

引用・参考文献　　285
事項・人名索引　　297

重要ポイント一覧

- 教育を言葉に着目して考える（教育の言説研究・メタファー法）　18
- 教育的マルサス主義と教育家族　28
- 発達障害　33
- 脱学校論（ディスクール）　48
- 夜間中学　50
- 再生産理論　57
- 企業社会と学力偏差値体制　65
- 教育思想と政治思想　76
- クイア・ペダゴジー　85
- レッジョ・エミリアの幼児教育とリテラシー　93
- 学びのポストモダン——ジルーの境界教育学　107
- コンピテンシーと資質・能力　114
- 隠れたカリキュラム　124
- 新しい学習内容とカリキュラム・ポリティクス　125
- アクティブラーニング　135
- 自然な学びと学習材　143
- 教室をアトリエに　151
- 貧困問題とスクールソーシャルワーク　162
- 多様化する協働関係　171
- 日本の教師の実践記録　182
- 教師教育の高度化と教職大学院　189
- 学校選択と多様な教育機会の提供　201
- チャータースクール　206
- 中等教育修了資格試験制度　215
- 教養主義のゆくえ　219
- シューカツ　226
- プレカリアート　234
- 「ハラスメント」と「指導死」が投げかけるもの　244
- 戦後日本社会と朝鮮学校　252
- 「特殊教育」「障害児教育」「特別支援教育」　258
- 「障害」の把握の展開　262
- ポスト・コロニアリズム　267
- 「友だち民主主義」の落とし穴　274

イラスト　露木　茜

本書のコピー，スキャン，デジタル化等の無断複製は著作権法上での例外を除き禁じられています。本書を代行業者等の第三者に依頼してスキャンやデジタル化することは，たとえ個人や家庭内での利用でも著作権法違反です。

unit 0

序　教育学とは何か

Keywords
ルソー，文化性，社会性，ヘルバルト，コメニウス，デュルケーム，ペダゴジー，社会的事実，教育科学，教育的な価値

教育学を成り立たせているもの

　教育についての報道は数多く，学力低下，学級崩壊，不登校，いじめによる自殺など枚挙にいとまがない。そのなかで，「教育がおかしいのでは」という危機感を多くの人がもっている。
　本書では，こうした「教育の危機の叫ばれ方」に添うのではなく，教育をみる目そのものを鍛えることに主眼をおいている。教育学は教育をみるめがねを学問の方法を用いて提供する学問である。この学問のめがねはどのようにしてつくられ，いまどうなっているのかを知ることで，その効用について考えることを本書は目指している。
　教育学に限らずそれぞれの学問領域はその問題のとらえ方と方法を提供する。対象がうまく機能しない，場合によっては不全におちいったとき，あるいは少なくとも人々がそう感じるようになったとき，既存のめがね，すなわちこれまでのものの見方ややり方ではとらえられない新しい状況に出くわすことで，反省的にその枠組みや対応を振り返りながら更新をはかることになる。
　教育学も教育についてのこうした反省的な営みとして成立，展開してきたといえる。教育学の基礎を築いた大教育家の思想は，それぞれの時代の教育という営みを自覚する必要に迫られ，またあるときは，これまでの教育についての考え方とそれに伴う方法では対応できない状況に遭遇することで，それを乗り越えようとして生まれてきたともいえる。本書でもしばしば取りあげるJ.-J.ルソー（1712-1778）はフランスの絶対王政の末期に登場する。少しでも早く子

どもを大人にすることを前提としている当時の社会においては、個を主人公とする近代以降の社会のような人づくりはできにくい状況があった。そのような現実のなかにあって、ルソーは近代以降の教育の性格の原型を示す『エミール』を生み出したのである（→unit 1）。そう考えるとこんにちは、ルソーの時期と同じように、これまでの教育学の枠組みが反省的にとらえ直されるべき時期にあるともいえる。

教育というものの性格について

これまであえて定義することなく「教育」という言葉をつかってきたが、そもそも教育とは何か。教育は、誰もが受けてきた経験をもつ身近な存在であるが、その定義の仕方はいたって多様である。それは時代によっても違っているし、また地域によっても幅がある。その定義については本文中でふれるところであるが、ここでは、文化伝達のうちで子どもの成長の過程に意図的に働きかける行為というふうにとらえておきたい。ただし、この行為はさまざまであり単純ではない。意図的に成長に働きかけるという**文化性**を共有しながらも、それぞれの時代や社会によって社会性の違いが存在し、そのなかで子どもへの働きかけが要請されるからである。ここでいう**社会性**とは、身分、階級、ジェンダーなどの社会関係を前提とした対立、分裂、葛藤の関係をいう。すなわち、教育とは歴史的に規定された子どもの成長への働きかけであり、文化性と社会性を含み持つものである。

ところで、近代においては子どもの成長自体が価値であり、教育はその援助のための働きかけとしてとらえられているが、それ以前の圧倒的に長い時代はそうではなかった。すなわち、人々は共同体社会のなかに埋め込まれており、その成員づくりが教育であった。子どもの個としての価値を前提にした働きかけではなく、そもそも子どもへの働きかけは意図的と無意図的とがはっきりと区別されるものではなかったのである。例えば、アメリカのヘアーインディアンの社会では「教える」という行為自体が存在していなかったという報告がなされている（原, 1979）。このように、「教える」という行為は歴史的社会的な背景をもってつくりあげられてきたものであるといえる。

教育学は、こうした性格をもつ教育を学問の対象としたことに始まる。それはどのように生まれてきたのだろうか。

教育学の成立の基盤——ペダゴジーの胎動

[1] 子どもを価値とする教育——教育学の登場

　教育学は，共同体社会が崩れ，そこに埋没していた白紙（タブラ ラサ）の状態としての子どもが「発見」され，子どもにどう働きかけたらよいのかという問いに応える形で登場してきたといっていいだろう。ルソーのほか，J. ロック，J. H. ペスタロッチという教育学を語るときに欠かせない教育思想家たちは，子どもという存在に特別な価値を見出し，自覚的にそれに向き合っていこうとした人々である。彼らは，社会のなかに紛れて自然に育っているかにみえたこの存在（子ども）に，それぞれの方法をもってアプローチしようとした。「教える」という行為はその中核を占めるものであった。ある場合には「教えない」という教え方を採用することもあったが，いずれにしても近代の社会を生きるためにこれまでのやり方とは違った「新しい世代の育成」を目的とした営みであったととらえられる。これらを教育学の体系化の系譜として押さえておこう。

[2] 教えるという文化伝達の制度化

　おそらく，もともと無数に存在していたであろう子どもへの特別な働きかけを背景に，社会の制度として「教える」という行為の定式化が求められるようになった。19世紀初頭のJ. F. ヘルバルトの教育学の登場は「教える」という文化伝達の制度化ともいえるものであった。

　ヘルバルト（1960）の教育学は，教育の目的は倫理学に，方法は心理学にその基礎をおいて構成されていた。教育の目的として，近代社会を担うための人間の形成を目指した。そして，人間が物事を認識するためには段階がありその段階に応じた働きかけ（教授）の必要性を示し，その法則をうち立てたのである。実物をみながら経験とつなぎ合わせ，その構造を確認することで明確な観念をつくりだす。さらに，他と比較しながら概念化するという一連の人間の認識過程の構造を明らかにし，その認識の仕方を考慮した文化伝達の方法を見出した。こうした一連の展開は，近代社会の文化伝達の方法の基礎となるものであった。

　この方法についてはJ. A. コメニウス（→unit 10）を始めとする17世紀以降の新しい「文化伝達」に対する諸知見の蓄積が前提となっている。端的にいうと，近代以前の社会の文化伝達が，職人の親方が弟子にものを伝えるように具

体的な人格を介して，その人をまねさせることで行われていたのに対して，文字を介して多数に向けて同一の内容を伝え，あるいは再創造させていく方式が近代の文化伝達の基本であった。

[3] 国家の要請としての教育学

ヘルバルトの教育学が制度的で正統なものとして普及したのは，近代国家創設という時代の要請に適合していたことが大きかった。

近代国家をつくりあげるときに課題とされたのは，まず国家を担う新しい人（国民，産業人）をどのようにつくるかであった。国家の一員としての自覚とそれを支える知識をどう与えるかや，さらに時間どおりにできるといった行動の形成などが課題とされた。しかも，それらがすべての人に共有されていく必要があり，それを支えるものとして構想されたのが学校制度である。そのときに最も問題となったのは，学校制度を担うための人，つまり教師をどうつくるかということであり，それは教員免許制度の基礎を担う学問の成立でもある。ヘルバルト派の教育学はその課題に応えるものでもあった。

このように，教えるという文化伝達の成立に伴って，子どもそれ自体を価値あるものととらえることと，国家（社会）を構成する人物の養成という2つの課題に対応し，時には両者の間の葛藤を抱えながら教育学はつくりあげられていく。

教育科学の登場

これまでみてきた教育学の系譜は，E. **デュルケーム**によると「ペダゴジーとしての教育学」としてとらえられるものである。**ペダゴジー**という言葉は，ギリシャ語の子ども（pais）と導くもの（agogos）の合成語を語源にもち，子どもを教育する技術やそれについての知識・考え方を意味するものである。経験科学としての社会学をうち立てようとしていたデュルケームにとっては，ペダゴジーは「教える」という営みそのものであり，その性格はいわば技術と科学との中間的なもので，それ自体は科学としての教育学の研究対象とはならないものとされた。「教える営み」そのものであるペダゴジーは，より詳しくいうと「人にものを教える技」ともいうことができ，何を教えるか（What）とどのように教えるか（How）とからなるものとしてここでは押さえておこう。デュルケームの「科学としての教育学」が対象としたのは，ペダゴジーとは区

別された教育の側面，すなわち，社会のなかで政治や経済と同様に存在する教育という**社会的事実**であった。社会的事実とは，個人の外にありながら個人の行動や考え方を拘束する，集団に共有された行動，思考の様式をいう。こうした社会のなかの教育をとらえ，それを実証的な社会学的方法に基づいて社会的事物として押さえることで，客観的な研究対象として設定しようとした。デュルケムは，こうした教育学をペダゴジーとしての教育学とは区別して，**教育科学**（science de l'éducation）としてとらえたのである。

ペダゴジーとしての教育学と教育科学

このように，教育学は，デュルケムによってペダゴジーとしての教育学と教育科学とに分けてとらえられた。デュルケムにとっては，ペダゴジーは科学的な教育研究の対象ではなかったためであろう。しかし，両者を別のものとして分けてとらえるだけでよいのであろうか。

それを考えるうえで教育学者の勝田守一の議論は示唆的である。

「教育の問題の実態をつかむために社会科学の勉強をすることが必要になり，最近では，特に経済的な条件や政治的な関係や社会の文化的な諸条件を研究して，教育の問題を追求するという傾向が強まってきた。これは正しいことであった。……ところがここに1つ問題になるのは，そういうように，教育のまわりから教育に迫っていくというやり方では，いつまでたっても教育の問題にゆきつかないか，あるいは，教育の問題にゆきついても問題を教育の営みを通してすこしでも解決するというふうにならず，すべて経済や政治の問題に帰着させてしまうという傾向が出てきたことである。」（勝田，1970，6頁）

つまり，デュルケムのようにペダゴジーとしての教育学と教育科学（社会科学）に分けて，後者だけに限定してとらえただけでは解決できない教育の問題があることがここには示されている。

そもそも，ペダゴジーとしての教育学と教育科学とでは，教育に対する根本的なとらえ方の違いが存在する。すなわち，前者は教育をそれ自体価値あるものとしてとらえているが，後者は教育を社会的事実としてとらえている。両者はどのような関係にあるのだろうか。教育科学に関心を寄せた心理学者城戸幡太郎の言は次のようなものである。

「教育科学と称せられるものは教育を1つの社会的事実として研究しようと

するのである。しかしその意図にはやはりいかなる教育をなすべきであり，また如何に教育すべきであるかの問題が含まれている」(城戸, 1958, 11-12頁)。

このように, 教育を社会的事実 (存在) としてとらえようとするときにも, すでにそこには, 教育とはどうあるべきであるかという見方や「教育問題の解決」の方向性が前提として入り込んできているとする。ここには, デュルケームによって区分されてきた教育学と教育科学は単純に分けてとらえられるものでないことが示されている。

◻ 教育学の困難

このように, ペダゴジーとしての教育学と教育科学は密接に関連し合っている。こんにち, 教育学が社会に向けて説得力を失っている理由の1つには, 教育科学的な基盤を十分にふまえることなく「ペダゴジーとしての教育学」のみが一般的に教育学としてイメージされている点がある。冒頭に述べた「教育の危機の叫ばれ方」はその典型的な例といえるだろう。その時代の社会や歴史の変化に対して学校が対応できていないにもかかわらず, そこでもちだされる教育学が, もっぱら技術論レベルで問題を取り扱うだけでは十分な対応にはならない。社会や歴史と教育の関係がどのようになっているかを理解したうえで, それらをふまえて, 教育の実際のあり方や学校でのペダゴジーが問われる必要がある。

日本の教育学は, 明治に入って近代国家の強い統制のもとに構築された学校制度を支えるようにその体系化がはかられた。当初から社会＝国家であり, 教育学は, 国によって定められた価値観に基づいた内容を伝えるための枠組みとしての国民教育 (→unit 5) を前提としてきたのである。

第2次大戦後の教育学 (戦後教育学) はまずこうした戦前の国家主導を批判し, 社会と教育との関係を客観的にとらえる社会科学に基づく教育学をつくりだそうとした。「教育とはこうである」という理念から教育をとらえるのではなく, 社会のなかの諸関係, 特に経済との関係で教育をとらえようとしたのである。しかし, そこでは, 教育が社会のなかでどのような役割を果たしているかの説明はできたが, 日常の教え育てるという営みに十分に迫ることができたわけではない。先述の勝田の引用は, 教育実践を主導することにはならない教育学への反省が込められていた。

勝田は戦後教育学に大きな影響を与えたとされているが，その特徴は，教師の教育実践の固有な価値を拾いあげて，経済や政治など教育以外の価値から相対的に自立した教育の価値を措定したところにある。高度成長などの社会の大きな展開のなかで，教育的な価値が政治や経済というような教育の外側の価値に従属させられてしまう状況に対抗するために，子どもの発達を軸にした独自な**教育的な価値**をつくりあげ，それに基づいた実践を積みあげながら教育学を構成してきたのである。

ところが，こんにち，戦後の教育学がその存在を大きく問われている（広田，2007）。その批判の中心にある指摘が，教育学が政治，経済など社会から距離をおいた地点に学問的な基盤を据えようとしてきたために，教育的な価値が変動する社会の実際とかけ離れてしまっているというものである。

この議論は，ペダゴジーとしての教育学と教育科学をめぐる問題の現代的な現れ方としてみることができる。これにどのように対応すればいいのかという視点をもって，教育学の構成を整理しておこう。

教育学をどうつかむか──教育学の構成

「どのような人をつくりあげるか」。教育はこうした課題意識によって立つきわめて価値的な行為である。その意味で，教育学は，教育のなかに込められた人間形成という価値を想定した行動を対象にするものであり，人づくりという計画的な働きかけの学という性格から離れることはできない。そうした性格を抜きにして教育を客観的にとらえるという問題の立て方はそもそもできないだろう。だからといって，そこで想定された価値の実現がすんなりとなされるわけではない。教育は現実的には歴史性や文化性，社会性をもった特有な存在としてあったのであり，そうした教育を対象とする以上，教育学は，価値の学問であると同時に，歴史学や社会学など関連諸科学との関係のうえにつくりあげられる学問であるといえよう。

こうしたことを押さえながら，教育学がどのように研究されてきたかをみると，大きく3つの研究領域から概括できる（中内，1988）。

①教育とは何かに関わる，教育の概念や価値に関する研究領域（教育哲学など），②教育がいかに行われて，どのように行われてきたかといった，教育の社会的，歴史的な規定性について研究する領域（教育社会学，教育史学，教育心

理学など),さらに③教育の事実をつくり,それをどう行うかに関わる領域がある(教育方法学,教育行政・法学など)。

　③は教育の実際的な領域とされるが,狭い意味での実際の教育活動を対象にするだけではなく,教育組織や教育計画なども対象にしている。また,教育方法や内容を分けてとらえるのではなく,それを統一するものとしてとらえている。

　本書では,教育学をこのような領域から成り立つものとして押さえつつも,教育の基本的な性格,教育を生みだす事実,現代において直面する新動向という3つの位相を設けて教育学をつかもうとしている。それによって得られたものを最後の unit 31 で「本書がつかもうとしたもの」として具体的に解説している。したがって,unit 31 を本書の総論として最後に読んでもよいであろうし,または,「unit 0　序」と「unit 31　結」を最初に合わせて読み,本書がつかもうとしているものを理解したうえで,その他の unit を読み進めていってもよいであろう。

第 I 部

教育をどうとらえるか

第 1 章　教育と子ども
第 2 章　教育と社会
第 3 章　教育の目的

第Ⅰ部 Introduction

　第Ⅰ部では，教育を成り立たせている対象（子ども）と社会との関係について示し，合わせてそれらに規定あるいは制約されて存在する教育の目的について考えたい。第1章では子どもとの関係で教育をとらえる。子どもの成長に働きかける行為を概念的に整理したうえで，子ども自体や，その成長の過程で起きる質的な変化についてのとらえ方，見方の理解を深める。特にそれらが歴史性や文化性を背負っていることについて注意をはらう。第2章は社会との関係で教育をとらえる。社会的事実としての教育の性格を国家，家族，社会変動，学校などに注目しながらつかむ。第3章では，第1，2章をふまえて「教育の目的」がどのように変遷していくかについて学ぶ。

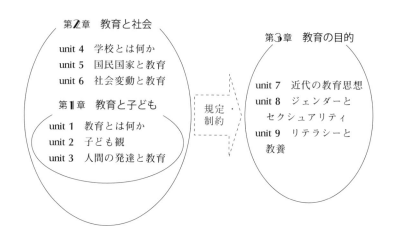

第 1 章

教育と子ども

1　教育とは何か
2　子ども観
3　人間の発達と教育

Introduction 1

この章の位置づけ

　第 1 章は，教育とは何かを子どもに注目しながら学ぶ章である。
　まず，日常において人間形成一般として広く用いられている教育という言葉を概念的に整理したい。人によってまちまちにとらえられている教育について，無意図的な人間形成を意味する「形成」，「共同体のための教育」，子どもを価値とした人間形成を意味する〈教育〉という，3つの人間形成のカテゴリーを設定して整理することで，近代の教育の固有な性格について学ぶ。そこには，子どもをどうとらえるかといったことや，子どもが成長し変化していくことに対する見方が大きく関わっている。子どもを価値としてとらえるまなざしが生まれることで近代の教育が成立するが，それはどのように生まれてきたのか。その歴史的文化的な背景について理解する。さらに，子どもの変化をとらえるための認識の枠組みである発達という見方について，教育学における意味を考える。さらに，第 5 章の unit 13 と合わせてこんにちの発達論についての理解を深めたい。

この章で学ぶこと

　unit 1　日常用いられている教育という言葉を概念的に整理し，無意図的な人間形成や共同体の人間形成とは異なった〈教育〉の特徴を学ぶ。その際，日本の社会でのとらえられ方の特質についても理解を深める。

　unit 2　近代において子どもを価値とすることを前提とした〈教育〉が成り立つが，そこでの子どもの見方や把握の仕方である子ども観は，人口動態や歴史的，文化的背景と深い関係をもっている点について理解する。

　unit 3　発達とはヒトの変化を体系的にとらえて意味づける論理であることを理解する。その発達は時代や社会の価値観と密接な関連をもって存在していることをつかむ。それを前提としながら「発達と教育」に関する諸理論の蓄積について学びたい。

unit 1

教育とは何か
──教育の概念

> **Keywords**
> 人間形成,世代交代,形成(フォーメーション),共同体のための教育,習俗,ルソー,『エミール』,子どもの発見,小さな大人,〈教育〉,自発的従属

人間形成と教育

　教育とは何かという問いにあなたはどう答えるだろうか。さまざまな答え方が予想されるが,その1つに学校で教え‐学ぶことというものがある。これは教育を最も狭く定義するやり方であり,そこでは学校以外の人間成長に関わる働きかけは教育としてはとらえられていない。他方,教育とは人間の成長全体を支えるものであるというとらえ方がある(本書ではこれを**人間形成**という語であらわす)。そこには友人間の会話や自身の労働体験も含まれる。こうした最も狭義と広義の定義を両端としてその間に無数の教育の定義が存在するのである。極端にいうと日本に住む1人ひとりそれぞれによって異なる定義が示されるといえるかもしれない。

　このように,教育という言葉(概念)は,社会のなかにおいて変幻自在に内実を変えて用いられている。こんにち,若者がうまく育たないことや**世代交代**がスムーズにいっていないのは,教育が問題だからという言われ方をされる場合があり,その文脈のなかで教育の危機が叫ばれ,バッシングがなされているともいえる。しかし,それでは,教師あるいは親がいけないという犯人探しやバッシングそのものからの爽快感は得られても,教育の何が問題かという問題の根本に迫るための道筋を明確につかむことはできない。問題把握の試みとして,ここでは,教育を人間の成長を促す行為である人間形成の作用の1つとしてとらえ,その特質を明らかにするために,いくつかのカテゴリーを設定しながら教育の中身を概念的に考えることから出発してみよう。

🗒 人間形成における「形成」と「共同体のための教育」

　そもそも，人はどのようなときに成長するのだろうか。またそう感じるのだろうか。人はさまざまな機会において成長する。勉強一色であった高校までの学校生活を終え，大学に入学を果たしてはじめて経験したアルバイトの労働。自信をもって生きてきた自分の歩みがいかに狭い見方に基づくものであったかを気づかせてくれた新しい親友との交友関係。さらに人と協力しながらさまざまな苦労を経て目的を達成した課外行事（サークル活動）。こうしたこともまた人間を成長させるものであることは読者である皆さんそれぞれの経験のなかで知りうることである。これに限らず，人間の基本的な成長を支えるさまざまな関係は，意図的に人を成長させようとする意志に基づくものばかりではなく，互いに影響し合うなかでの無意識な働きかけ合いであることも多い。人に限らず，自然に対して感激するといった対自然の関係も含めて，このようなさまざまな関係のなかで人が生きていくうちに育まれていく成長をここでは「形成（フォーメーション）」として押さえておきたい。

　こうした無意図的な人間形成に対して，意識的・意図的な行為がある。私たちが教育といっているものは，新しい世代が成長するように支援するための意図的な働きかけをいう。学校という場はそうした意図的な人間形成を計画的に組織化したものであるといえる。ただし，その性格は歴史的に展開しており，それに即した整理をしたい。

　近代以前の社会では，人々は，共同体の一員として生きることが定められていた。そこでは，いかにして共同体を担う一員すなわちその秩序と価値を受け入れる人間をつくりあげるかが人間形成の課題であった。そこでの教育は，共同体を維持するために行われるもの（つまり教化（エディフィケーション））であり，「**共同体のための教育**」というカテゴリーを用いてとらえておこう（中内，1988）。

　近代以前の社会では，個人としてのユニークさよりも社会を担う一員としての価値に基づく働きかけが基本であり，それは，掟であったり，しきたりとして明示されたりする。ただし，実際には，多くは，こうしたときにはこうするとか，こうしたことをしてはいけないといったように，生活のなかで自然に身についていくものであった。それらは，それぞれの時代の社会の習わしである**習俗**として定着することになった（図1-1）。

　人間の生死過程でその節目ごとに準備された習俗を並べたのが図1-1である。

図 1-1　人間の生死過程

時代	段階	(通例)	時代	段階	(通例)
	懐妊		子ども時代	氏子入り	(7歳)
	帯祝	(5ヶ月)		成人式	(15歳)
	臨月祝	(予定月)		結婚式	
		(出産)	一人前時代	年祝	(男42歳,
	産立式	(1日)	(若者・大人・		女33歳*)
	着初め	(3日)	年寄)		
	名付祝	(7日)		国替え	(死)
前子ども時代	出初め	(20日)		(葬式)	
	宮まいり	(30日)		個霊	(49日,
	初節供				50日)
	食初め	(100日)		祖霊	(17年,
	初誕生祝	(1歳)			33年,
	紐落とし	(3歳)			50年)
	はかま着	(5歳)		神霊	(氏神祭り)

(出所) 庄司ら, 1983, 10-11頁。
(注) ＊：土地によって男25, 61, 77, 88歳／女19, 37歳。還暦60歳, 古稀70歳, 喜寿77歳, 米寿88歳, 白寿99歳。

　これらは，ムラ（共同体）を担う成員がたどる道であり，子どもの成長を確かめるムラの視線が注がれている。その場合，重要なのは，ムラの価値から逸脱する価値をもつことへの戒めである。ムラを持続させるためには共同体の秩序のなかに自然に身をおくことのできる人づくりがなくてはならなかった。宮本常一の『家郷の訓』は共同体の子育てがどのようなものであったかを如実に示している。そこでは，皆が笑うときに笑う，泣くときに泣くといったように，感情の表現さえ村人共通のものを身につけるように仕組まれていたという（宮本，1984）。その仕組みの特徴については，柳田國男の「笑の教育」がそれをよくあらわしている（柳田，1946）。ムラの秩序をはみだすものに対しては制裁が準備されているが（村八分は最も重い制裁の1つ），具体的な制裁を加える以前に，日々の生活において笑いという日常的な振る舞いを通して行動が規制されていた。すなわち「人に笑われない人になれ」という価値のもとでの規制である。この場合，人とは共同体の成員をさす。

　こうした，実際には「共同体のための教育」と「形成」が融合した人間形成が人類の長い期間に渡ってその中核を担ってきたのであり，こんにちでも人間形成の基盤的な役割を果たしている。

🔲 子どもを価値とする教育——〈教育〉の誕生

　近代の社会は，共同体を超えて個人が個として生きることが価値とされた社会である。しかし，実際には，市民社会や近代国家という新しい共同体が形成された。この新しい共同体から要請される教育は，「共同体のための教育」という点では同一であるが，これまでのものとは違う人間形成の仕方が生み出された。そこで要請された人間形成とはどのようなものであろうか。

　その内容を詳細に示した著書にJ.-J. ルソーによる『エミール』(1762年) がある。「教育について」という副題を付したこの著は，著者であるルソーが自分自身を投影させた家庭教師が架空の少年エミールを大人になるまで育てあげる過程を描いたものであり，最初の教育書とも呼ばれている。そこには子どもの成長に即した子育てのあり方が描かれている。子どもに即した子育てがこんにちではあたりまえとされているが，当時においてはけっしてそうではなかった。ルソーが生きたのはフランス革命前夜の絶対王政末期の社会であり，この著書で批判の対象とされているのはその時代の貴族社会の子育てである。少しでも早くテーブルマナーを身につけ，社交の礼儀を自分のものにするなど，いかに早く貴族社会のルールを身につけるかが価値とされていた。それに対して，ルソーは「子どもの自然」への働きかけこそが基本になければならないとする。子どもには子どもの自然があり，それに基づく固有な価値がある。それに配慮した働きかけが必要であるとするのである。このような意識はこの時期社会に広がりつつあった。社会史家 P. アリエスは，近代を迎えて家族の肖像画が子どもを中心とした構図をとる傾向をみせた点に注目し，子どもを固有なものとしてとらえるようにまなざしが変化したことを明らかにした（アリエス，1980）。

　これらの一連の叙述のなかに，子どもとしての個の価値，その固有性が見出されたことがうかがわれる。「人は子どもというものを知らない。（中略）かれらは子どものうちに大人をもとめ，大人になるまえに子どもがどういうものであるかを考えない」（ルソー，1962, 18〜19頁）。こうした子どもを特別な存在としてみるまなざしの誕生は「**子どもの発見**」ととらえられている。これ以前にも子どもがいない社会はなかったのであり，こうした言い方は矛盾して聞こえるかもしれない。なぜ人類の歴史と共に存在したはずの「子ども」がわざわざ発見されることになったのであろうか。そこには人間観の転換ともいえる契機

があり，それによって新たに「子ども」としての価値がみつけられたということである。それでは，それ以前には「子ども」ではなく誰がいたのか。共同体を担う成員を価値として，まだそこに至らない未熟な成員としての**小さな大人**が存在したのである。子どもに対する認識が転換したことで，これまでとは異なるまなざしで「子どもをよりよくする」という新しい人間形成をめざした働きかけがなされるようになった。この働きかけ方を〈**教育**〉（アリエス，1980；中内，1988）としてとらえておこう。unit 0 で示した教育というものの性格の近代的な現れを示すカテゴリーとして〈教育〉を押さえておきたい。

〈教育〉の困難

すでにみたように，「子どもを発見」し，近代の社会における人間形成のあり方を示した点で，ルソーの功績は極めて大きかった。ただしルソーは，新しい人間形成への示唆だけではなく，それがより重大な人間形成上の問題を内包している点について同時に暗示している。『エミール』の記載のなかで以下のように述べている箇所がある。

「あなたの生徒にたいして反対の道をとるがいい。生徒がいつも自分は主人だと思っていながら，いつもあなたが主人であるようにするがいい。見かけはあくまで自由に見える隷属状態ほど完全な隷属状態はない。こうすれば意思そのものさえとりこにすることができる。（中略）仕事も遊びも楽しみも苦しみも，すべてあなたの手に握られていながら，かれはそれに気がつかないでいるのではないか。もちろん，かれは自分が望むことしかしないだろう。しかし，あなたがさせたいと思っていることしか望まないだろう。」（ルソー，1962，191-192頁）

ここには，個人の自発性に価値をおき，子どもに働きかける行為である教育が，同時に最も徹底的に子どもたちの従属を可能にする手段ともなりうるということが描かれている。すなわち，教育を通して子どもの自発性の統制が可能なことが示されているのである。このような他者（社会）への従属をここでは**自発的従属**と呼んでおこう。その意味で，子どもを価値としてとらえる近代の〈教育〉と共同体の一員にしようとする「共同体のための教育」は，正反対なようで，実は密接な関連をもって存在するともいえる。ルソーは，こうした近代の教育の限界を，フランス市民革命の前夜にすでに示していたのである（宮

> **重要ポイント**
>
> **教育を言葉に着目して考える（教育の言説研究・メタファー法）**
>
> 公共の場所などで行儀の悪い子どもや若者に対して、「教育ができていない」といういわれ方がされることがある。この場合の「教育」とは、明らかにしつけができていないということと同義であるが、日本の社会で教育がどのようにとらえられているかをあらわすいい例であろう。言葉の使用者は意識してはいないが、社会ごとにあるいは時代ごとに独特な、教育（education）に対する言説の枠組みが存在している。こうした問題を対象とする研究の領域は教育言説研究と呼ばれている。教育の現実が、実はある社会的な文脈でつくられた社会的な構成物であり、語られ方自体もその1つであるという視点から研究する分野である（広田, 2001）。例えば、「教育的」という言葉は「これは教育だ」「教育的でない」というように規範性を帯びた独特な使い方がされ、この言葉自身が歴史的な展開をもってつくりあげられ、流通し大きな力を発揮している。
>
> これに限らず、教育の諸概念や言説が社会のどのような文脈のなかに存在しているかをとらえる視点は教育を考えるうえで重要である。教育言説研究の手法はその点で有効性をもつが、むろん、社会的な文脈を説明するだけで教育が理解できるわけではない。現在において、教育がどのように存在しているかということと、さらにそれをとらえる枠組みの歴史性、文化性を押さえた問いをもつことが重要である。
>
> また、教育ということを考えるときに、「教育とは監獄である」というように、「教育とは○○のようだ」という比喩を用いてそれを表現する方法がある。教育のメタファーと呼ばれるものであり（小沢, 1985）、教育自体を説明するためにあえて教育以外でそれに最も近いものをあてはめ、その基本的な性格をとらえることで現代の教育の意味を考えるという手法である。

澤, 1993）。

教育をどう考えるか

教育は、それぞれの時代においての新しい世代の成長を援助する人々の日々の営みであり、時代的条件に制約をうけながら社会を生きるための力量の形成を目的とする人間形成である。そのなかで、子どもを価値ある存在であると認め、その成長、発達を助ける行為として位置づけられる〈教〉は、近代を迎えて、これまでの「形成」と「共同体のための教育」を基本としていた人間形成に加わった新たな教育とみていい。近代以前の社会においては、自分らしくあることは原則的には認められず、もっぱら共同体を担う成員の形成が求めら

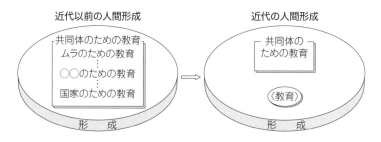

図1-2 人間形成（=〔日常でいわれる〕教育）を構成するもの

れた。それに対して，近代の〈教育〉は子どもの発達を目的としながら新しい共同体（市民社会，近代国家）の成員をつくりあげるというものである。こうした関係を図示すると図1-2となる。

この図は，子どもを価値として扱いながら，同時に共同体のための教育を行うという新しい人間形成の成立を示している。〈教育〉は「共同体のための教育」のなかから生みだされた特殊な形のものであり，子どもを価値としつつも，新しい「共同体のための教育」として存在するがゆえに，（ルソーが唱えた自発的従属のように）子どもの内面をより深く統制することにもつながる可能性がある。

その意味で〈教育〉（子どもを価値とした働きかけ）が生まれたことが，そのまま子どもを幸せにすることにはつながらず，むしろ新たな困難を抱えこんだともいえる。このことを理解したうえで，教育の果たす意味と限界をみつめていく必要がある。

テクノロジーの進展のなかの教育──エンハンスメントとの対比

教育を考えるうえで欠かせないのが，子どもを「よりよくする」ということである。科学技術により，人間の身体，精神の両面において外部拡張の領域が飛躍的に大きくなったことによって，「よりよくする」ことの意味が変化してきている。ここにいう外部拡張とは，例えば，紙と文字が使用されるようになったことで，人間は記憶を飛躍的に拡張したことを思い起こしてみればよい。道具が人間のさまざまな機能を外部化し，これらに支えられながら活動する状況をいう。

テクノロジーを用いて人間の能力の増強・強化を行うことをエンハンスメン

トという(生命環境倫理ドイツ情報センター, 2007)。AIやロボット技術などの先端的テクノロジーはそれを格段に進めており，例えば「自分の記憶」の範囲はどこまでか区別がつかなくなる事態が起きてきている。人工海馬チップを脳内に埋め込んでこれをインターネットと結合し，検索エンジンを駆使することで無限に記憶を広げることを可能にする事態はその象徴である。

エンハンスメントの動向によって，教育とは何かが問われることになる。子どもを「よりよくする」という結果だけを目的として限定した場合，それはエンハンスメントで代替できるかもしれない。したがって，教育の目的について，役に立つ，何かができるようになるということだけで語ることは難しい。こんにち，教育が子ども自身にとって「たのしい」「意味がある」などと感じられるかどうかという観点から問い直されているというのは，こうした状況への対応でもある（斉藤, 2017）。

エンハンスメントの前提には限りない卓越性への追求があり，それのみに徹することは，人間の努力やそれによって達成される目的に至るまでの過程という価値を損なうことにつながる場合もある。その結果，人間を学習の主体としてではなく，単なる受け手にしてしまうおそれがあることにも留意する必要がある。

教育は，よりよくするための工夫の過程（ペダゴガイズ）によって達成される。テクノロジーは，教育において，次の努力や工夫を生み出す可能性を秘めてもいる。

要　約

　このunitでは，教育とは何かについて，その概念と性格を考えてきた。何よりもまず，歴史的な視野をもって教育の概念をとらえる必要がある。
　教育の概念を明らかにするために，人間形成全体を示すものとして日常用いられている教育という言葉を「形成」，「共同体のための教育」，〈教育〉の3つにカテゴリー化してとらえた。そのなかで，近代において子どもを価値としてとらえる〈教育〉が生まれることをみてきた。ルソーによる「子どもの発見」はその重要な契機であった。ルソーの指摘の重要さは，近代の教育の新しい人間形成としての特性を示すと同時に，それがもつ困難と限界を指摘しているところにある。テクノロジーの進展によって，教育とは何かが問い直される状況が生まれている。エンハンスメントの動向はそのひとつである。

確認問題

- [ ] *Check 1* 「笑の教育」（柳田國男）はどのような人間形成であるか整理してみよう。
- [ ] *Check 2* 〈子どもの発見〉とは何か。またこれは近代社会の教育とどのような関係にあるか論じてみよう。
- [ ] *Check 3* 自発的従属とは何か。『エミール』の例から考えてみよう。
- [ ] *Check 4* 日本では「教育ができている」と一般的にいわれる場合には何を意味しているかを考え，この unit で学んだ教育と比較してみよう。

読書案内

宮澤康人『大人と子供の関係史序説』柏書房，1998 年
　大人と子どもの世代間の関係という視点から教育をとらえ直そうとしている著書。こうした回路をとりながら教育の歴史的な性格を示している。

『叢書 産育と教育の社会史』（全 5 巻）新評論，1983-85 年
　子どもを産み，育てるという視点も入れて教育という存在を考え，その歴史的な性格や特殊性を示そうとした叢書。続編として『叢書 産む・育てる・教える』（全 5 巻，藤原書店，1990-1995 年）がある。

山名淳『都市とアーキテクチャの教育思想――保護と人間形成のあいだ』勁草書房，2015 年
　人を無意識のうちに管理できる環境管理型権力として注目されてきたアーキテクチャの理論を人間形成論のなかで位置づける視点を与えてくれる著書。

unit 2

子 ど も 観
──文化・人口・家族

> **Keywords**
> 子ども観，祖霊信仰，子宝思想，子ども中心主義，単婚家族，宗教改革，滲み込み型，多産多死，少産少死，合計特殊出生率，教育的マルサス主義，家庭教育，人口置換水準

子ども観の形成とその背景

共同体の崩壊のなかで〈子ども〉が発見されてきたことについては unit 1 でみてきた。近代以前の子育ては共同体を中心にその維持のためになされていたが，近代以降は新たに家族と国家が加わり，家族，国家，共同体の三者の間でいわば綱引きをしながら子育てがなされていく。その際，大人（社会）の側から子どもをどのようにとらえるかによってその対象への働きかけが定まる。このような大人による子どもの見方や把握の仕方をここでは**子ども観**ととらえたい。それは，子どもへの大人の関わり方の表現であると同時に，大人自身の自己認識とも関わりながら子どもをみるという，いわば相互関係的な見方でもあるといえる（宮澤，1985）。

この unit では，さらにこうした子ども観の形成に関わる要因として出生行動に注目している。また，祖霊信仰など文化的な背景をもつ日本の子ども観は西洋のそれとは異なった性格をもっているが，その違いにふれながら日本の子ども観とペダゴジーの性格についてみたい。その際に，子どもを大切にしようとする近代のまなざしを支える社会的な規定要因としての人口構造に着目して，こんにちの子育ての課題について考えてみたい。

西洋の子ども観の諸相

子どもをどのような存在としてみるかはその生命観を支える精神風土に大き

く定められているといってよい。近代的子ども観は，キリスト教という一神教のもとでつくりあげられてきた西洋社会の生命・人間観に基づいている。そこでは，人間は神によって万物の霊長として創造されたものとされる。その存在は，神の助けなしには克服しえない原罪を背負うものであり，しかも，子どもは人間としての知性，言語をもたない存在であった。そのような子どもが価値をもってとらえられるのは，unit 1でみたように近代を迎えてからである。

　西洋の近代社会で認められた子ども観の特殊性について，西洋教育史家の宮澤（1985）は以下のような指摘をしている。西洋社会では，子どもは親の私物でも国家の私物でもない個として把握されることが基本にある。そのうえで，子どもを「進歩する」対象としてとらえ，子どもの内面性を重視しその内面を加工する技術の対象として子どもをみる主流の子ども観がある。一方で，「内在する本性が自己発達，自己実現する」存在として子どもをみる，反主流的子ども観が存在する。幼稚園の祖とされるフレーベルの思想のなかには，子どもという花がそれぞれの本性に従って開花するイメージがある。彼が創設した「子どもの庭」を意味するキンダーガルテンはまさにそれを示している。

　西洋社会の子ども観は，こうした多様な要素をことごとく併せ持って構築されている。このような主流と反主流の関係は，前者はこの内面への目的意図的な働きかけの徹底となるし，後者はひたすら自己実現を見守るものとなり，いわば両者は対立しているかのようにみえる。しかし，例えば，内面に働きかけることを目的として子どもの本性の展開を尊重するというような子ども中心主義を方法として採用する場合には，大人の目的意識的な主体性が前提とされており，近代の主流の子ども観に限りなく近づくことになり，単純ではない。

　さらに注目したいのは，西洋近代社会においては子ども観がそういった矛盾構造をもちながらいわば不安定に存在している点である。例えば，①子どもの内面性の理解は，子どもの心の奥底まで監視することになり，その内面をコントロールすることで子どもの自律性の破壊につながることにもなる点，②進歩する子ども，かけがえのない子どもという把握は，未来のために現在を犠牲にする心性と，子どもを孤立した実体とみなすことにもつながる点，さらに③子どもの内面をつくりあげる技術を精緻化することで，かえって教える側の意図以外の子どもへの影響がみえにくくなることが往々にしてある点が示されている。

こうした西洋の子ども観は，世界に与えた西洋化（秩序の拡大）のインパクトとともに，各国の子どもの見方にも影響を及ぼしていく。

🔲 日本の子ども観の展開

　日本の社会の精神風土は西洋近代のそれとは大きく異なり，子ども観にもかなりの違いがある。日本の社会は，原始的アニミズム（自然界の事物に霊魂が宿るという原始的な世界観）が高度に発展した形態といわれる**祖霊信仰**と，そこに成立していた肉体と精神を二元的にとらえる人間観を有してきた。霊魂は不滅であるうえに，人間の魂はあの世とこの世を行き来するという信仰をもってきたのである。死者の霊魂は一定の時期を経て個性を失って祖霊となり，新しい生命の誕生に際して，魂は再び祖霊界から子孫の肉体に宿る（田嶋，1979）。絶対的な神の被造物とする西洋の子ども観に対して，日本の社会では子どもを親の付属物とするような**子宝思想**があり，こうした子ども観を基盤におきながら，選ばれた子どもを大切に育てるという方式を近代以前からとっている。19世紀前半に日本を訪れた外国人が，日常のなかで子殺しが存在していながらも，一方で，これほど子どもを大切にする国民はいないと語るのは，こうした子ども観の反映をみてのことであろう（田嶋，1979）。

　近代を迎えて日本社会に西洋の子ども観（思想）が流入し，それと並行するように，子どもを大人の監視のなかにおきつつ大人社会から分離してとらえるという動向が都市中間層を中心に進行していく。1920年代には，社会的な言説としてはっきりした形で**子ども中心主義**が唱えられるに至る。しかしながら，それは西洋と同じ精神のうえで唱えられたものではない。日欧いずれも背後には共同体から一組の夫婦を基礎単位とする**単婚家族**が自立する時期において唱えられたという点で共通するが，西洋においては，神と人間をめぐる，国家や共同体と個人の関係のありようを問う精神革命としての**宗教改革**を経ている。キリスト教世界における教会制度の改革運動であった宗教改革は，信仰を共同体の束縛から解放して個人の内面の領域に移すことで自律的な個人相互の間の契約関係を可能にした。宗教改革を経ることがなかった日本の社会の場合，神のもとで大人も子どもも不完全なものであり，いまだ善には至らないという自覚をもつことなく，子宝思想をもとにして，子どもが「人間の子なるゆえに善に至りうる存在」としてとらえられることになる（中内，1998）。

こうした子ども観の違いは実際に子どもの扱いに大きな差をもたらしているという見方がある。日米の心理学者による母子関係の比較研究の知見（東，1994）によれば，日米のしつけと教育の方法に関する比較を通して，アメリカと日本の精神発達と文化の違いが浮かび上がったことが示されている。それによると，日本の子育ては，「**滲み込み型**（osmosis model）」であり，アメリカのほうは「**教え込み型**（instruction model）」としてとらえられるとする。子どもにものを教えるときに，教え込み型は子どもに対して言葉を介して教えるという母子関係を軸にもち，教えるものと教えられるものの役割分担がはっきりしている。それに対して，滲み込み型では，教えるという行為を後景におき学ぶ環境を整えるため，母子が一緒に行動することが重視されている。そうすることによって，自然に子どもは学ぶというのである。何をもってアメリカ文化であるとするかについては留意が必要であるが，日本の社会での子どもへの関わり方が異文化の社会と比較して特徴的な性格をもっている点に注目しておこう。

ⓑ 多産多死社会から少産少死社会へ

　ここで注意しなければならないのは，子どもを価値とする子ども観を現実化させるためには，前提としての社会的諸条件が存在するということである。その基底にあるのが**多産多死型**から**少産少死型**への人口変動である。西洋近代の子ども観の出現も，生死に関わる人間の行動のあり方を基盤にしているといってよい。

　17世紀のフランスでは，高い乳児死亡率のため平均寿命が25歳とされており，1/4が1歳未満で死亡していた（フランドラン，1989）。貴族富裕層ですら1夫婦から10数人の子どもが生まれても2,3人しか成人しないということは珍しくなかった。しかし，近代を迎えて，食料生産，衛生環境，医療水準など生命に関わる社会の環境の改善を背景に乳児死亡率は減少する。同時に，家族が共同体的な規制から解放されて独自な位置を得るようになった。それ以後，情愛的個人主義に基づく閉鎖的家庭内的核家族（ストーン，1991）の出現により，子ども1人ひとりに対する親の愛情が深まる条件ができてきたとされる。図2-1は17世紀中頃に書かれた絵画であるが，子どもに愛情を注ぐ親のまなざしがみてとれる。「家族が子どもを中心に再編成され，家族と社会との間に私生活の壁が形成されるのが完了したまさにその時期に，出産コントロールが出現

図 2-1 「聖ニコラ祭」(ヤン・ステーン作)

（アムステルダム国立美術館蔵）

した」（宮澤，1985，88 頁）という言説にみられるように，出産，育児，結婚，死などが共同体の手から離れ，家族に移ったことがうかがえる。

戦後日本の子ども観と家庭教育

日本では，明治国家の成立，産業革命の本格的な開始といった近代化の過程を経て着実な人口の増加が始まる（中川，2000）。さらに，多産多死から少産少死への人口構造の転換は戦後の短期間になされた。1 人の女性が生涯に産む子どもの数をあらわす**合計特殊出生率**の低下は 1940 年代末から進行し，それ以前 4, 5 人の子どもを育てあげていたものが 1950 年代前半までに一挙に 2 人台になった（図 2-2）。親となった世代自身は，きょうだいが多くそれがほとんど育ちあがり（多産少死），人口転換を担った世代であったといえる。それが，自分たちの子どもは 2 人か 3 人にするという共通の規範意識をもち，多くのきょうだい関係を利用した親族ネットワークを築きながら独特な家族をつくりあげたことが指摘されている（落合，2004）。

落合（2004）は，こうした日本の戦後社会のなかで 1950 年代中頃から 70 年代中頃にかけて築かれた独自な安定した家族の状況を「家族の戦後体制」という呼び方であらわし，そこに日本の近代家族の成立をみている。そこでは 2 人か 3 人の子どもに愛情を与えて「よりよく育てる」ことが共通の価値とされた。

「よりよい」教育を目的とした産児制限を含む産育行動は**教育的マルサス主義**（→重要ポイント）と呼ばれており（民間教育史料研究会，1984），1920 年代にはすでに子どもは「授かるもの」ではなく，「つくるもの」という意識が一部の階層で醸成されていた。1960 年代以降，それが日本の社会全体に拡張する。この時期は子どもをいかに「よく」育てるかが大きな問題になった。1960 年前後には，「教育ママ」という言葉が登場するなど，**家庭教育**ブームという現象が生まれた（小山，2004）。ここでいう家庭教育は，家族が独自に行う教育とは違い，学校の勉強の下請け的な性格をもつものである（中内，2001）。「よりよ

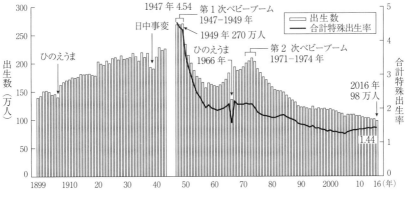

図2-2 出生数および合計特殊出生率の年次推移

(出所)「人口動態統計」厚生労働省大臣官房統計情報部。

い」教育が「よりよい学校」と同位なものとして一元的にとらえられ，あらゆる階層が学歴獲得競争に巻き込まれ始めた時代でもあった（→unit 6）。

少子化社会の子育ての課題

少子化社会の指標としてあげられることが多いのは，人口を一定に保つための必要出生率をもとにした**人口置換水準**（2.08人）である。日本において出生率が人口置換水準を割ったのは1973年であるが，それ以降も子どもの減少が続いている。少子化問題が本格的に社会で取りあげられる契機となったのは，1.57ショックといわれるものである（1989年）。図2-2に示したように，1966年ひのえうまの時期を下回る出生率低下を示したのである。これを皮切りに90年代に入って少子化問題が叫ばれる。

みてきたように2段階を経て，こんにち第2次の人口転換をむかえ，戦後の日本の近代家族が少子化という新しい展開をとげ，子育てのシステムの問い直しの必要がいわれている。

いうまでもないが，産みたいけれど産めないという社会の状況は克服されなければならない。働きやすい環境と産みやすい環境の形成や，そのための男女参画社会による女性の地位と権利の確保は大きな課題である。のみならず，少子化問題は，同時に，親が子どもの成長の全責任を抱え込むことでつくられる濃密な親子関係がもたらす弊害や，働くことによる親自身の自己実現と子育て

> **重要ポイント**
>
> **教育的マルサス主義と教育家族**
>
> そもそも人口問題は、産児、教育を考えるときの基本的な前提としてある。教育的マルサス主義とは、1920年代にはっきりとした形で現れた独特な産児調整の論理である。
>
> マルサス主義（Malthusianism）とは、1798年に『人口論』を著したマルサスによって唱えられたものである。人口と食料の関係は、食料の生産が等差数列的に増加するのに対して、人口は等比数列的に増えるとし、人口増大に対して食料生産は追いつかないということから、この難問を解決するために「結婚延期」という道徳的抑制が唱えられた。19世紀後半には、この問題は結婚のなかでの産児制限の必要性と可能性の主張へと展開する。夫婦の出産制限でもって対応しようとしたこの主張は新マルサス主義と呼ばれる。さらに1920年代の都市中間層では、それを展開させて「よりよい」教育のための産児制限が提唱されるにいたる。家族の維持のための家族戦略である新マルサス主義をより進めた「教育的マルサス主義」は、子どもへのよりよい教育を目的として産児調整を行うというものである。こうした戦略をもつ家族は「教育家族」といわれるが、子どもの純真さを価値としながら、一方で教育や学歴をつけることで無知な段階からの脱却を求めるという矛盾した心性をもつものとされる（竹内，1990；沢山，1990）。

との葛藤といった、こんにちのライフスタイルや価値観の問題を含んでいる。

　少子化問題は、どうすれば少子化の動向を止めることができるかが議論されがちであるが、むしろ、産む、育てるということをめぐって、子どもをどうとらえるのか、あるいは家族のあり方も含んで大人と子どもの関係をどうするのかなど、こんにちの社会が問われている問題であるともいえる。

要　約

　近代を迎えて、子どもを価値とする子ども観が形成されるが、それはさまざまな文化的・歴史的状況によって一様ではない。

　それを生みだす重要な基盤として、多産多死型から少産少死型へという社会の人口構造の転換がある。日本の社会の人口構造転換は、戦後きわめて短期間に行われ、独特な近代家族と規範的な子ども観をつくりあげた。その後、1970年代の中頃まで安定的な水準で出生行動は保たれたが、人口置換水準を割り込んでからは一貫して減少が進んでいる。90年代以降は少子化社会が問題化し、子ども

を育てるということ自体をどう考えるかが問われている。

確認問題

- [ ] *Check 1* 子ども観とは何か。子ども観と教育はどのような関係にあるか考えてみよう。
- [ ] *Check 2* 日本の社会と欧米の社会で子どもの扱いが違うことについて，子ども観という観点から考えてみよう。
- [ ] *Check 3* 少子化の動向を押さえながら，教育における少子化の意味を考えてみよう。

読書案内

宮澤康人編『社会史のなかの子ども』新曜社，1988年
　アリエス以降の家族と学校の近代について，アリエス批判をふまえて著している。アリエスの『〈子供〉の誕生』と合わせて読むことを奨めたい。

北本正章『子ども観の社会史——近代イギリスの共同体・家族・子ども』新曜社，1993年
　イギリス社会の日常のミクロな営みにこめられた人々の感情と子どもへのまなざしを図像をまじえ読み解こうとした著書。

橋本伸也・沢山美果子編『保護と遺棄の子ども史』昭和堂，2014年
　子どもの成長・発達のあり方を規定する家族，社会，国家がつくりあげた構造的な連関に注目して，子ども史をとらえ直そうとした著作。

unit 3

人間の発達と教育

> **Keywords**
> 成熟,弱さ,ポルトマン,獲得的適応,ピアジェ,ワロン,均衡化理論,ヴィゴツキー,最近接領域,エリクソン,エイジング,生成

発達を考えるために

　教育は,これまでみてきたように,ある意図をもって人間の成長に働きかける行為である。その場合の成長をどうとらえるかということを考えるうえで欠かせない概念が発達である。日常で用いられている言葉であるが,それでは発達とは何か,成長と発達はどう違うのかと問われるとなかなか難しい。ここではまず,発達の言葉とその意味するものについてみておこう。

　「発達」という言葉自体はすでに8世紀頃の中国の文書で認められるが,日本においてこんにち的な意味での「発達」の使用は,明治初期に西洋社会との出会いのなかにおいてである(田中,1987)。development (developper) の訳として用いられたが,この訳は「発達」だけではない。経済学などにおける「開発」や写真の「現像」という訳もあてられている。開発は自然が内に含んでいる力を人間に役に立つように引きだすという意味であるし,現像はフィルムに目に見えない形で刻まれている映像を触媒の力で見えるようにすることである。辞書によると,developは,velop(包む)に打ち消しの接頭語(des)をつなげて,包まれていたものをほどくという解説が示されている。このように,developは内部に包み込まれていた中身の可能性が引きだされるというものという意味がある。つまり,発達は人間の潜在的な力が顕在化することを示す言葉として理解できる(二宮,1994)。

　人々の生活のなかに発達という見方が受け入れられ,教育研究の対象として

正面から位置づけられるには、戦後しばらく待たねばならない。実は、それは、教育の対象としての人間の変化を一定の合法則的な過程としてとらえる立場の成立と深く関わっている。

この unit では、こうした発達が教育学でどのようにとらえられてきたのかを示しながら、そのとらえ方の課題を考える。こんにちの発達論については、学習の過程と形態を扱った unit 13 でふれるので、それと合わせて考えてみよう。

発達はどうとらえられてきたか

まず、成長との比較で発達を考えてみよう。

成長（growth）は、年齢を基準にしたさまざまな行動や行為の変化であり、生物としての遺伝子にコントロールされた**成熟**（maturation）の過程でもたらされる。それに対して、発達は、成長の内部で起きる段階性をもった質的な変化としてとらえられる。発達は、直接に観察できる事象ではなく、行動、行為の変化のうち何を代表的なものとみなすかという、人間の変化を説明する論理ともいえる（園原, 1977）。

この点を前提としながら、成熟と経験（学習）の関係から、さらに両者を比べてみよう。人間の成長は、生物学的成熟と、経験（学習）により獲得した知識、理解、態度の調整という2つの相互作用によって促されるものと理解されてきた。人間は、生物の一員であり、遺伝子のなかであらかじめ、種としての生存、成長といった成熟への情報が準備されている。そこに含みきれない情報は生後の学習によって加えられる。成長するうえで欠かせない環境からの情報が多くなり複雑になった動物には、人間に限らず、学習能力の存在が認められている。一方、人間の発達は、これに加えて、学習によって獲得された新たな能力を伝達することによっても果たされるという点が重要とされている（田嶋, 2007）。この点について、こんにちにおいては、発達をより広い視点から文化的コミュニティのなかでとらえ、そこで受け継いだ「遺産」によって個人的に経験していない出来事を集団として「感じ」、「味わい」ながら発達が支えられているという説明もなされている（ロゴフ, 2006）。このように、人間の発達はさまざまな形での文化伝達に大きく依拠しているところに重要な特性が認められてきたのである。

発達の基盤としての人間の特性

　先述のように，人間の発達は，遺伝と学習，さらに学習によって獲得された能力を文化として蓄積し，その伝達によって導かれるものとして押さえられてきたことがわかる。

　さらに，この問題を人間の種としての特性にまでさかのぼって考えようとしたのが大田堯（1987）である。人間は，道具を使う存在，シンボルをつくりだし言語を操って生きる存在，社会的な存在など，さまざまにとらえられるが，そのいずれもが生後獲得され，継承されてきたものとされる。

　生物は，環境に適応してはじめて生存することができる。動物は，生きるために，自らの身体的特徴を変形させて，環境に適応する。これに対して，人間は，身体的特性を大きく変化させることはせずに，「身体の外側の器官」（チャイルド，1957）をもつことで対応しているといえる。ここでいう器官は文化ととらえてもいい。生得的に備わった種に共通する本能的な適応装置ではなく，この器官を選択的に用いて環境に適応するのである。例えば，気候が寒冷ならばそれに対処できるように，体温を保持するための服装や住居・生活習慣を生みだし，環境に適応する。このように，人間は，よりよく生きるためにさまざまな工夫をしていく。教育という文化伝達もそのなかで生まれてきたものであり，それによって促された「発達としての成長」を教育的発達ととらえることがある（中内，1988）。

　生後，新しい能力（文化）を得るためには，柔軟な存在であることが欠かせない（大田，1987）。そのために注目されるのが人間の「**弱さ**」である。高度な哺乳類は生まれてからすぐに外界に対応できるようにすでに「強く」あることが必要だが，きわめて「弱い」存在として生まれてくる人間をどう考えればいいか。実は，そこに人間の発達の礎がある。

　スイスの動物学者 A. **ポルトマン**は，人間が生理的に未発達な状態で生まれてくることを，生理的早産と呼んだ（ポルトマン，1961）。ポルトマンは，哺乳動物は，生まれてすぐ巣を後にする離巣性という特徴をもった高等なものと，いつまでも巣にとどまる存在という就巣性という特徴を有した下等なものに分けることができるとした。より高等な哺乳動物である人間は，この分類では離巣性に属するはずなのに，むしろ就巣性の性格を有し，出生後1年近く経たないと親と同じように立ち上がったり，歩行したりすることができない。高等な

> **重要ポイント**
>
> **発達障害**
>
> 　ASD（自閉症スペクトラム障害）の中学生がその心中を綴った東田直樹『自閉症の僕が跳びはねる理由』（2007年）は、日本社会を超えて世界にも衝撃をもたらした著作である。身体が勝手に動く、言いたいこととは違う言葉が口から出て伝えたいことが伝わらない。こうしたコミュニケーションの障害によって周囲の誤解や混乱をまねくことがあった著者が、筆談というコミュニケーション手段を獲得し、その思いや感情を発信することを通してASDの心の声を人々に伝えたものである。
>
> 　ASDは、不注意・落ち着きがないなどの「ADHD（注意欠陥・多動症）」、読み書きや計算のような特定の学習分野が極端に苦手などの「LD（学習障害）」とともに発達障害というカテゴリーで把握されている。2016年4月に施行された「障害者差別解消法」では「自閉症、アスペルガー症候群その他の広汎性発達障害、学習障害、注意欠陥多動性障害その他これに類する脳機能の障害であってその症状が通常低年齢において発現するもの」（発達障害者支援法第2条）と記述されている。この法では、1人ひとりの困難に合わせた「合理的配慮」を行うことが義務化された。日本の公立小・中学校の通常学級に在籍する児童生徒のうち、6.5%が知的な発達に遅れはないものの学習面または行動面で著しい困難を抱えているという報告があり（文部科学省，2012）、発達障害の子どもたちへの理解と個別のきめ細かい対応は通常の学校現場にとって大切な課題とされている。
>
> 　脳の機能的な障害をもつ子どもについて理解し、適切な対応をすることが求められていると同時に、「発達」や「障害」をどうとらえるかは、個人をとりまく社会環境によって異なるという見方も重要であろう。EU圏では、「能力のある環境（Enviroment capacitants）」（前田，2018）という視点をもって、社会の側の環境を整えることで「障害のある状況にいる個人」の自立と社会参加につながるとしている。
>
> 　発達障害への対応が試みられ、また、脳科学の進歩や障害の遺伝子レベルでの解明が進むなかで、発達概念自体が正常／異常の二項対立で把握するのではなくその間にあるグレーな状況をとらえるものに変わっていくことになろう。

哺乳類に属するサラブレッドが生後すぐに立ち上がるのと対照的である。このように、人間は、他の高等な哺乳類に比べて、きわめて未熟な状態で生まれてくるという特徴をもっている。大田（1987）は、この未熟性や「弱さ」に人間の可塑性（加えられた力によって容易に形づけられる性質）の大きさを見出し、これが人の独特な発達を支えるとするのである。

　さらに、人間の発達には、ふさわしい時期にそれに見合った働きかけがなけ

れば限界があることも指摘されている。また，先述したように動物は環境に適応して生存しているが，これは受動的な適応とされ，人間の場合は**獲得的適応**（レオンチェフ）として分けてとらえられている。獲得的適応は自発的意思を介在させた発達を支える基盤として位置づけられる。例えば，歩行や言語といった人間の発達を支える重要な能力の獲得は，この適応によって果たされていることが示されている。

「発達と教育」に関する諸理論の展開

ここまでにあげてきた発達の見方は，1970年代までに蓄積された教育学の知見をもとにしたものである。日本の教育学や教育実践のなかで発達の理論が正面から取り入れられたのは1950年代以降である（波多野・堀尾，1979）。特に，60年代に示された勝田守一の『能力と発達と学習』（1964年）はその代表的なものであった。そこでは，**ピアジェ**をはじめ，ソビエト心理学さらにH.**ワロン**の発達論が重要な役割を果たした。

ピアジェの発達論は，当時隆盛していた目に見える機能的な変化に注目した行動主義理論とは違って，子どもの認知構造自体の変化を明らかにしようとしたところに特徴がある。この理論では，認知とは，外界をすでに自分がもっている概念やイメージに取り入れ（同化：assimilation），必要に応じて概念やイメージをつくりかえる調整（accommodation）を繰り返し，均衡をはかりながらその構造を高次化させていくことであるとしている。これを**均衡化理論**という。また，ピアジェは，子どもは，発達の過程において，それぞれの時期に固有の質的な認知構造をもつと考えた。すなわち，感覚運動的な段階（0〜1歳）から表象的思考段階である前操作期（2〜7歳），具体的操作期（8〜11歳），形式的操作期（12歳〜）という4つの発達段階があると考えたのである。このように子どもの認知構造の段階過程を明らかにした点にピアジェの大きな貢献がある（麻生，1996）。しかし，ピアジェの発達論は，個体である子どもの成熟要件を重視し，その認知構造の成熟（変化）に焦点をあてるという点で，個体中心の発達の理論であった。それを批判したのがソビエト心理学であり，なかでもL. S. **ヴィゴツキー**の発達論は，個体中心というよりも子どもをとりまく社会的，文化的文脈を重視した点に特徴がある。

ヴィゴツキーは，発達にとっての教育的な働きかけの重要性を唱えた代表的

な人物としてあげられよう。子どもには，課題に対して独力で達成できる水準と，周りの大人から手がかりや援助が与えられたときに達成できる**最近接領域**（ZDP）があることを提示したのである。また，言語（記号）を文化的，歴史的な道具としてとらえ，言語を介して，社会関係のコミュニケーションの機能（精神間的機能）が思考機能（精神内的機能）へと内化したり，思考機能が社会的な関係へと外化したりするという，発達の往還関係を描きだしている（ヴィゴツキー，1962）。身体と情動の関係に注目したワロンの議論も含めて（ワロン，1983），論争的に発達がとらえられながら，発達を中心とする教育学がこの時期において築かれていった。アイデンティティに注目し，ライフサイクルから人間の発達をとらえた E. H. **エリクソン**の発達論もその一端を担った。

発達論の現代的動向

現代の発達と教育に関する理論を考えるうえで注目しておかなければならないのが，ヴィゴツキーやワロンが再考されながらも（浜田，1994），新しい展開をとげている発達論の状況である。ワロンが重視した身体と情動の関係が改めて見直され，さらに，ヴィゴツキーの影響のもと，状況に規定された行動をその状況と切り離さずに説明しようとした状況的学習論，拡張による学習理論などが唱えられている（汐見，2006）。その点については，改めて unit 13 でみてみよう。

「発達と教育」の歴史的・社会的規定

最後に，改めて，発達という概念自体が人間の形成や変化に対して価値をおく見方の象徴であるという問題に戻り，社会と発達観との関係について考えてみよう。

そもそも，発達という概念を支える価値観（人間観）は何に立脚するものであろうか。社会や伝統という外側から求められる価値ではなく，子どものなかに見出される価値の探求こそが発達研究とされてきた（園原，1977）が，それは社会全体を通して貫かれた人間観に大きく規定されることには違いない。

図3-1 に掲げた2枚の図をみてみよう。スウェーデンの教科書に載せられた，18, 19世紀の人生の年齢段階図である。左の絵図にみられるように，近代以前の社会においては，人間の価値は年長者に向けて上り詰めていくものとしてと

図 3-1　定比例直線型と放物線型の人生の年齢段階図像の 2 つのタイプ

（出所）リンドクウィスト・ウェステル，1997，140-141 頁。

らえられていた。老人層を頂点としたいわば定比例直線型の人生モデルが存在していたことがわかる（中内，1999）。

　ところが，近代に入ると，右図のように壮年期を頂点とし，老人の地位は大きく低下し退行した存在として位置づけられている。壮年期を中心とした放物線への移行は，家父長型モデルの社会から壮年男子モデルへの移行を描き出している。それと並行するように，発達と**エイジング**（老い）の概念が分化し，発達を児童・青年期固有のものに限定して，発達を促す働きかけとして教育の概念が収れんされていく過程が認められる。1980 年代以降の発達研究は，発達の概念をもう一度広げて，人間の変化の過程全体をとらえようとする視野の拡大が目指されているともいえる。段階的な発達の把握も含めて再考が促されているのである。そのなかで，人間の変容を生（生命）のレベルでとらえようとする観点から，「**生成**」というカテゴリーが提出されている。「生成」は，人間の感情や無意識の領域での生の変容全体をとらえようとするものとされ，発達という見方自体を相対化しようとするものである（矢野，1998）。

　こうした動向の背後にも，発達をとらえるための歴史的，社会的，文化的な文脈が存在する。発達を考える際には，こうした諸文脈との関係を考慮することが欠かせないといえる（小嶋，1991）。

要　約

　発達は，学習した内容の世代間伝達も含め，成熟と学習の相互作用のなかでとらえられる。それは人間の特性と深く関わる。発達を考えるうえでの人間の特性として，極端な弱者として誕生することによる高い可塑性，目的意識を介在させた適応能力が注目されてきた。

　発達とは，成長の過程で子どもの内部に起きる質的な変化であり，認知に注目するとそこには段階的な区切りがあるというとらえ方がある。他方では，社会的，文化的文脈に注目し，身体と情動の関係や状況の規定性を重視したとらえ方がある。いずれにしても，時代や社会自体がもつ価値のなかで発達の概念のとらえ方が制約されているということに留意することが必要である。

確認問題

☐ *Check 1*　「発達」を「成長」など類似の概念と比較しながら説明してみよう。

☐ *Check 2*　教育と発達の関係を説明するうえで，ピアジェの理論が果たした意義とその限界について整理してみよう。

☐ *Check 3*　歴史的，社会的観点が必要であることを定比例直線型と放物線型の人生の年齢段階図像を用いて説明してみよう。

読書案内

小嶋秀夫・速水敏彦・本城秀次編『人間発達と心理学』金子書房，2000 年
　歴史的，文化的な条件なども含め幅広い視点から人間の発達をとらえた著書。歴史学，ライフコース研究，精神医学や看護学などとの関係を視野に収めている。

佐藤学ら編『変容する子どもの関係』岩波講座 教育 変革への展望 3，岩波書店，2016 年
　現代の子どもの発達の問題を，園や学校のみならず家庭や地域社会での子どもをめぐる関係のなかでとらえようとしている論集。

東田直樹『自閉症の僕が跳びはねる理由』角川文庫，2016 年（初版 2007 年）
　人とのコミュニケーションの困難さから気持ちを伝えることが難しい自閉症者の心のなかを，自身の体験から著者が 13 歳の時に記した書。自閉症の人の思いやその世界の一端を知ることができる。

第2章

教育と社会

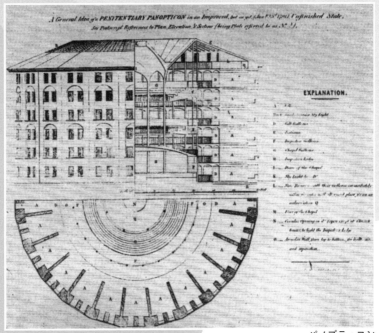

パノプティコン

4 学校とは何か
5 国民国家と教育
6 社会変動と教育

第2章 教育と社会

Introduction 2

この章の位置づけ

　第2章では，教育は社会と密接な関係をもって成立していることを学ぶ。

　教育は子どもの成長に働きかけるものであると同時に，社会の維持・更新を目的として社会によって要請されたものでもある。その役割を担うものとしての学校の役割は大きい。本論では教育を成立させている社会的な基盤である国家，共同体，家族との関係を把握しながら，これらの関係のなかでつくりあげられた近代学校（制度）の基本的性格を理解する。学校は国家（国民国家）によって制度化されるが，実際には社会の変動に基づいた文化伝達の仕方の転換のなかで要請されたものでもある。学校それ自体の社会的歴史的性格をおさえると同時に，それを生み出した国民国家と教育の関係，さらに社会変動と教育との関係について学びたい。

この章で学ぶこと

unit 4　西洋でつくられた近代学校の基本的な性格について理解し，そこでの文化伝達の方式（独特な内容と形式）の特徴を学ぶ。さらにそれを移入してつくりあげた「日本の近代学校」の特徴を把握し，こんにち的課題について考える。

unit 5　国民国家と国民教育について考え，国民概念の再編成をふまえてそのこんにちの諸課題を学ぶ。

unit 6　社会との関係のなかで時代に固有なかたちで教育が存在することを学ぶ。その際に，社会変動が教育のあり方に大きく関わっていることを高度成長期の前後における日本の社会を比較しながら理解する。

unit 4

学校とは何か
——近代学校の成立と特徴

> **Keywords**
> 通過儀礼，徒弟方式，教授学，汎知主義，一斉教授，モニトリアル・システム，ベンサム，一望監視装置，後発効果，脱学校論，フリースクール

📖 大人になるための通過儀礼

　日本に限らず，こんにちにおいて，ほとんどの社会は学校を出ることで大人とみなされる。学校を出ていないと社会的な信頼を得られないことも多々ある。しかし，学校が一人前の養成と深く関わり，制度として定着したのは，この一世紀のことでしかない。それ以前の圧倒的に長い，学校のない社会ではどうであったのだろうか。図 1-1 にみたように，日本の社会においては，習俗によって子どもの成長が社会からチェックされる仕組みになっていた。日本に限らず，それぞれの社会には，その社会に応じた基準があり，その社会の正規の構成員として役割を果たしていける者であると社会が認定するための **通過儀礼**（イニシエーション）が存在していた（梅根，1967）。近代の社会においては，学校がそれを提供することになった。この unit では，学校はどのようにはじまり，今度どうなろうとしているかについて考えてみよう。

📖 学校の成立

　今日の学校は西洋から導入されたスクール（school）を原型としている。その語源はギリシャ語のスコレー（skolé）であり，独語のシューレ（Schule），仏語のエコール（école）の語源も同様である。ただし，そもそもスコレーには勉強や学びの意味はなく，余暇という意味がこれにあたる。
　学校の起源は古く，もともとは書記官養成のための場であった。人々は，狩猟時代を経て農業を始めると，農業生産物をストックすることができるように

なった。こうした農作物の確保は，剰余価値を生みそれをもつものともたないものとの間に富の多寡に基づく支配－被支配の関係を生みだす。そのなかで人やモノを管理する手段として支配層は文字を用いるようになり，それを学ぶ必要が生まれた。文字学習は生活のなかでは効率的にはなしえず，生活から離れた特別な文字の習熟の場が求められたのである。世界ではメソポタミア文明期には学校があったことが確認されているが，日本では670年につくられた大学寮がそのはじまりとされている（久木，1990）。このように生産の向上と文字の必要が，特別な時空間（学校）のなかでの文化伝達を要請したのである。

しかし，この文化伝達は限られた人を対象としたものであった。本書で扱う学校は，それとは異なり，近代につくりだされた一般の人々を対象とした学校である。

文化伝達の方式の転換

学校を通しての文化伝達の起源自体は古い。しかし，それはあくまでも一部の為政者やその周辺の人々に限られていた。文化伝達が，一般の人々のレベルでなされるようになるのは近代社会を待たなければならなかった。

近代以前の社会での文化伝達は，大きくみるならば，見よう見まねの伝達方式でなされていたといってよい。中世の職人の例をみよう（宮澤，1992）。靴職人は，弟子たちにコツを教えることで靴のつくり方を指導するわけではない。弟子は親方と生活を共にして，親方の技を学ぶ（＝「盗む」）のである。そこでの文化の伝達の基本は，象徴的にいうならば「一生懸命いい靴をつくる」ということにある。弟子たちは，親方が一生懸命に生きる姿をみて，そのなかに刻み込まれた靴づくりの技を修得する。文化人類学者による調査で，ヘアーインディアンの社会でも同様の文化伝達が行われていることが報告されている。子どもたちがすばらしいカヌーをつくったのに驚いて調査者が誰に教わったのか尋ねたが，質問の意味が通じなかったという（原，1979）。そこには「教える」という概念が存在しなかったのである。

ここでは，教えるという意図を明確にもつことなく文化伝達を行う行為を，親方（師匠）－徒弟（弟子）の**徒弟方式**に基づく文化伝達と呼んでおきたい。徒弟方式に対して，明確な意図をもって教えるという行為が組織的に行われる方式を学校方式と呼んでおこう（木村ら，2006）。学校方式では共通の約束に基づ

く文字を共有することにより文化伝達がはかられる。

こうした学校方式は、これまで師弟間に閉じられていた伝達のネットワークを広く開放することになる。一方、学校方式が生まれる前の徒弟方式では、Aという親方を介してAという親方の技術が伝達されるのであり、けっして靴づくり一般の技術が伝えられるわけではなかった。Aという親方の生き方全体に刻み込まれた技術が親方の人格と一緒に伝達されていたのである。それに対して学校方式という新しい伝達方式は、技術のみの伝達という形をとる。

図4-1 19世紀前半近代学校成立直前のイギリスの教師

（出所）宮澤, 1992, 165頁。

徒弟方式から学校方式への過渡的な過程を示したのが図4-1である。この図は、近代学校成立直前の教師を描いた絵である。当時はまだ副業として教師を行う者が少なくなかった。ここでは靴づくりを教えているわけではない。靴をつくりながら振り返り、子どもに読み方を教えているのである。仕事に向かう親方から子どもに向かう教師へ、この半身に構えた姿勢のなかに文化伝達の過渡の形態が描かれている（宮澤, 1992）。

近代学校の成立はこうした文化伝達の転換を前提としていた。ただし、unit 19でもみるように、近代学校の成立に伴って、技術伝達とともに教師としての「人格」を求められるようになった点には留意が必要である。

近代学校の要請とその特徴

文化伝達の方式転換は、実際には紙と文字を介した方式による情報伝達への移行に象徴される。それを飛躍的に進めたのが活版印刷の成立である。グーテンベルクによって15世紀半ばに発明された活版印刷は大量のテキストの共有を可能にした。この技術を背景に、17世紀に入って、教える－学ぶという文化伝達の方式を定式化した**教授学**(ディダクティカ)が生みだされた。コメニウスは教授学の祖

図4-2 モニトリアル・システム

(出所) Seaborne, 1971, plate 120.

とされるが、その主著である『大教授学』では「あらゆる人にあらゆる知識を」という**汎知主義**がうちだされた。学校を「精巧な機械」に見立てた教授方法は、教授印刷術といわれた（→unit 10）。子どもを白紙として想定し、大量の白紙に印刷されるように「生徒の精神に知識という文字が印刷される」としたのである（宮澤，1993）。

このような文化伝達の方式の変化は、文化伝達の新しい形態を生みだす。大量の子どもたちに同時に同一内容を伝達する**一斉教授**という形態である。ここで注目したいのは、その形態が人間形成に大きな影響を与えるものであったということである。文化伝達の方式の転換は内容と同時に形式の変化を伴ってなされたという点に注意しておきたい。

18世紀末には**モニトリアル・システム**（助教制）が現れる。図4-2がその様子を示したものである。一見すると一斉教授のようにみえるが、実はそうではない（寺崎，1997）。実際は、壁沿いに立っている助教と呼ばれるモニターが読み書き計算を教えた。モニターは学力のよい子どもから選ばれた。それでは中央にいる人は何を行っているか。ジェネラルモニターと呼ばれるモニターの責任者であり、子どもたちがきちんと勉強にとりくんでいるかを見張るための監督、すなわち「学校で学ぶ身体」をつくりあげる役割を果たしているのである。「学校で学ぶ身体」の形成とは、時間どおり登校し、怠けることなく勉強に励

図4-3　ギャラリー方式の授業

（出所）ハミルトン，1998。

むことのできる身体と精神をつくることである。

　こうした身体や精神の規律訓練は，教育独自というよりも，社会システムのなかで要請されていた。その主導者として功利主義者J. **ベンサム**があげられる。ベンサムは監獄と同様なシステムで学校を考案する。ベンサムは，中央監視塔を設け，そこから見通せる空間に囚人を置いた。監視者は暗闇の中央監視塔にあって囚人を監視する。監視者が「見られずに見る」ことで囚人を一方的に監視するシステムをつくりあげたのである。いつも見られることで，囚人は監視の視点を内面化し自らを自らで監視する主体をつくりあげることになる。こうした装置をベンサムはパノプティコン（panopticon：第2章扉絵）と名づけたが，その性格から**一望監視装置**としてとらえられている（フーコー，1977）。監獄と学校はまったく違う機能を社会で果たしているが，ベンサムは「精神を支配する精神の権力を獲得する新しい様式」として同じ原理で成り立っているものととらえた（寺崎，1997；小松，2006）。こうした観点から学校の規律訓練装置としての役割が浮かびあがる。

　その後，モニトリアル・システムが批判され，ギャラリー方式という新しい方式によって（図4-3），1人の教師が多数の子どもと対峙し教授する場面が成立する。そこでは，教師は，一度に多数の子どもたちに目を配り，子どももまた他の子どもを意識しながら学習を進めていくことを可能にした。こうした過

程を経ながら，一斉教授を前提とするクラス形成が準備されていくことになった（ハミルトン，1998；柳，2005）。

　近代学校の定着がすぐになされたわけではない点にも注意が必要である。子どもたちの生活で必要とされるものと学校の論理の間に現実的には大きな溝があったからである。産業革命の進展の度合いによって違うとはいえ，近代学校の導入期には，習俗などによって学校の外側で生きるための力量形成が継続しており，学校の定着を阻んでいたのである。そのようななかで近代学校は強制力を伴って子どもを学校に組み込もうとした。

日本の学校の展開と特徴

　日本の近代学校は，19世紀後半の西洋を範とした近代学校制度の導入に伴って出発する。それ以前に日本にも庶民機関として手習塾（寺子屋），藩の役人養成機関としての藩校，その中間にある郷学などさまざまな学校が存在していた（石川，1978）が，それらは制度化されて存在していたわけではない。それに対して，導入された近代学校は公教育制度として体系化して位置づけられたものであった（入江，1991）。手習塾から小学校へ変化すると，1人の教師と子どもたちという構図は同様であったが，その関係の構造がまったく異質なものとなる。この点については unit 15 でふれる。

　近代学校は，西洋から導入されたシステムをいかに日本的に修正するかを考慮して定着がはかられた。何よりもまず西洋の知識，技能をどのように導入するかが課題となった。そのために，知識技術を難易別にパッケージ化し，「級」別に配置する体系の学校制度が構築される。進級は，難易に基づいて配置された級を厳格な試験を受けることで昇り詰めていくというシステムであった。さらに，このような学校システムを近代社会システムの構築と連結した。その結果，どのレベルの学校を出るかが社会における地位につながるといった，学歴に基づく新しい社会の階層化（学歴主義社会化）が進んでいく。戦後高度成長期以降に人々が直面した学歴社会の基盤は，すでにこの時期に形成されていたといえる。もとよりこうした仕組みは，ひとり日本だけのものではない。後れて近代化を進めた諸国に共通の学歴病理（diploma disease）があるとされ，それを**後発効果**と称している（ドーア，1998）。標準化され「制度化された科学」の効率的な修得の装置として学校は位置づけられ，人材の配分の役を果たすこと

にもなるのである（広重, 1973）。

　一方で, 19世紀末以降, 共通の素養をもった国民形成を進めるために, 近代天皇制のもとに積極的に公教育制度を位置づけ, 教育勅語を中核とした天皇制公教育制度が構築される。これによって, 日本独自の規律訓練装置としての学校をつくりあげていったといえよう。このように伝統を創造し, それに基づいた学校制度を構築したのは日本だけではない。むしろ多くの国がこうした伝統を創造することで国民形成を行ったのであり（安丸, 1992）, 前述の公教育制度はそのなかでの日本型の対応としてとらえられるであろう。特徴的なのは, 日本では独特な平等主義をもとに画一的な枠組みで過度な同調（コンフォミティ）を促すような学校文化をつくりあげたことである（佐藤, 2005）。学校文化の構築は, 日本の共食の慣習や村の祭りを土壌として, 子どもたちが昼飯を共にしたり, 運動会を積極的に学校行事に組み込むなど, 集積された文化を取り込みながら行われた。

　20世紀前後には近代学校の基本的な性格のうえに, こんにちにまでつながる日本の学校の基本的な性格がつくりあげられたのである。

近代学校の定着と不信

　戦後は, アメリカ占領下で, 教育を権利として位置づけた6-3-3-4制（→unit 22）の単線型学校制度が導入された。学校の定着は, 非義務教育である高等学校にほとんどの子どもが通うようになった1970年代にそれが果たされたといってよいだろう（→unit 6）。

　しかし, その構図は1970年代の中頃を1つの画期に大きく変わった。それまで一貫して減り続けていた登校しないあるいはできない不通学の子どもたちの数が増加に転じたのである（→unit 6, 図6-1）。その内訳をみると, 経済的な原因は減り続けたが, 一方で「不登校」（「学校ぎらい」）を理由とする者が増加する。これまでの学校制度の拡大, 充実を支えた「学校に行くことは人々を幸せにする」という社会の信念のようなものの揺らぎがみてとれる。事実, 学校という制度が子どもの育ちや学びにそぐわないのではないかという〈制度（＝学校）〉と〈子ども〉の乖離が指摘されるようになった。近代学校そのものの根本的な見直しを唱えた1970年代の**脱学校論**の展開（→**重要ポイント**）はそれを象徴する。これまでの日本の学校改革の主張は, 西洋の近代学校を価値とす

> **重要ポイント**
>
> 脱学校論（ディスクール）
>
> 近代公教育のもとに組織化された学校の解体を主張する脱学校論。その先駆けは1920年代の学校死滅論にまでさかのぼるが，直接には，1964年のP. グッドマンの『不就学のすすめ』などを先駆けとし，1970年代以降に本格的に展開するものをさす。その存在をはっきり示したのがI. イリッチである。彼は，脱学校社会（デイスクーリング・ソサエティ）を提唱し，以下のような指摘を行った。
>
> 「多くの学生たち，とりわけ貧しい学生たちは，学校が彼らに向かって何をするかを，直感的に察知している。学校は，学生たちが手順と内実を混同するように，彼らを学校化するのである（They school them to confuse process and substance）。手順と内実の関係がぼけてくると，人は新しい論理でものを考えるようになる。手当てをほどこすことが多ければ多いほど，それだけ結果はよくなるとか，階段をのぼっていけばそれで成功は得られるというわけである。こうして生徒は『学校化』され，その結果として，教えられることと学ぶことを混同するようになる。」（イリッチ，1977，13頁）
>
> ここではschoolが動詞として用いられ学校化と訳され，学校の価値が行きわたる社会を否定的にあらわしている。これまでも日本の学校についての多くの批判があった。しかし，そこでの批判は，大きくみると西洋の学校を価値としてそこから遅れてみえる，学校の画一的，注入的な性格が問題とされてきた。しかし，この脱学校論の登場以降，特殊日本型の学校が批判されているだけではなく近代学校そのものが問われるようになった。学校を整備することが必ずしも人々に幸せをもたらすものではないというような，学校の相対化が本格的になされ始めたのである。

るものであったが，これを契機に近代学校そのものが問題とされることになったのである。

こんにちにおいて情報化や脱工業化の流れのなかで大きく社会が変貌してきているにもかかわらず，学校のイメージはそれほど変わっていない。そのなかで不通学の子どもがさらなる増加をみせ，日本中のどの学級にも長期欠席の子どもがいても珍しくない状況になっている。こうした状況と並行するように，コンピュータを用いたeラーニング（ラーニング・ウエッブ論）が注目され，家庭が公教育の代わりを果たすというホームエデュケーションの主張も示されている。

◻ 問われる，学校へ行くこと

 日本の近代学校は，「**日本**の近代学校」と「日本の**近代学校**」の二層をもって成立しているといえる。日本の近代学校は長きにわたって前者の問題，すなわち，遅れた近代学校の画一的で没個性的な性格の改革を対象としてきた。しかし，1970年代以降は先にみた近代学校自体の基本的な性格に懐疑の目が向けられるようになり，既存の学校方式自体が問い直されてきている。

 その動きの背景の1つに，学校に行かなくなった大量の子どもたちの存在がある（→unit 6）。こうした学校には通えない（通わない）子どもたち，あるいは独自の学びを求める子どもたちの受け皿として存在しているのが**フリースクール**である。これらも含めてさまざまな形で公教育の再編の動きがみられるところにこんにちの特徴がある。例えば，学校に通わない子どもたちにも対応するような教育を行う場を公教育のなかに創出し，彼らを公教育の内部に再統合する動きがある。その場合，①その「特殊性」を「多様性」と読み替えたうえで，公教育制度が「多様化」したサービスを提供する。また②「特殊性」を「欠陥」と読み替えて，その克服のための補償的教育という位置づけがなされる場合もある。さらに③「公教育の再編」を子ども・父母の新たな共同・参加で進める動きとして，フリースクールに着目する立場がある。このなかで形態として注目を浴びているのがチャータースクール（→unit 21 の**重要ポイント**）である。公的な資金の援助を受けるが，運営は設立申請を行った民間のグループが担当する公設民間運営学校である。

 既存の学校をめぐる改革の議論は，このように官・民という枠組みを越えて，幅広く，多様な形で繰り広げられており，公教育制度として組織化された学校に行く根拠が問い直されているといえよう。短期間に定着した学校による「一人前の養成」方式が，こんにち批判のさなかにおかれているとはいえ，それに代わる有効な方式をいまだ持ちえていない。そのなかで，学校を問い直し続けてきた動きのなかからも学校でできることは何かという観点から，「子どもたちが集まって，1つのことがらを協働的に，持続的に，かつ知的に追求できる場」としてのメリットが示されている（里見，2005）。

 教育改革はいま，学校教育改革と読み替えられ，学校教育がまるで子どもの独り立ちのすべてに関わるものとしてとらえられがちである。この発想をどう転換するかが課題であり，上述の学校のメリットも考え合わせながら，改めて

> **重要ポイント**

夜間中学

夜間中学とは，法制度的な位置づけをもつことなく，「夜間中学」「夜間中学校」「中学校夜間部」等と称された一群である。

戦後の新制中学校において，不就学・長期欠席児童生徒を主たる対象として，夜間に授業を行う学級や分校等が，1947年頃から全国各地でさまざまな形態をとって開設された。夜間中学は，当初は各学校の判断や自治体の行政裁量の下で開設されたため，その法的根拠は曖昧なまま，実態が先につくられた。

夜間中学に通う生徒層の変遷の画期は，戦後から1960年代まで（第1期），70年代〜80年代（第2期），そして90年代以降（第3期）でとらえられる（図）。大きくは，第1期までが学齢の公立小，中学校の不就学・長欠児童生徒であったのに対し，第2期以降は学齢を超過した義務教育未修了者が主な生徒層となった。第2期は，日本人や在日朝鮮人の中高年者，中国からの引揚・帰国者の割合が多く，第3期はいわゆる「ニューカマー」が増加し，近年は不登校経験をもつ「形式卒業者」（入学希望既卒者）も増加している。

2014年には，「夜間中学も義務教育保障の選択肢の一つ」とされ，その位置づけを変化させてこんにちに至っている。教育機会確保法において，夜間中学は「夜間その他特別な時間において授業を行う学校」とされたが，独自の法的根拠が新たに規定されたわけではない。

文部科学省は少なくとも各都道府県に1校の夜間中学の設置を促しているが，2019年時点で9都府県33校にとどまっている。なお，公立の夜間中学とは別に，ボランティアが運営する自主夜間中学が全国に存在している。夜間中学は公教育へのアクセスから疎外された人々の学びの包括的な場として，実態的には機能している。

図　全国の公立夜間中学校の生徒数・設置校数の推移

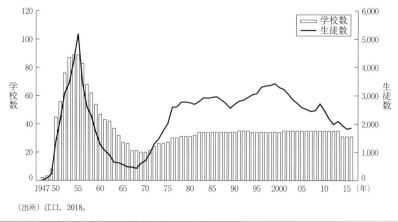

（出所）江口，2018。

子どもたちの「なぜ学校に行くのか」という問いに答えることが，求められているといえる。

教育機会確保法と多様な学び

2010年代にはいって，義務教育を保障する機関が学校だけでよいのかという議論が本格化した。

2007年に，構造改革特区制度を利用した不登校の子どもたちのためのフリースクールから生まれた私立中学校の設置が認可された。さらに，2010年代には，子どもの教育の権利を保障する場を公教育の制度として位置づけようとする動向がすすみ，2016年12月，教育機会確保法（「義務教育の段階における普通教育に相当する教育の機会の確保等に関する法律」）という形で法制化された。その際，制度を支えるための法改正も含めた検討がなされたが，結果としては，教育基本法や子どもの権利条約に則った法律の解釈や運用を求める理念を基本とした法律として成立することとなった。これによって，年齢，国籍を問わない教育機会の確保が示され，不登校の子どもたちや，義務教育を修了していないか，したとしても形式的に卒業した人々が対象となった。具体的には，国や自治体が「不登校児童生徒の状況に応じた学習活動」が行われるための幅広い多様な学びの場についての「情報の提供，助言」を講ずる措置をとること，自治体が夜間中学などで就学できる措置をとることなどが盛り込まれている（フリースクール全国ネットワーク，2017）。

この法の成立過程で，学校外の学びの場を学校制度と同様に位置づけることをめぐって，賛否さまざまな立場と論理が表明されたが（横井，2018），最大の意義は，日本において長らく義務教育は就学によってなされるとされてきたことが問われた点にある。義務教育が学校によって担われねばならないということは，アジア・太平洋戦争中の国民学校によって明確化され，戦後の日本国憲法において「普通教育を受けさせる義務を負う」と継承された。こうした学校を前提とした戦後の義務教育の枠組みが問い直されたのである。

要　約

人類の歴史においては習俗のような形で，それぞれの社会のなかに子どもを大

人にする仕組みが埋め込まれていた。近代を迎えて学校が入り込んでくることで教える－学ぶという文化伝達の方式の転換が進む。国民や産業人養成のための知識伝達，身体訓練という役割も学校は担った。日本では，西洋から近代学校制度を導入するが，日本の社会に合うように修正しながら定着がはかられた。同調性の強調はその特徴の1つであろう。それから派生した画一的で注入的な学校の性格は批判され続けているが，こんにちの問題の特徴はそれにとどまらず学校という制度自体が子どもの学びと合わない場合があるという疑念のうえにあることだ。こうしたなかで改めて学校に行くことの意味が問われている。

確 認 問 題

- [ ] *Check 1* 大人になるための通過儀礼という観点から学校の性格を整理してみよう。
- [ ] *Check 2* 学校方式の特徴を徒弟方式と比較して示してみよう。
- [ ] *Check 3* 近代学校の成立をふまえ，その基本的な性格を示してみよう。
- [ ] *Check 4* 今日の学校改革の動向の基盤にある特徴についてまとめてみよう。

読 書 案 内

北村和夫『オートポイエーシスとしての近代学校——その構造と作動パタン』世織書房，2015年

　　ルーマンのオートポイエーシスに基づいた近代学校論。学校をつくりあげている層がどのようなもので，複雑に構成された学校は如何に成り立っているかを分析している。

木村元『学校の戦後史』岩波新書，2015年

　　学校の戦後史を3期に分けてとらえ，学校がこんにち大きな転換点にあることを示した著書。今後の学校の方向性を考えるための論点を提示している。

大多和雅絵『戦後 夜間中学校の歴史——学齢超過者の教育を受ける権利をめぐって』六花出版，2017年

　　学齢超過者の権利保障の問題に着目しながら戦後の夜間中学校の法制度を中心に描いた著書。

unit 5

国民国家と教育

> **Keywords**
> 国民教育，フィヒテ，国民国家，ヘルバルト，フレーベル，民族，市民／公民，学制，教育勅語，日本国憲法，教育基本法，国民主権，再生産，国家のイデオロギー装置，隠れたカリキュラム

国民教育の思想

　私たちはどのようにして，自分が「日本人である」とか，「中国人である」「フランス人である」というように自分の国民性を意識するようになるのだろうか。国によっても程度の差はあるが，各国の義務教育制度は**国民教育**としての性格を備えている。そのような国民教育制度としての学校教育を通じて，国語や国民としてのアイデンティティを獲得していくことを抜きにして，この問題を考えることはできない。

　19世紀に学校教育が義務教育として制度化されていくときに，重要な思想として影響を与えていたのが，この国民教育である。国民教育の問題を論じる際，必ず引き合いにだされるのが，J. G. **フィヒテ**（1762-1814）という思想家である。フィヒテはカント哲学の影響を受け，ベルリン大学の初代総長を務めた人物であるが，その彼を有名にしたのが，「ドイツ国民に告ぐ」（1807-08）という連続講演であった。

　当時のドイツは，プロイセンなどいくつかの領邦国家に分裂していて，統一国家にはなっていなかった。そのため，ドイツはフランスに侵攻されて，占領されてしまう。それに危機感を抱いたフィヒテがフランス軍占領下のベルリンで行った連続講演が，「ドイツ国民に告ぐ」であった。そこで彼は，教育によってドイツ国民をつくり，そのドイツ国民によって統一ドイツ国家をつくらなければならないと説いたのである。

「この講演で提起してきた新たな人類の教育手段は，何よりもまずドイツ人によってドイツ人に対して適用されなければならず，この教育手段はまったく本来的に，そしてまずもって，わが国民にこそふさわしいのです。」（フィヒテ，1997，76頁）

フィヒテにとって国民とは，国家にとって不可欠の構成員であり，しかもそれはア・プリオリに（先験的に，はじめから）存在するものではなくて，教育によってつくりださなければならないものであった。つまり，彼は教育によって国民（nation）と国家（state）はつくられると考えたわけである。ここから，国民を構成員とする国家である，**国民国家**（nation state）が生まれる。

フィヒテの思想は，J. F. **ヘルバルト**（→unit 7）や世界で最初といわれる幼稚園をつくったF. **フレーベル**（1782-1852）ら，近代教育思想の担い手たちにも強く影響を与えた。教育によって国民国家の構成員をいかにつくるかということは，近代教育思想の担い手たちにとって共通の課題であった。そしてそうした思想に基づきながら，19世紀後半以降，各国で国民教育制度としての公教育が確立，普及していく。

「国民」概念の両義性

ひと言で「国民教育」といっても，そこに込められた意味は1つではない。大きくいえば，国民という概念には2つの意味が込められているということができる。1つは，**「民族」**（nation）という意味であり，もう1つは，**「市民／公民」**（citizen）という意味である。

前者の民族という意味は，国民が歴史的起源や使用言語，集団的アイデンティティを共有する，一定同質的な存在であることを強調する文脈で語られる傾向がある。前述のフィヒテが，国民教育における言語教育（国語教育）の重要性を説いたことは，この文脈でよく理解することができる。

後者の市民／公民という意味は，例えばアメリカ合衆国の大統領が，国民向け演説の冒頭でよく，「マイ フェロー シティズンズ」（My fellow citizens）と語りかけることに示されている。これは，メディアでは「国民の皆さん」などと訳される。この例に典型的なように，シティズンという言葉は，国民とほぼ同義に用いられることがよくあるのである。この市民／公民という意味は，国家の構成員として国家の統治機構に参加し，なおかつ，その国で社会生活を営

むことを選択したメンバーであるということを強調する文脈で語られる傾向があり，国民を政治社会の担い手として位置づける認識が背景にある。

「国民」というときに，これら2つの意味のうち，どちらがより強調されるかは，国によって異なる。フランスやドイツなどでは民族という意味で用いられる傾向が強いかもしれない。これに対してアメリカ合衆国において「アメリカ国民」という言い方がなされるのは，「アメリカ民族」という文脈であることは少なく，むしろ，前述の大統領演説にあるように，アメリカの市民／公民という意味合いであることが多いといえよう。

このように強弱に違いがあるとはいえ，1つの国民が1つの国家を形成するというたてまえの「国民国家」では，国家を構成する「国民」という概念に，おおむねこの民族と市民（公民）という2つの意味が含まれて理解されてきたということができる。

日本における国民教育

日本も例外ではなく，1872（明治5）年の「**学制**」（明治政府が全国的学校組織を定めたもの）発布以降，近代公教育制度が導入され，教育による国民の創出がはかられることになる。その場合の国民概念には，言語や歴史を共有する民族的同一性（ナショナリズム）が強調される傾向は当初から強くあった。

ただし，天皇制国家として出発した日本の場合，国民を政治社会の担い手である市民として位置づける認識は脆弱で，むしろ国民は天皇制国家に従属する臣民として位置づけられる傾向が強かった。1890（明治23）年に発布された「教育ニ関スル勅語」（**教育勅語**）では天皇と国家にすべてを捧げる「臣民」を育てることが教育の根本理念として明示された。このように，戦前の天皇制国家の日本においては，教育勅語体制のもとで，国民概念の中心は臣民というとらえ方であった。

にもかかわらず，大正デモクラシーの時代以降は，政治学者蠟山政道(ろうやままさみち)らによって，国民を臣民としてよりも「公民」（つまり市民）として，すなわち政治社会の担い手として位置づける議論が起こるようになり，公民教育論が展開された。つまりそこには，国民を政治社会の担い手である市民として位置づけるとらえ方が，萌芽的にではあるが存在していた（堀尾，1987，199-220頁）。

このように，天皇制国家であった戦前の日本では，国民を天皇制国家に従属

する臣民として位置づけるとらえ方が支配的である一方で，国民を政治社会の担い手である市民として位置づけるとらえ方も存在し，両者の間には緊張関係があった。

しかし，第2次世界大戦を経て戦後になると，このような天皇制国家の教育勅語体制は否定され，1946年に制定された**日本国憲法**と1947年に制定された**教育基本法**のもとで，**国民主権**に基づく新しい教育制度が始まった。特に教育基本法では第8条（改正された現行の教育基本法では第14条）に「良識ある公民として必要な政治的教養は，教育上尊重されなければならない」と規定され，政治社会の担い手である市民（公民）の教育が明記された（→unit 30）。

しかし同時に他方では，第2次世界大戦の敗戦からいかにして復興するかという問題意識から，国民を言語や歴史を共有する民族としてとらえ，民族教育としての国民教育を実現していこう，というナショナリズムのとらえ方も根強く存在していた（小熊，2002；小国，2007）。

加えて，民族教育としての国民教育を実現しようとする考え方のなかにも対立があった。一方には，「戦前の教育勅語体制にもいいところはあった」という立場から，天皇制国家のもとでの戦前的なナショナリズムや愛国心を継承していこうとする考え方が残った。その一方で，戦前的なナショナリズムが日本によるアジアへの侵略戦争や植民地支配を正当化したことを反省し，日本国民は新しい民族として独立，自立すべきであるという観点から国民教育を再構築しようとする議論も存在した（上原，1989；関，2001などを参照）。日の丸や君が代は，戦前的なナショナリズムや愛国心のシンボルとして使われることも多いので，それを教育現場で使用することについては現代においても議論がある。特に，入学式や卒業式でこの問題が争われ（ドキュメント所沢高校「学校が楽しい」編集委員会，1998），ときに裁判になったりする（西原，2007）背景には，このようなナショナリズムや愛国心のとらえ方をめぐる論争があるということをふまえておくことが重要である。

国民概念の分岐と再編成

このように，「国民」という概念は，近代学校教育制度の正統性を規定する重要な概念であった。「国民」という概念にある種の統一性が付与されてはじめて，その国の学校教育の正統性が確保されていたといってもよい。

> **重要ポイント**
>
> **再生産理論**
>
> 　国民国家のもう1つの重要なポイントとして，国家が学校教育を通じて経済的な不平等や格差を隠蔽，あるいは正統化するという問題がある。
>
> 　私たちの社会は不平等や格差に満ちている社会であるが，にもかかわらず，人々はフランス革命の時代のように革命を起こすこともない。そうやって，不平等や格差を抱えたまま社会は安定的に再生産されている。それはなぜなのか。フランスの哲学者 L. アルチュセールはその理由を，国家の働きに見出した。アルチュセールによれば，社会が安定的に**再生産**されるのは，人々が学校などの教育機関（アルチュセールはそれを**「国家のイデオロギー装置」**と呼んだ）を通じて，不平等や格差の存在にもかかわらずこの社会を正統なものとして受け入れるようになるからだという（アルチュセール，2005）。
>
> 　このアルチュセールの理論を発展させて，フランスの P. ブルデュー，イギリスの B. バーンスティン，アメリカの S. ボウルズと H. ギンタスらが，学校教育によって人々が不平等な社会を正統なものとして受け入れるようになるメカニズムを研究した。これを再生産理論と呼ぶ（小玉，1999）。
>
> 　再生産理論によれば，私たちは，学校で日々，教師の評価にさらされるなかで，成績の違いによる不平等な処遇は社会のせいではなく自分の能力によるものであると思い，それを正統なものとして受け入れるようになる。学校は不平等な社会関係を正統化しそれを再生産する装置としての役割を果たしている。これは，学校教育で明示されてはいない**隠れたカリキュラム**である（→unit 12 の**重要ポイント**）。
>
> 　このように，再生産理論は，「平等」の名のもとに不平等や格差を再生産していく学校教育の欺瞞性を暴きだそうとした。それは，単に学校教育の欺瞞性を告発するためだけではなく，そのことを通じて，不平等や格差の存在する社会をより平等な社会へと改革していく道筋を探ろうとするためでもあった（耳塚，2007）。その意味で，再生産理論は難解ではあるが，教育の実践に携わろうとするものにとって避けて通ることのできない理論であるといえる。

　しかし近年，特に1990年代以降，全世界でこのような国民概念の統一性が揺らぎ始めている。それは，先述した国民概念に含まれてきた民族と市民という2つの意味が分裂し始めていることに端的に示されている。

　まず一方では，国民概念を同一のアイデンティティを狭く共有する「民族」に純化していこうという動きが浮上している。例えば21世紀に入って以降，ヨーロッパなどで民族主義を標榜する極右政党が台頭し選挙などで支持を伸ば

している。これは，国民概念を同一のアイデンティティを狭く共有する「民族」に純化しようとする顕著な例であるということがいえるだろう。2016年のアメリカ合衆国でのトランプ政権の誕生，イギリスの国民投票でのEU離脱の決定などは，そうした動きを象徴的に示すものであるということができる。

しかしながら他方では，これとは逆の動きも存在する。すなわち，これまで同一のアイデンティティを有する民族国家であると考えられてきた国の内部に，移民やマイノリティ，歴史的記憶の複数性などによって，多様な民族，人種の存在が認められ，顕在化するようになっている。フランスやドイツなど多くのヨーロッパ諸国においてそうであるだけでなく，もともと多民族国家をうたってきたアメリカ合衆国のような国でも，多文化主義思想が新たな形で浮上している（→unit 27）。これらの国では，従来の国民教育を批判的に組みかえて，狭い意味での民族教育とは区別された新しい市民教育としての公教育を追求しようとする動きが始まっている（→unit 30）。この点で興味深いのは，アメリカ合衆国で市民権獲得運動を行っているヒスパニック系「不法滞在者」が，街頭デモでアメリカ国歌をスペイン語で歌ったという実践である。哲学者のJ. バトラーは，この実践のなかに，国家への多様な帰属形態を求める「複数性の表明」の可能性を読みとっている（バトラー・スピヴァク，2008，43頁）。

同一のアイデンティティを共有する民族として国民概念をとらえた国民教育を追求するのか，それとも，従来の民族教育とは区別された新しい市民教育としての公教育を追求するのかは，今後の公教育を構想するうえでの重要な争点である。

要　約

現代の国家は国民を構成員とする国民国家（nation state）の形をとっている。そこで国民は，国家にとって不可欠の構成員であるが，それははじめから存在するものではなくて，教育によってつくりださなければならないものであると考えられた。ここから国民教育の思想が生まれ，それは現代の公教育を根拠づける重要な思想となった。しかし近年，多文化主義の台頭などによって国民概念の一体性がゆらぎ始め，国民教育の思想は重要な問い直しを迫られている。

確認問題

- [ ] *Check 1* 国民教育の思想を思想家の名前とともにまとめ，整理してみよう。
- [ ] *Check 2* 国民という概念にはどのような意味が含まれているか。大きく2つに分けて整理してみよう。
- [ ] *Check 3* 日本における国民教育の展開について，戦前と戦後の区別と連関に留意してまとめてみよう。
- [ ] *Check 4* こんにち，国民国家はどのような変容に迫られているか。多文化主義などの影響をふまえつつ，まとめてみよう。
- [ ] *Check 5* 「国家を歌うのは誰か？」（→**読書案内**）と問われて，あなただったらどのように答えるだろうか。考えてみよう。

読書案内

小熊英二『〈民主〉と〈愛国〉——戦後日本のナショナリズムと公共性』新曜社，2002年

　戦後の日本でナショナリズムや愛国という概念がどのように用いられ，変わっていったのかを，思想と歴史に即して詳細に述べている。関心のあるところを深く掘り下げていくための辞書的な使い方もできる。

バトラー，J. P.・スピヴァク，G. C.（竹村和子訳）『国家を歌うのは誰か？——グローバル・ステイトにおける言語・政治・帰属』岩波書店，2008年

　アメリカ国歌をスペイン語で歌ったヒスパニック系「不法滞在者」の実践を手がかりに，国民国家をのりこえる可能性と，その行く末を議論した対談。対談なので，現代思想の最先端の議論を比較的わかりやすく理解できる。

スピヴァク，G. C.（鈴木英明訳）『ナショナリズムと想像力』青土社，2011年

　ナショナリズムを乗り越える国家のあり方を市民国家の視点から論じている。国民国家の今後を考えるうえで示唆に富む本。

unit 6

社会変動と教育

Keywords
フォーク・ペダゴジー，青年，権利としての教育，長期欠席，大衆消費社会，情報化社会，教育投資論，能力主義，ハイパー・メリトクラシー，家族のおこなう教育

ペダゴジーと社会変動

　子どもに何をどのような仕方で教えていくのかは，その社会の日常的なコミュニケーションに大きく規定されている。例えば，体罰も辞さない厳しい教育を「スパルタ教育」と呼ぶことがある。こんにちにおいては否定の対象であるが，そもそもは，ギリシャ時代のポリス（都市国家）の1つであるスパルタにおいて，その社会を維持，防衛するという価値のもとで，市民である男子を鍛えて強くするという共通の認識をもってなされていたものである。そこでの厳しい子育ては，当時の社会が有した価値の1つの現れである。このように，その社会がもつ固有な歴史性や文化性が子育てのあり方を定めているのであり，しかも社会自体が変動するのにしたがって，ペダゴジーや教育のあり方も変化を余儀なくされる。こんにち的な価値から，ある時代の教育を裁断するのではなく，社会との関係のなかでその時代に固有な形で教育は存在するという視点をもつことが重要である。

　この unit では，教育を社会との関係でとらえるための視点を社会変動に注目して考えてみよう。社会変動の内容をここでは，産業化や都市化のみならず，情報社会化，消費社会化などの文化的な変動も視野に入れてとらえている。日本の 1960 年代の高度成長は，こうした教育と社会変動との関係を考えるうえで有効である。この時期が日本の社会にいかに大きな変化をもたらしたかについては，歴史の長いスパンで日本の社会構造の変化を読みとっている中世史家

の網野善彦の理解からもとらえられる。網野（1980）によると，人々の暮らしのレベルで考えると，南北朝内乱期（15世紀）と高度成長期（1960年代）に大きな画期があるとしている。南北朝内乱期から緩やかに連続していた一般の人々の暮らしが，高度成長期を迎えて急激に変化し，習俗（→unit 1）を支えた生活様式を大きく変え，形 成(フォーメーション)のあり方に大きな影響を与えた。

　人々の子育ての仕方は，日常的にあたりまえのように共有されている知恵（アイデア）ややり方をもとにして，生活のなかで編み出されている。ここでは，人々の生活のなかに埋め込まれたペダゴジーを**フォーク・ペダゴジー**と呼んでおこう（ブルーナー，2004）。フォークには「民衆」とか「通俗」といった訳語があてられるが，フォーク・ペダゴジーとは，unit 2 でみたレベルでの子ども観のうえに，それぞれの社会や地域に蓄積され一般の人々のなかで日常（通俗）的に共有されている子どもの育て方や扱いを指している。これは学校教育のペダゴジーの性格と無縁ではなく対立する側面をもっている。この unit では，フォーク・ペダゴジーにまで大きな影響を与えたとされる高度成長期前後におきた子どもの生活の変化，なかでも職業社会への移行期にあたる青年期に焦点をあてながら，社会変動と教育の関係をみておきたい。

高度成長期以前の社会と「青年」

　近代社会の人間形成は国家によって組織化された学校制度によるところが大きいことをこれまでの unit で学んできたが，その学校制度が，近代以前の地域共同体による人間形成の制度に取って代わることはそれほど容易ではなかった。地域共同体による人間形成力が絶大であったからである。

　この点について青年期に即してみていこう。まず押さえておかねばならないのは，青年期自体が近代の産物であるということである。実は，J.-J. ルソーは「子ども」を発見すると同時に「**青年**」（adolescence）という子どもと大人の間にある独特な期間，すなわちどのような大人になるかを選ぶモラトリアム期を発見していた。日本社会についてみると，「青年」となれるものは，中等，高等教育機関に在籍し，やがて中間層の上層部を形成するわずかな人に限られていた。それ以外でも「青年」でありたいと願い青年期を求めて共同体から都市社会への脱出を試みた一群の人々は存在したが，多くは初等教育を経てムラの共同体のなかで「若者（衆）」などといわれる子どもと大人の中間的な存在

となった。若者たちは,「若者(衆)組」や「娘組」と称される性別に組織された独自な自治集団に身をおきながら,その社会での生きるための働き方,人とのつきあい方,性に関する知識などを学んだ。ムラの共同体社会はこれらの集団を介して若者を一人前の共同体の成員へと仕立てていったのである。都市部では,1920年代にはすでに学校を重視する教育家族とよばれる層が出現していたが,全体としてはわずかであり(→unit 2),多くはムラの共同体社会のように,学校の外で大人として生きていくための基本的な技量を身につけていた。さらに農業や自営業など家業の後継者養成は,共同体とのつながりをもちつつ「オラホの農業学校」(オラホは「私たち」の意)「暖簾(のれん)の学校」など「家族のおこなう教育」(中内,2000)のなかでなされていたのである。高度成長期以前は家族の後継者養成と学校とは対立する側面を色濃く残していた。

家族−学校−職業の連結──高度成長期の社会と教育

戦後,日本の新しい教育制度は,新憲法のもとで,戦前の「国家のための教育」から個人の「**権利としての教育**」にその理念を転換させ(→unit 26),誰もが平等に中等教育へアクセスすることを可能にした。ただし,それが本格的に起動し始めるのは,1960年代の高度成長期であり,企業社会の骨格の形成(渡辺,2004)がなされた時期である。

高度成長は,地方から都市への人口移動(加瀬,1997),都市化,核家族化を伴いながら,産業の基軸を第1次産業から第2次さらに第3次産業へと移し,産業構造の転換をドラスティックに進めていった。そのなかで,学校で学び,雇われて働くという生活が広く社会的に定着していくのである(中川,2000)。第1次産業などの家業による後継者養成は衰退し,学校がそれに取って代わるかたちで,子どもは学校を介して職業とつながり,親への依存から離れ独立した世帯形成をはかることで子どもから大人への移行を果たすようになる。こうした移行過程は「戦後的青年期」ととらえられることがある(乾,2000)。学校−雇用を通した大人への移行は戦後の先進諸国に共通したものであるが,強固な企業社会のなかで新規学校卒業者の一括採用(新規学卒一括採用)という形で運用されるところに日本的な特徴があった(→unit 24)。

こうした学校と社会のつながりが形成される過程で,図6-1の進学率のグラフにみられるように,1970年代半ばまで義務教育後の教育機関である高校へ

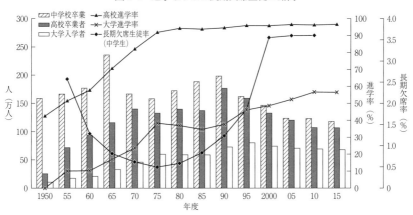

図 6-1 進学ならびに長期欠席生徒の動向

（出所）文部科学省「学校基本調査報告書」をもとに作成。

の進学者が一貫して増加し，並行して大学進学率も増大した。団塊の世代といわれる 1947-49 年度出生の人がその牽引役を果たしていく。この世代が高校に進学する 1961-63 年には中学校卒業者数は毎年 50 万人増にもなり，高校の数，定員との関係で深刻な進学競争が起きた。より上級の学校を出ることで社会のなかでよりよく生きることができるという人々（家族）の実感が前提となり，教育支出を人的資本への投入としてとらえるこの時期の能力主義的な教育政策（→**重要ポイント**）がとられていった。それは，60 年代に「15 の春を泣かさない」をスローガンに親と教師が中心となって本格的に展開された高校全入運動とは考え方において大きな隔たりがあった。こうした矛盾を含みながら，家族－学校－職業が一体となった構造がつくりあげられたのである。

高度成長期後の社会と教育——1970 年代半ばの転換

家族－学校－職業の全体構造のなかで，日本の学校は「競争の教育」の様相を呈していくが，その性格は一様ではなく，高度成長期とポスト高度成長期では異なる（久冨，1993）。

1960 年くらいまでは，先にみたような独自な家業の後継者づくりを前提とした論理と技が諸階層に存在し，進学を抑制する文化要因となっていた。しかし，高度成長期を迎えて 70 年代中頃にかけての家業の衰退のなかでそれらは取り除かれ，競争が国民の各層に広がった。それに伴って学校が拡充され，階

層上昇の機会が国民に開かれたということで，この時期の競争は「開かれた競争」とされた。その後，73年のオイルショック以降のポスト高度成長期においては，競争が学校の間口を広げることもなく，また階層上層につながらない固定された状況のなかで行われるという「閉じられた競争」とされる新局面に入る。そこでは，生き残り競争の性格を強く有することになり，その結果，子どもの自己評価などが「他者との相対比較」に縛られることになった。学校は，そもそも機能的に子どもの文化的差異や社会的差異を再生産しやすい側面があり，さらに社会階級やそれに基づく不平等の再生産とその正当化の役割ももっていた（→unit 5 の**重要ポイント**）。

「競争の教育」という新しい状況のなかで，学力格差の拡大，校内暴力，いじめ，自死といったさまざまな病理現象が噴出する。こうした教育の「荒廃」状況の進行は，「閉じられた競争」の教育がもたらすところも大きいが，それだけでは説明できない状況の出現もあった。それを象徴するのが，1970年代の中頃を迎えて，それまで減少の一途をたどってきた**長期欠席**（長欠：30日以上の基準での欠席者）の子どもの数が増加に転じたことである（図6-1）。増加の原因は，これまで減少し続けてきた経済的理由ではなく，すでにみたように学校自体からの忌避行動によるものであった（→unit 4）。90年代に入ると，全国の中学校のどのクラスにも長欠の生徒がいても不思議ではなくなった。その背景には，自明であった就学を問い直すような社会の変動がうかがえる。

大衆消費社会と情報化社会の到来と青少年の生活

ポスト高度成長期は教育を成り立たせる基盤を大きく変容させた。以下は，1990年代に入ってからの中学校のひとこまを描いている。

「その普通の子どもたちが，授業中に読むための漫画を買って登校し，休み時間になると上履きのまま近くのコンビニで買い食いをし，遅刻も早退も，途中で授業を抜け出してまた戻ってくるという中ヌケも自由で，当たり前のように校内で喫煙をし，何の悪気もなく担任の自転車に乗って帰っていく……。」
（プロ教師の会，1991）

これらは，普通の子どもの変化によって大きく教室の様子が変容していく状況を伝えている。その背景には，**大衆消費社会**，**情報化社会**の到来など子どもの生活をとりまく社会が大きく変動したということがあった。学級崩壊，学校

> **重要ポイント**
>
> **企業社会と学力偏差値体制**
>
> 　高度成長期の教育政策の骨格を示したのが，1963 年の経済審議会人的能力部会答申「経済発展における人的能力開発の課題と対策」（以下，六三答申）である。答申は**「教育投資論」**に支えられ，経済的効率主義と結びつけて教育をとらえる**能力主義**（メリトクラシー）に基づく社会と学校制度の再編の必要性を提起した。能力主義は出自や属性ではなく能力や業績を社会的な価値とする原理であるが，教育学のなかでは競争的秩序に駆り立てるイデオロギーとしてとらえられているところに留意が必要である。
>
> 　教育投資論とは，教育支出を人的資本への投入としてとらえ，投資の効率によってその規模や配分が決定されるというものである。そのもとに，後期中等教育の能力主義的多様化，「産学協同」の拡充推進，少数者へのエリート教育による「ハイタレント」の養成などが掲げられた。注意しなければいけないのは六三答申の内容がそのまま受験偏差値に代表される一元的な基準に基づく能力主義につながったわけではないということである。この答申では，実際には終身雇用，年功序列を枠組みとしたまま能力主義化を進め，いわゆる「日本的雇用」の確立へと転換し，「一般的抽象的能力」（数理能力や言語の能力など）を重視する労務管理を普及させた。特定の技術・技能よりも普通教科中心の学力偏差値に代表される一元的尺度をもとにした独特な競争構造がつくりあげられていったのである。それは日本的雇用のシステムとセットになって学力偏差値体制という独特な教育の競争構造をつくりあげていくことになった（乾，1990）。
>
> 　1995 年には，日経連による「新時代の『日本的経営』──挑戦すべき方向とその具体策」において，終身雇用，年功序列に象徴されるこれまでの日本の企業形態からの転換が示された。このような動向のなかで，創造性，ネットワーク形成力，問題解決力など，情動に根差した柔軟で不定型な諸能力として**ハイパー・メリトクラシー**の台頭が指摘（本田，2005）されるように，日本の企業社会のメリトクラシー的な能力観に変容がうかがえる。

知識（学校が提供する知）離れや子ども同士の人間関係の難しさといった学校秩序の根幹の動揺は，こうした子どもの生活の変化と密接に関わっている。このような子ども・青年の成長の変化を「トライアングル型成長」モデルとしてとらえる見方がある（中西，2001）。このモデルは，これまでの地域・家庭と学校の往復を軸とする「振り子型成長」モデルから，家庭および地域，学校，そして消費文化社会を成長の軸として据えたものである。日本では物心がつき始めた時期から巨大な消費文化に接し，またパソコン，スマートフォン，タブレッ

ト端末の普及により情報化社会のなかで育った子どもたちが学校に入ってくるようになり，それまで自律性を有していた学校での「教える‐学ぶ」の関係が揺すられることになったのである。過剰な情報や知識にふれているため学校の知識に特別な意味や価値があるという感覚がもてない（中西, 1998），さらに情報は過剰にあっても体験が乏しいことにより，それを自分にとりこむか排除するかを選択する能力そのものが欠落している状況が報告されている（日本教育学会特別課題研究「教育改革の総合的研究」研究委員会, 2003）。

家族・地域・生活の変容と学校

社会変動に伴い子どもの生活の「ふつう」が変化することで，教育のあり方やそれを支えるフォーク・ペダゴジーまでもが大きな影響を受ける。教師と家族や子どもとの関係や学校自体の変容は，すぐにはみえないが社会変動のなかで確実に進行している。1950年代には，校内放送を用いて屋台のラーメンを注文したり廊下に自転車を走らせて教室に行く教師のエピソードが伝えられている。これは極端な例であるが，当時においては地域社会や家族が，現在とは比べものにならないほど教師に対して寛容であったことは事実である。学校は文化の発信地であり，そのことで教師は尊敬あるいは畏敬されながら文化的なヘゲモニー（指導的立場）をもっていた。さらに，家業継承については家族によって主体的に担われる**「家族のおこなう教育」**が機能していたことで，家庭は学校と一定の距離をとった関係をもちえたのである。それに対して，家族‐学校‐職業がつながって一元的な価値のもとにおかれると，「家族のおこなう教育」は学校の下請けとしての「家庭教育」へとしだいにその姿を変えていく。こんにち，学校と家族との間に高い緊張関係が生じているのは，学校に依存せざるをえない家族が「学校不信」を抱いていることに起因している（広田, 1999）。

その後，家族の学校に対する影響力が高まっていった。さらに，消費的価値が子どもたちの生活へ浸透することによって学校の価値との間で摩擦を強めることになった。また，デジタル媒体の普及により容易に子どもが成人の文化にアクセスできる状況が広汎につくりあげられ，階層格差を含みながら全体としては学校知識の位置づけが相対的に低下してきている。

こんにち，教育において学校の果たす役割は絶大であるが，社会の変動に対

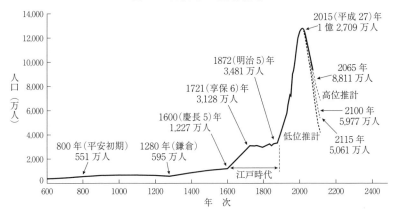

図 6-2　日本人口の歴史的推移

(出所) 森田監修／国立社会保障・人口問題研究所編，2017．

応しながらその性格がつくりあげられている。その意味で，地域や家族との関係や文化伝達のありようがどのようなものであるかということと重ねて教育をとらえる見方は欠かせないといえる。

少子高齢化社会と教育

　日本全体での人口減少は 2008 年前後には始まっている（図6-2）。それ以前から「地方消滅」ということばが注目を集めるなど，人口減少問題は地域コミュニティに深刻な影響を与えている。特に少子化は，教育の領域で影響が大きく，学校や地域において一定規模の集団を前提とした教育活動が難しくなり，学校の統廃合など多くの問題がおこりつつある。少子化への対応において共通してうかがえるのは，教育の枠内だけで対処することの難しさであり，各分野にわたる総合的な施策の必要性である（木村，2017）。

　総合的な施策とは，これまでの機能化された社会のあり方を見直し，社会の諸領域の垣根を低くして対応しようとする動きである。例えば，教育と地域福祉や医療の領域との連携などが課題となっている。

　教育，福祉，医療に関わって，改めて「地域」に目を向ける動きが起こっている。その背景には，人口の動態の変動によって，人々のライフサイクルのなかで子どもの時期と高齢期の割合が高まっていることがある。それに沿ったコミュニティの新しい動向をとらえる見方が示されている（広井，2009）。1940

年から 2050 年の間でみるならば，人口全体にしめる 14 歳以下の「子ども」と 75 歳以上の「高齢者」を合わせた割合は，戦後の高度成長期を中心に低下したが，2000 年前後を底にして増加に転じ，2050 年に向けて上昇し続ける見通しが指摘されている。高度成長期は，住宅が都市の郊外に広がり，職場と住居を分離して，通勤を含め多くの時間を職域に吸収された生活であった。このように人々が地域との関係を希薄化させていた時代から，2050 年に向けては，子どもや高齢者など地域と関わりが強い人が影響力をもつ時代となることが予測されるのである。戦後から高度成長期を経て最近までは，一貫して「地域との関わりが薄い人々が増え続けた時代」であり，今後は「地域と関わりが強い人々」が増加する時代となることを意味する。

それに伴って，今後は学校や教育も，生活の基盤として地域を位置づけ直すという流れのなかでその存在を問われることになるであろう。こうした生活の基盤として地域を考える契機となったもののひとつに東日本大震災がある（清水，2013）。被災地の復興を考える場合，過疎地であることを抜きにして当該地域の課題を考えることができないからである（中澤，2018）。

要　約

社会との関係のなかでその時代に固有な形で教育は存在する。高度成長期の前後では日本社会における一人前形成が大きく転換した。この時期に成立する企業社会は，家業の後継者づくりを担ってきた「家族のおこなう教育」やそれを支えた地域の形成力を衰退させた。これに代わって職業への移行過程の中核を学校が担うなど，一人前形成に果たす学校の役割が飛躍的に高まった。高度成長期後は「不登校」問題，学校知識離れなどが進む。背景には大衆消費社会や情報化社会の到来があり，形　成（フォーメーション）の基盤に大きな影響を与えた。教育や学校の基盤を支える社会の変動への視点は欠かせない。

確認問題

□ **Check 1**　高度成長期の前と後では教育の課題はどのように変化したか，地域や家族に注意して整理してみよう。

□ **Check 2**　日本の教育について，企業社会や進学競争に注目してその特徴を

整理してみよう。
- □ *Check 3* 現代の社会の形成(フォーメーション)について，消費文化社会と情報化社会という観点から考えてみよう。
- □ *Check 4* 青年期を日本の社会や教育（制度）の変化という点に注目してとらえてみよう。

読書案内

広田照幸『日本人のしつけは衰退したか——「教育する家族」のゆくえ』講談社，1999年

　日本のしつけの歴史をたどりながら家族や学校の変化，さらには日本社会全体の変化を描いている著書。

橋本紀子ほか編『青年の社会的自立と教育——高度成長期日本における地域・学校・家族』大月書店，2011年

　戦後社会の画期となった高度成長期に，さまざまな地域の子どもたちがいかに生まれ，育てられ，どのような教育を介してそれぞれの自立をはかったかを，学校，職業安定所，企業などとの関わりに着目して示した著書。

本田由紀『社会を結びなおす——教育・仕事・家族の連携へ』岩波ブックレット，2014年

　高度成長期から安定成長期に形成，成熟した社会を，仕事－家庭－教育へと一方向に循環する戦後日本型循環モデルとしてとらえ，その巨大な流れのなかに学校が確固としたかたちで組み込まれていたことを示している。

木村元編『境界線の学校史——戦後日本の学校化社会の周縁と周辺』東京大学出版会，2020年

　社会変動に伴って生ずる課題に対応するように，学校は境界を移動させながらその形を変えていく。外国人学校や定時制・通信制教育，職業教育など学校の周縁や周辺の領域に注目してその動きをとらえた著書。

第3章

教育の目的

7　近代の教育思想
8　ジェンダーとセクシュアリティ
9　リテラシーと教養

第3章 教育の目的

Introduction 3

この章の位置づけ

　私たちの教育制度とペダゴジー（教育実践）は，17-18世紀の近代市民革命の直接的な影響下で成立し，発展してきた。したがって，教育によってどのような人間を育てるのか，どのような社会をつくっていくのかといった教育の目的も，近代市民革命以降の思想の影響を強く受けて形成されてきた。

　この章では，まず，そのような教育の目的がどのような特徴をもっているかを，近代教育思想の特徴を概観することによって押さえる（unit 7）。そのうえで，教育の目的がこんにち，どのように変化しようとしているのかについて，教育についての新しい視点であるジェンダーとセクシュアリティの視点（unit 8）と，リテラシーの視点（unit 9）から，学んでいく。

この章で学ぶこと

unit 7　近代市民革命以降の教育思想の特徴を概観する。「啓蒙」という言葉がそこでのキーワードになる。

unit 8　社会的，文化的につくられた性差であるジェンダーと，性的指向性としてのセクシュアリティの視点から，教育のあり方を問い直していく。

unit 9　いまアクチュアルな論争になっている学力をめぐる問題を，リテラシーという新しい視点からとらえ直していく。

unit 7

近代の教育思想

> **Keywords**
> 近代啓蒙思想，カント，コンドルセ，ペスタロッチ，ヘルバルト，アリエス，ロック，ルソー，社会の秩序，自然の秩序，市民革命，進歩主義，教育職員免許法

『二十四の瞳』の大石先生──近代啓蒙思想としての教育

　壺井栄の小説『二十四の瞳』は，戦前（昭和初期）の香川県小豆島を舞台に，小学校の分教場での女性の先生（大石先生）と子どもたちの交流を描いた小説である。この『二十四の瞳』で象徴的なシーンは，主人公の大石先生が最初に登場する場面である。分教場に赴任する最初の日に，先生は，洋服を着，自転車に乗って村の子どもたち，大人たちの傍らをさっそうと通り過ぎていく。当時の小豆島で，女性の先生が洋服を着て，しかも自転車に乗って登校するということは非常に珍しいことであった。このような大石先生の進歩的な立居振舞は，地域の親たち，大人たちから眉をひそめられた（→unit 18）。

　この小説で大石先生の「洋服」と「自転車」は，西洋近代文化の象徴として位置づけられている。つまり大石先生の例は，学校の教師と西洋近代文化との密接な関係を示すものである。「大石先生の進歩的な立居振舞は，地域の親たち，大人たちから眉をひそめられた」と書いたが，この「進歩的」ということがここでのポイントとなる。つまり，「洋服」を着，「自転車」に乗る教師は「進んだ」存在であり，その教師によって教育される子ども，あるいは子どもの親たちは「後れた」存在であるという前提が，この「進歩的」という言葉の裏には隠れている。

　このような「進歩的」という考え方を体系的に展開したのが，18世紀の**近代啓蒙思想**であり，この近代啓蒙思想によって，近代の教育思想は本格的な展

図7-1 I. カント

開をみせていく。

ここでは，啓蒙思想によって近代の教育思想の本格的な展開を準備し，主導した2人の思想家として，ドイツのI. **カント**（1724-1804）と，フランスのM. J. A. C. **コンドルセ**（1743-1794）をあげておきたい。

カントの啓蒙思想

カントは18世紀に活躍した近代ドイツの哲学者である。そのカントが，「啓蒙とは何か」という題名の論文を書いている。その文章は「啓蒙とは，人間が自分の未成年状態から抜けでることである」という定義から始まる（カント，1974，7頁）。つまりカントは，啓蒙とは大人になる過程そのものである，といっているわけである。

ここでのポイントは，未成年（子ども）と大人が区別され，未成年（子ども）から大人になることが，「啓蒙」であるととらえられている点である。近代以前には，大人と子どもの区別が存在していなかったということになる。カントの思想はその後，J. H. **ペスタロッチ**（1746-1827）やJ. F. **ヘルバルト**（1776-1841）をはじめ，近代教育思想の担い手となった思想家たちに，絶大な影響を与えていくこととなった。

それではいったいなぜ，大人と子どもが区別されるようになっていったのだろうか。コンドルセの話をする前に，そのことに少しふれておきたい。

近代の産物としての「子ども」

現代フランスの歴史家，P. **アリエス**は『〈子供〉の誕生』という本のなかで，「中世の社会では，子供期という観念は存在していなかった」と指摘している（アリエス，1980，122頁）。つまり，近代以前には，教育によって子どもが大人になるという観念そのものが，いま，私たちがイメージするような形では存在していなかったのである。例えば，親が農民であれば，その子どもも農民になることは当然だったので，農村共同体の子どもたちは小さい農民として扱われた（→unit 2）。いわば，そこには小さい大人はいても子どもは存在しなかった

のである。

　「子供期」という観念が独自のものとして成立してくるのは、近代の家族と学校が成立して以降のことであった。アリエスはこうした歴史をふまえながら、教育の対象としての「子供期」という観念は中世には存在しておらず、それが近代の産物であることを明らかにしたのである。

　さて、この「子ども」が近代の産物であるという点については、近代市民革命（詳しくは後述）に影響を与えたJ. **ロック**（1632-1704）やJ.-J. **ルソー**（1712-1778）の思想も重要である。

　イギリス名誉革命に影響を与えたロックは、生まれたばかりの子どもは白紙（タブラ・ラサ）の状態にあるととらえ、子どもの将来は経験を通して後天的に形成されるというとらえ方を示した（ロック、1972）。

　また、フランス革命に影響を与えたといわれるルソーは、その著書『エミール』で、一般的で抽象的な人間の教育を提唱した。それは「自然」人の教育ということである。ルソーの言葉を以下に引用しておこう。

　「社会の秩序のもとでは、すべての地位ははっきりと決められ、人はみなその地位のために教育されなければならない。その地位にむくようにつくられた個人は、その地位を離れるともうなんの役にもたたない人間になる。教育はその人の運命が両親の地位と一致しているかぎりにおいてのみ有効なものとなる。そうでないばあいには生徒にとっていつも有害なものとなる。（中略）

　自然の秩序のもとでは、人間はみな平等であって、その共通の天職は人間であることだ。だから、そのために十分に教育された人は、人間に関係のあることならできないはずはない。わたしの生徒を、将来、軍人にしようと、僧侶にしようと、法律家にしようと、それはわたしにはどうでもいいことだ。両親の身分にふさわしいことをするまえに、人間としての生活をするように自然は命じている。生きること、それがわたしの生徒に教えたいと思っている職業だ。

　（中略）そこでわたしたちの見方を一般化しなければならない。そしてわたしたちの生徒のうちに、抽象的な人間、人生のあらゆる事件にさらされた人間を考察しなければならない。」（ルソー、1962、30-32頁）

　この引用文の意味を解説しておこう。

　まず、近代以前の社会においては、子どもは既存の社会秩序、身分制度のなかでしか教育されなかった。大人になるということは、生まれついた身分制秩

> **重要ポイント**
>
> **教育思想と政治思想**
>
> 　本文中で取りあげたルソーの『エミール』は，近代教育思想の古典といわれている。『エミール』が出版されたのは1762年であるが，同じ年に『エミール』と並ぶルソーの主著『社会契約論』も出版されている。『エミール』は教育論，『社会契約論』は政治論である。それらが出版された1762年は市民革命，いわゆるフランス革命の直前の時代であった。ルソーは市民革命によって新しく生まれる国家や政治のあり方を構想した。その際ルソーは，政治や社会がどうあるべきかということと，そこでの教育はどのようなものになるかということとを，同時に考えていたわけである。
>
> 　このように，少なくとも近代市民革命の時期までは，教育思想と政治思想とは区別されず，密接不可分のものであった。ここからもうかがえるように，教育学と政治学はいまでこそ別々の学問のようにみえるが，もともと一体のものであったということをふまえておくことは，教育学をつかむうえできわめて重要なことである。

序に同化していくということと一体のものだと考えられてきた。それをルソーは「**社会の秩序**」と呼んでいる。

　それに対して，近代の市民革命後の社会に求められる教育とは，ルソーの考えでは「**自然の秩序**」における自然人の教育である。それは「人間であること」を「天職」とする「人間」の教育であり，具体的な身分とか職業の色に染めない，という意味で一般的で抽象的な人間の教育である。

　この「自然の秩序」のもとでは，ルソーは大人を子どもに近づけてはいけないと説く。社会秩序の色に染めないために，子どもをいわば無菌空間のようなところに隔離，保護して，純粋培養的に教育することを考えたのである（森田，1986）。

　こうした考え方は，近代の家族や学校を考えるときの重要なポイントである。家族や学校というのは，まさに子どもを大人の世界から隔離，保護する制度なのだ。それによって，子どもには，ルソーの言葉を用いれば「社会の秩序」のもとの教育ではなくて「自然の秩序」のもとの教育が保障されることになる。

　私たちの想定する近代家族とは，中世の家族とは違って，働く空間から切り離された空間である。近代家族（家庭）は大人が働いている場所（職場）から隔離されているわけである。近代の子どもは原則としては労働はしないのだ。

よく，子どもの仕事というのは勉強することと遊ぶことだといわれるが，そうした観念こそ，近代の市民革命以後の産物なのである。

以上をふまえて，ここで前述したカントのいう，「人間が未成年状態から脱して大人になる」ということを，こういう歴史的な文脈のなかで考えてみよう。近代になり，身分制によって支えられていた秩序とそれに基づく共同体が崩壊し，将来について何も決定されないで生まれてくる存在となった私たち人間に，「いかにして大人になるか」という難しい問題が突きつけられることとなった。カントのいう啓蒙とは，そういう近代という時代の特徴をとらえた概念であったということができる。

◻ コンドルセの啓蒙思想

近代教育思想は，17世紀から18世紀の**市民革命**と密接な関係にある。市民革命とは，絶対王制を打倒し，市民が中心となって議会制の民主主義，あるいは共和制国家を樹立しようとした革命で，イギリス名誉革命（1688年），アメリカ独立革命（1775年），フランス革命（1789年）がその代表とされる（図7-2は，1830年のフランス7月革命）。特に，前述したルソーらの思想的影響が深いフランス革命は，近代教育思想を準備した重要な事件である。

『人間精神進歩の歴史的素描』という本を書いたコンドルセは，フランス革命の理論家として，革命によって新しくつくられる国家の教育（公教育）がどういうものであるべきかということについて，教育改革の政策立案をした人物である。

フランス革命期には，コンドルセだけでなく，彼と対立するモンターニュ派のL. M. ルペルチェ（1760-1793）をはじめ，さまざまな公教育の構想が競合し，それらは多かれ少なかれこんにちのわれわれの公教育に影響を与えている。そのなかでも特にここでコンドルセに注目するのは，以下にみるように，彼の思想が現代公教育の啓蒙主義的な側面を典型的な形で規定するものとなっているからである。コンドルセは，大きくいうと次の2つのことを説いた（堀尾，1971；コンドルセら，2002）。

1つは，公教育が歴史の進歩を担う存在でなければならないということ，そのためには歴史の進歩を担う学問を教えなければならないということである。つまり，コンドルセは，公教育のカリキュラムでは規律とか道徳，宗教よりも

図7-2 「民衆を導く自由の女神」(F. V. E. ドラクロワ作, 1830年)

(ルーブル美術館所蔵)

学問の教育（知育）を第一にしなければならないと主張した。

もう1つ，彼は新しい世代への権利ということを提唱した。つまり，教育は新しい世代を育てることだ，ということである。どうして教育が新しい世代ということと結びつくかというと，それは彼の**進歩主義**という歴史観と関わっている。つまり，新しい世代は，歴史の進歩の体現者だというのである。だから，歴史の進歩の体現者である新しい世代を学校教育においてつくりださなければならないと彼は考えた。

教職課程カリキュラムにみられるコンドルセの影響とその変化

このようなコンドルセに代表される啓蒙主義の考え方は，日本の大学の教職課程のカリキュラムに反映されている。

教職課程のカリキュラムは従来，教科に関する科目と，教職に関する科目の2つの要素から成り立ってきた。教員採用試験も基本的にはそれと同じ枠組みで出題されていた。前者の教科に関する科目は各教科の専門性を扱うもので，コンドルセのいう近代的な学問に対応していた。また，後者の教職に関する科目は，主として子どもの発達に関する教育学のことであるが，これはコンドルセのいう新しい世代をつくるということにつながっていた。これに対して，2018年度からは改訂された新しい**教育職員免許法**のもとでのカリキュラムが施行されることとなった。そこでは教科に関する科目と教職に関する科目の区分は形式的にはなくなり，文部科学省の「コアカリキュラム」にもとづいた内容が定められることとなった。このことは，従来の教員免許法で教師に求められる資質として，学問を身につけているということと，子どもの発達を認識してその発達にふさわしい教育実践ができるということの2つが並立して想定されていた枠組みに対する重要な変更を含むものであるといえる。その意味で，これはコンドルセ的な考え方の変更，動揺を示すものである。

啓蒙主義の行きづまりと現代

経済成長が行きづまり，歴史の進歩という考え方がゆらぎ始めるにつれて，啓蒙主義思想にも行きづまりがみられるようになる。経済成長が行きづまるということは，ただ単に生産力が低下し，所得が伸びなくなるということだけではなく，思想的には啓蒙の前提が通用しなくなってくるということでもある。経済成長が行きづまる1970年代以降の思想や哲学は，このような啓蒙主義の行きづまりという問題に直面することになる。上述したコンドルセ的な考え方の動揺はその一端を示すものである。この点については，あらためてunit 30において検討したい。

要　約

近代教育思想は，啓蒙主義の影響を強く受けながら展開してきた。啓蒙主義には2つの前提がある。1つは，大人と子どもを区別し，子どもが大人になること，カントの言葉でいえば，「未成年状態から脱して大人になること」を課題として取りだした点である。もう1つは，コンドルセが典型的に示したように，歴史の進歩を前提にして教育や社会の変革を考えようとしたことである。

だが，こんにち，このような啓蒙主義の前提は大きな曲がり角に直面している。

確認問題

- □ *Check 1*　ルソー，コンドルセ，カントの生きた時代を比べて，フランス革命との前後関係を把握しておこう。
- □ *Check 2*　「子ども」が近代の産物であるとは，どういうことか。ルソーやカントの思想，アリエスの指摘などを手がかりにして，まとめてみよう。
- □ *Check 3*　啓蒙主義の行きづまりはこんにちの教育にどのような課題を突きつけているか，考えてみよう。

読書案内

ルソー，J.-J.（今野一雄訳）『エミール』（上・中・下）岩波書店，1962-64年
　近代教育思想の画期をなしたといわれる古典である。文庫本で3冊とやや分量

は多いが，少年エミールを主人公に，ルソーが理想と考える教育を小説形式で述べたものなので，けっして読みにくい本ではない。

カント，I.（篠田英雄訳）『啓蒙とは何か──他四篇』岩波文庫，1974年
　　近代啓蒙思想を考えるうえで必読の文献である。岩波文庫に収録されている論文「啓蒙とは何か」は，文庫本で14頁の分量なので，ゆっくりと熟読してみるのには最適の文献である。

unit 8

ジェンダーとセクシュアリティ

> Keywords
> 性別役割規範，近代家族，ジェンダー，セクシュアリティ，フェミニズム，公的領域，私的領域，家父長制，隠れたカリキュラム，ポスト構造主義，異性愛中心主義，クイア・ペダゴジー，LGBT

性別役割規範の問い直し

　学校のPTAで交通安全のための旗当番の仕事などをやると，地域にもよるが，それをやっているのは，ほとんどが女性のお母さんであることが多い。男女共同参画社会の理念からいえば，これはあまりいいこととはいえないようにも思えるが，いまの家族は男性が外へ働きに出て，女性がもっぱら子育てをするのが当然という**性別役割規範**がまだまだ根強いため，このような現状があまり問題にされることはない。

　だが，昔から，このような男性が外へ働きに出て，女性がもっぱら子育てをするという性別役割に基づく家族が存在していたわけではない。本書でもふれているように，そもそも，家族のなかで女性によって子育てが行われる，ということ自体が，17, 18世紀の近代市民革命以降に普及した，すぐれて歴史的な産物なのである（→unit 7）。つまり，性別役割規範は，**近代家族**の形成とともに生まれてきたものであった。

　このような歴史的に形成されてきた性別役割規範は，こんにち，さまざまな視点から見直されようとしている。そしてそれは，近代家族のとらえ直しと密接に関わって進行している。そうした見直しの視点の1つが**ジェンダー**（さしあたり，社会的性差と定義しておこう）であり，もう1つは**セクシュアリティ**（さしあたり性的指向性，性愛と定義しておこう）である。以下，ジェンダーとセクシュアリティのそれぞれについて説明していくが，その前にまず，これら2つの

概念を生みだした思想的な流れとして、**フェミニズム**についてふれておきたい。

フェミニズムと教育

フェミニズムとは、性による差別をなくし、女性解放を目指す思想と実践である。その起源は近代市民革命にまでさかのぼるが、こんにちの私たちにとって特に重要なのは、第 2 波フェミニズムといわれる 1970 年代以降のフェミニズムの動きである。以下でフェミニズムというときには、この第 2 波フェミニズムのことをさしていうことにする。

1970 年代以降のフェミニズムが教育に対して突きつけた問題提起は、他の領域に対してそうであったのと同じように、これまで自明の価値とされてきた近代的な平等や人権といった概念が男性中心的なものであったという点を批判し、女性の視点から問い直そうという点にあった。例えば、近代市民革命以降の人権や平等は**公的領域**においてのみ実現されてきたのであり、**私的領域**である近代家族における**家父長制**や男女差別などを問題としてとりあげてこなかったことなどが、フェミニズムによって批判された。

もちろん、フェミニズム以前にも、教育における男女平等を目指すさまざまな理論や実践が日本でも展開されてきた。そしてそのなかに、特に戦後の教育実践運動の展開のなかで、事実上、フェミニズムの問題提起を先取りするような萌芽がみられなかったわけではない。

しかしながら、教育の実践や研究のなかから生みだされる教育言説は、総体としては、近代的な平等や権利の価値を自明の前提として受け入れていたといっていい。平等な社会になれば必然的に男女差別がなくなるという前提は、広く受容されてきた。

フェミニズムは、このような近代教育の前提を、根底からくつがえした。男女差別の問題は、近代的な平等や権利の実現によってもなかなか解決することができない、固有の性格を有するものであるという指摘が、そこから突きつけられたのである。

ジェンダー概念の導入

フェミニズムの問題提起をふまえて、社会学や教育社会学で男女差別、すなわち性差別の固有性をとらえる際の概念として用いられたのが、ジェンダー概

念であった。ジェンダーは，生物学的な性差としてのセックスと区別された，社会的につくられた性差をあらわす概念として導入された。

例えば，男性と女性には生物学的な性差があるが，外で働く男性と家で家事をする女性，あるいは家の中で新聞を読む男性とお茶を入れている女性，というのは生物学的な性差に基づくものではなく，社会的につくられたジェンダーに基づく性差であり，不当な差別を含んでいるのではないか，という批判がなされる。冒頭で述べた旗当番の例なども，ジェンダーに基づく差別であるといえるかもしれない。

フェミニズムにとってジェンダー概念は，「性差別の不当性を指摘し，それを変革していくための理論的根拠」となった（小山，1995）。このジェンダー概念を，教育社会学は，学校における社会化研究に適用し，一見「普遍主義的な学校社会」のなかでいかにして「ジェンダーへの社会化」が行われているかを分析した。そして，この「ジェンダーへの社会化」が，公教育における「選別過程」と結びつくことによって，「普遍主義という名のもとに隠されたセクシズム（性差別）」を内包していることが明らかにされていった（森，1992）。

このようにして，教育研究はジェンダー概念を手に入れることによって，資本主義社会における差別や抑圧一般とは異なる，性差別の固有性を明らかにし，公教育における「**隠れたカリキュラム**」（→unit 12）などを通じて性差別が再生産されるメカニズム（→unit 5の**重要ポイント**）を明らかにすることに成功した。

ジェンダーからセクシュアリティへ

だが，フェミニズムから提起されたジェンダー概念に対しては，本質主義（本質還元論）に陥る危険があるという批判がなされた（田崎，1992）。本質主義というのは，固定的で変えられない，という意味である。ジェンダーは確かに生物学的な性差とは異なる社会的性差としての男女関係を分析することを可能にし，男女関係の差別が宿命的なものではないことを明らかにした。しかし，男性と女性という二項関係それ自体を問い直す視点は十分であったとはいえない。女性のなかにある差異，男性のなかにある差異をジェンダーは覆い隠しているのではないか。これが，ジェンダー概念が本質主義に陥る危険があるという批判の意味である。

このような批判によって，男性である，女性であるというアイデンティティ

（自己意識，自己同一性），いいかえればジェンダー・アイデンティティを，本質的なもの（固定的で変えられないもの）としてではなく，実践の結果としてとらえる立場が生みだされた。ジェンダー・アイデンティティを本質的なもの（固定的で変えられないもの）としてではなく，実践の結果としてとらえる立場のことを，**ポスト構造主義**（あるいは，ラディカルな構築主義）と呼ぶ。J. バトラーらが，ポスト構造主義の代表的な論者である（バトラー，1999）。このポスト構造主義は，フェミニズムにおける「女性」というカテゴリーが「カテゴリー内部にある差異」を抑圧してきたことを問題化し，さらにジェンダーそれ自体を相対化する視点を打ちだす（上野，1995，18頁）。

そしてこのジェンダーを相対化する視点として着目されるのが，セクシュアリティである。セクシュアリティとは，冒頭では暫定的に性的指向性，性愛と定義したが，ポスト構造主義の立場からは，社会的行為としての性的指向性をさす。それは，社会的位置としての性役割をさすジェンダー（男女という視点）とは相対的に区別された概念である。例えば，女性というジェンダーが性的指向性の対象として男性を選択する場合もあれば，女性を選択する場合もあり，そのいずれでもある場合，いずれでもない場合もある。セクシュアリティとは，このような性的指向性の対象選択に関わる概念であると考えれば，わかりやすいだろう。

セクシュアリティと教育

先に，「ジェンダーは，生物学的な性差としてのセックスと区別された，社会的，文化的につくられた性差をあらわす概念として導入された」と書いたが，ポスト構造主義の立場から提起されたセクシュアリティ論では，生物学的性差としてのセックスですら，批判と相対化の対象となる。つまり，「『セクシュアリティ』が『セックス』にもとづく現象だという本質還元論」の払拭（上野，1996）が要請されるのである。例えば，「女性を好きになる」というセクシュアリティ（性的指向性）は「男性」というセックスに基づく現象だというような本質還元論的なとらえ方は，退けられなければならないとされる。そこでは，男性（というセックス）だから女性を好きになる（というセクシュアリティをもつ）はずだ，というとらえ方は批判の対象になるのである。

なぜならば，男性だから女性を好きになるのが「自然」のはずだ（あるいは

> **重要ポイント**
>
> **クイア・ペダゴジー**
>
> 本文で述べたフェミニズムやセクシュアリティ研究の成果を発展させて，既存の学問に対する批判を展開しているのが，クイア・スタディーズである。クイアとは，日本語に直すと「変態」や「おかま」といった言葉に相当する英語である。男性を愛する男性，女性を愛する女性など，セクシュアル・マイノリティで「ゲイ」や「レズビアン」などと名指しされてきた人々が，あえて，このクイアという言葉を使って，自らのアイデンティティを批判的に組みかえ，多様なアイデンティティが認められる社会，複数性へと開かれた社会をつくっていこうとした思想運動のなかから，クイア・スタディーズが展開されてきた。
>
> このクイア・スタディーズを教育学に導入しようとするのがクイア・ペダゴジーである。そこでは，セクシュアリティを男女間の関係に還元する「ヘテロノーマティブな（異性愛中心的な性規範の）」ペダゴジー（教育実践のあり方），学校のあり方を改革し，異性愛中心主義から脱却して，セクシュアリティの多様性，複数性へと開かれた学校教育が志向されている（マリィ，2008）。例えば，性教育，健康教育などの場面で同性愛を「病理」とみなすような教育を変えていくこと，セクシュアル・マイノリティの存在を可視化させることによって異性愛中心的な性規範を相対化し，批判できるようにしていくこと，などが考えられている。
>
> 私たちはともすれば，セクシュアリティは男女間にのみ存在するのが「自然」であるという，ヘテロノーマティブな性規範，異性愛中心主義にとらわれがちである。そして，そうした規範から逸脱するセクシュアリティや行為を差別したり，排除したりしてしまう。そうした差別的な性規範を批判的に問い直し，変えていくために，クイア・ペダゴジーは重要な問題を提起している。

その逆），というとらえ方をすることによって，そうではないセクシュアリティをもつ人々は「異常」な存在として排除や差別の対象となるからである。男性だから女性を好きになるのが「自然」のはずだ（あるいはその逆），というとらえ方は，この文脈では，払拭すべき本質還元論であり，**異性愛中心主義**（ヘテロセクシズム）と呼ばれ批判される（平野，1994；伊藤・簗瀬，1999）。

加えて，異性愛中心主義は，セクシュアリティを人口調節や富国強兵などの手段とし，社会にとって役に立つ人と役に立たない人を選り分ける思想に手を貸してしまう危険性がある。フランスの哲学者 M. フーコーは，このような異性愛中心主義によるセクシュアリティの政治的利用を「生−権力」として理論化した（フーコー，1986）。

学校には多様なジェンダーとセクシュアリティの子どもたちが通っている。しかし学校教育は、しばしばそのような子どもたちのジェンダーとセクシュアリティの多様性、複数性に鈍感なまま、性教育や健康教育などを通じて、異性愛中心主義を再生産する傾向がある。そのことを自覚し、そこから脱却して、「生-権力」の道具ではない、多様性、複数性へと開かれたセクシュアリティの教育を追求していくことが課題となっている。すでに欧米では**クイア・ペダゴジー**（→重要ポイント）という形で、その実践が試みられつつある。

また、近年では、以上で述べてきたジェンダーの平等とセクシュアリティの平等を統一的に把握した**LGBT**（レズビアン、ゲイ、バイセクシャル、トランスジェンダー）からなる性の多様性を求める動きが世界的に広がりを見せている。

以上、本unitで述べてきたことをまとめれば、ジェンダーの平等とセクシュアリティの平等、この2つの平等を異なる課題として自覚しながら、その両方を追求していくことが求められているといえよう。

要約

学校教育は、社会的につくられたジェンダーに基づく性差別を助長し、再生産する機能を果たしている。また、異性愛中心主義を再生産し、セクシュアリティの多様性、複数性を抑圧する機能を果たしている。このような学校教育の機能を批判的に問い直し、学校教育におけるジェンダーの平等とセクシュアリティの平等を追求していくことが課題となっている。

確認問題

- ☐ *Check 1* ジェンダーによる差別の例としてどのようなものがあるか、考えてみよう。
- ☐ *Check 2* セクシュアリティによる差別の例としてどのようなものがあるか、考えてみよう。
- ☐ *Check 3* 学校教育においてジェンダーの平等とセクシュアリティの平等を追求していくためにはどのようなことが求められるか。考えてみよう。

読書案内

上野千鶴子『発情装置——エロスのシナリオ』筑摩書房，1998 年

　日本におけるフェミニズムとジェンダー論の代表的な論客である著者が，セクシュアリティ論を視野に入れて，自身の理論の再構築を試みた意欲的な著書である。

木村涼子・小玉亮子『教育／家族をジェンダーで語れば』白澤社，2005 年

　教育をジェンダー論の視点から読み解いた本。ジェンダーの視点を取り入れることによって，学校や家族をみる見方がどのように変わるのか，この本を読んで考えてみてほしい。

バトラー，J.（竹村和子訳）『ジェンダー・トラブル——フェミニズムとアイデンティティの攪乱』新装版，青土社，2018 年

　ジェンダー論をセクシュアリティ論の視点を加えて相対化し，特定のアイデンティティに帰さないで多様な複数性の地平へと攪乱することをめざした先駆的な著作。ジェンダーとセクシュアリティをめぐる議論を理論的に深めようとするときに，避けて通ることのできない必読書である。

unit 9

リテラシーと教養

> **Keywords**
> PISA，普通教育，徒弟制，リベラルアーツ，教養型リテラシー，文化的リテラシー，メディアリテラシー，機能的リテラシー，グローバルリテラシー，インファンス，政治的リテラシー

□ リテラシー概念の変遷

　リテラシーという言葉が脚光を浴びたのは，OECD（経済協力開発機構）が2003年に行った第2回国際学習到達度調査（**PISA**：Programme for International Student Assessment）の結果で，日本が読解リテラシーで前回（2000年）の8位から14位へ，数学リテラシーで1位から6位へと順位を落としたことによって，「学力低下」への危惧がマスコミを席巻したことが1つのきっかけであった。このような事態をふまえてリテラシーの強化に焦点を据えた教育政策が検討され，さらにそれに先だって，教育産業でも「リテラシー」の養成を目指した教材開発が進められた。以下に引用したのは，ベネッセコーポレーションが運営する「進研ゼミ小学講座」が2008年に出した趣旨説明文の一部である。

　「『リテラシー』という語は，従来は『識字力』という意味で使われていました。しかし，現在はより高度化・細分化され，『自らの知識と潜在力を高め，社会に参画・貢献するために，情報にアクセス・管理・統合し，評価する力』と定義されています。」（http://www.benesse.co.jp/s/merit/literacy/，2008年8月当時）

　ここでは，リテラシーは「自らの知識と潜在力を高め，社会に参画・貢献するために，情報にアクセス・管理・統合し，評価する力」として定義されている。この定義は，上で述べたOECDのPISAのリテラシーを強く意識したも

のである。すなわち，PISA のリテラシーとは，「大人としての生活に必要な知識とスキル」である（OECD, 2006, p. 8）。それは，従来の「読み書き能力」に限定されたものではなく，「反省的市民」（reflective citizen）として社会の問題に関わっていくうえで必要な「科学リテラシー」や「数学リテラシー」を含んでいる（OECD, 2006, p. 12）。

だが，このようなリテラシーのとらえ方はそれ以前からあったわけではない。上のベネッセや OECD の引用文にも書かれてあるように，リテラシーとは，もともとは識字力，つまり文字の読み書き能力を意味する言葉であった。

ではいったいなぜ，文字の読み書き能力を意味するリテラシーが，「社会に参画・貢献するために書かれた情報にアクセス・管理・統合し，評価する力」「大人としての生活に必要な知識とスキル」という意味で用いられるようになったのだろうか。

リテラシーという用語の用いられ方の変遷は，学校で身につける力（学力）をどのようにとらえるかについての考え方の変遷と密接に結びついている。

もともと，学校教育（ここでは義務教育を特に念頭におく）で身につける力・資質は何かといえば，それは，ある特定の職業に就くことを前提とした専門的な知識ではなく，広く社会の形成者，市民に求められる資質であるととらえられてきた。このような資質を育成することを「**普通教育**」と呼ぶ。

だから，日本の教育基本法，学校教育法では，義務教育の目的を普通教育として位置づけている。そこで，以下では普通教育というものの成り立ちについて見ておくことにしよう。

普通教育と教養型リテラシーの成立

学校教育が成立する以前，つまり近代以前に行われていた教育は，後継者見習いによる職業教育（職能アイデンティティの形成）がその主たる内容であった。そこでは，**徒弟制**に示されているように，共同体のなかで職場と教育の場が未分化で，教師である親方は生徒である弟子にとって，自分が将来なるべきモデルとして存在していた（宮澤, 1992；→unit 4）。

これに対して，近代になると，子どもや青年を大人とは異なる空間に保護するための制度として，近代家族と近代学校が成立する。近代の家族や学校のなかで，子どもや青年は，大人が生活し労働している場所から隔離され，保護さ

れた場所で教育を受けるようになる。歴史家のアリエス（→unit 7）は，徒弟制の見習い奉公が学校教育へと変わっていく様に注目し，近代の家族と学校が，「子どもを大人の世界からひきあげさせた」という点を指摘している（アリエス，1980，386頁）。

このように，近代学校の普通教育は，職業世界からの隔離，保護という形態を備えて成立していく。したがってそこでのカリキュラムは大筋としては，職業教育的なものを遠ざけ，子どもたちの将来が早期に専門分化していくことを回避しようとするものであった。

そして，そうした普通教育に適合的な科目としてカリキュラムの内容にとりいれられたのが，大学（高等教育）での一般教養（一般教育）科目であった。例えば，教育史家の宮澤康人は19世紀から20世紀初頭にかけてのアメリカ高等教育史における一般教養をめぐる論争を扱った論文で，「第1次大戦後のいわゆる一般教育運動は，専門職業教育偏重の傾向にたいする反動である」ととらえ，「そのねらいは，当然のことながら，教養と教育における共通なもの，普遍的なものの探求にあった」と述べる（宮澤，1975，75頁）。また，宮澤によれば，この一般教育運動にはいろいろな流れがあり，その1つが，シカゴ大学学長ハッチンズによる**リベラルアーツ**の現代的修正であったという。

リベラルアーツとは，直訳すれば「自由学芸」だが，ようするに一般教養のことである（→unit 23）。主にエリート階層にのみ享受されていた一般教養としてのリベラルアーツが，学校教育の普及，拡大によって民衆レベルにまで拡大され，初等中等教育カリキュラムにまで及び，その中核部分を構成するようになっていく。これが，普通教育である。

したがって，学校の普通教育で育成される読み書き能力としてのリテラシーとは，大学での一般教養科目に基づいた，**教養型リテラシー**を中心的内容とするものだということができる。

以上のような教養型リテラシーを中心とする近代以降の普通教育の特徴は，戦後の日本の教育においてもそのままあてはまる。例えば教育学者の勝田守一は，「子どもは，未来の社会的労働，つまり人生にそなえて，もともと先人の労働に支えられている文化的成果を学ぶために，直接的労働から解放されなくてはならない」と述べた（勝田，1964，218頁）。このように勝田は，子どもを，大人の労働に直接参加することを免れ，そこから隔離された空間に保護された

存在としてとらえた。

　また，早期の専門分化の回避という特徴も，特に中等教育システムにおいて顕著であり（→unit 22），そこでのカリキュラムの中心は教養型リテラシーを中心とする普通教育で，むしろ欧米以上に，特定の職能や階層性への特化を先送りする「能力＝平等主義」が貫徹されていた（苅谷，1995，148頁）。

　このように，近代以降の教育はおおむね，就学期間中の職業選択を先送りする志向性を有していた。それは，子どもや青年を階層や職能といった特定の社会的な文脈から切り離し，学校教育の内部に保護しようとするものだった。

教養型リテラシーの特徴

　以上でみたような近代学校の普通教育における教養型リテラシーは，以下のような特徴を有するものとしてとらえることができる。

　第1の特徴は，リテラシーが文字の経験と密接に結びつき，読み書き能力としてとらえられている点である。これは，近代の普通教育が，カンやコツに支配された徒弟制の解体と，文字文化を中心としたカリキュラムの導入によって成り立っていることと関連している。

　第2に，普通教育でのリテラシーは，労働や専門性に直接役立つものとしてではなく，むしろそういったものから保護・隔離されていることによってのみ成り立つという特徴をもつものであったという点である。リテラシーの内容がリベラルアーツ的な一般教養を中心としたものであったことはこの点から理解することができる。

　第3に，普通教育がそれぞれの国の国民教育を前提としたものであったことの結果として，国民国家のリテラシーにほかならなかったという点である（→unit 5）。したがってその中心をなすものは何よりもまず「国語」であった。アメリカで1980年代にE. D. ハーシュが中心となって提唱した「**文化的リテラシー**」の運動は，まさにこのような考え方に基づいて，読み書き能力としてのリテラシーを徹底練習させることによって，学校教育における国語力の回復を目指した運動であった（ハーシュ，1989）。

普通教育の再編と教養型リテラシーの変容

　しかしながら，上でみたような教養型リテラシーは，1990年代以降のグロ

ーバリゼーションの進展と高度情報化社会の到来のなかで、大きく変容している。

第1に、映像を中心としたマスメディアの発達と、電子情報化、ICT化の進展は、活字文化のありようを大きく変え、文字の経験と密接に結びついた読み書き能力としてのリテラシーのあり方に、決定的な変容をもたらした。今日要請されるリテラシーは単なる文字の読み書きだけではなく、映像文化の理解と批判、電子情報の処理能力を含む、広い意味での**メディアリテラシー**だとする考え方が勢いを増していった。

第2に、キャリア教育を強調する近年の動向（→unit 24）にみられるように、子どもたちの進路の早期の専門分化を回避するのではなく、むしろそれを積極的に促そうとする動きが顕著になった。そこにみられるのは、子どもや青年の社会的な自立と専門分化を促そうとする学校外の社会的な諸力が学校の内部に浸透し、これまでのような学校が子どもを保護するという制度的な枠組みが崩れようとしている事態にほかならない。それに伴い、学校でのリテラシーも、リベラルアーツ的な一般教養を中心とした教養型リテラシーから、実社会での活用に焦点をおいた**機能的リテラシー**へと転換した。本ユニットの冒頭で述べたOECDのPISA型リテラシーや、2008年3月に公示された学習指導要領に登場する「活用」力は、まさにこの機能的リテラシーに対応したものであった。さらに2017年に公示された新しい学習指導要領では、OECDのDeSeCoプロジェクトが2003年に示した「キー・コンピテンシー」の概念にもとづく「資質・能力」をベースとした新しいカリキュラムのあり方が打ち出されるようになっている。

第3に、経済や社会が国境を越えて地球レベルで展開するグローバリゼーションによって、学校教育におけるリテラシーは単なる国民国家のリテラシーではなくなりつつある（→unit 29）。むしろ、グローバルな（国境を越えた地球規模の）文脈に対応しうる「国際的な測定と比較と標準化が可能なリテラシー」（森田、2006、140頁）、いわば**グローバルリテラシー**が重要視されつつある。

もう1つのリテラシー──政治的リテラシー

では、このような教養型リテラシーの変容は、普通教育やそこでの一般教養タイプの教科をまったく不要にしているのだろうか。

> **重要ポイント**
>
> **レッジョ・エミリアの幼児教育とリテラシー**
>
> 　近年，幼児教育（日本では保育所や幼稚園）においても，リテラシーの教育が議論されるようになっている。学校教育でのリテラシー養成の課題を就学前の幼児教育にまで降ろしていこうという動きも指摘されている（小玉亮子，2008）。
>
> 　幼児期の特徴は，それが**インファンス**（もの言わぬ存在，話し言葉を習得する存在）を含んでいるという点である。つまり幼児期というのは，人間が非言語的な存在から言語的な存在になる，その究極の可能性が賭けられている時期である（アガンベン，2007）。だから，幼児期の教育にどのようなリテラシーを求めるかということは，学校教育におけるリテラシーのイメージを考えるうえでわかりやすい素材を提供する。
>
> 　例えば，unit 9 の本文中の最後で，「政治的リテラシーは，実社会や受験ですぐに役に立つものではないし，専門的な職業につながるものでもない。しかし，民主主義社会の市民としてだれでもが身につけておいたほうがいい共通教養である」と書いた。このことを考えるうえで示唆に富む実践を展開しているのは，イタリアのレッジョ・エミリア市の幼児教育（保育）運動と実践である。
>
> 　レッジョ・エミリア市の幼児学校と乳児保育所には，ペダゴジスタ（教育学者）と呼ばれる教師とアトリエスタ（芸術家）と呼ばれる芸術の教師が配置され，子どもたちのプロジェクトをベースとした創造的な探求活動が展開されている。そこでなされる教育の評価は数値によってではなく，ドキュメンテーションとよばれる子どもたちの活動記録の共有によってなされている。レッジョ・エミリアの教育において指導的な役割を果たしたローリス・マラグッツィは「子どもには 100 の言葉がある。けれども 99 は奪われる。学校や文化が頭と体をバラバラにする」と述べ，可能性を伸ばす教育ではなく，可能性を奪わない教育の重要性を説いている（レッジョ・チルドレン，2012）。
>
> 　人間が非言語的な存在から言語的な存在になるとき，その複数性は縮減されるのか，しないのか，その究極の可能性が賭けられているのが幼児期の教育であることを，マラグッツィの言葉は示している。このように，幼児教育の段階にまで降ろして，リテラシーを考えてみることによって，公教育としての学校でどういうリテラシーが求められているのかについての 1 つの示唆が得られるように思われる。確認問題の 3 を考える際の手がかりにしてほしい。

　確かに，学校教育が従来のように子どもを実社会や労働現場から保護する機関ではなくなりつつあるなかで，普通教育に託されてきた一般教養教育の機能は着実に形骸化しつつある。

しかし，普通教育が形骸化したからといって，それをすべて廃止して，専門的な職業教育や受験準備教育に特化し，実社会で直接役に立つ教科だけを教えればいいのだろうか。もしそうだとしたら，公教育としての学校と，塾や予備校，専門学校との区別はなくなってしまうおそれもある。むしろ，普通教育をあきらめるのではなく，形骸化した普通教育に新たな活力を吹き込むことで，公教育としての学校にしかできないことを追求していくという課題があるといえる。

例えば，OECD は，キー・コンピテンシーの次の段階の新しい教育改革の方向性をエデュケーション 2030 プロジェクトという形で示している（文部科学省，2018）。そこでは，キー・コンピテンシーの概念に立脚しつつも，それを「エージェンシー」（変革を生み出す行為遂行性）という概念で一般化し，「若者を教育するのは，働くための準備をすることだけが目的ではない。前向きで，責任ある行動をとることができる，積極的な社会参画ができる市民となっていくためのスキルを付けなければならないのである」と述べて，コンピテンシーのコアに市民性（シティズンシップ）をおくという課題を提起している。

この課題を強く意識し，普通教育に実質的な市民教育の機能をもたせていこうとして取り組まれているのが，シティズンシップ教育にほかならない（→unit 30）。イギリスの政治学者 B. クリックはシティズンシップ教育の中核に位置づくものとして**政治的リテラシー**をあげている（クリック，2004，2011）。

政治的リテラシーとは，民主主義社会を構成する市民に共通に求められる資質を指す。それは，一方では，教養型リテラシーに新たな活力を吹き込むものであると同時に，他方では，新しい時代におけるメディアリテラシー，機能的リテラシー，グローバルリテラシーの 3 者に共通のコアを与えるものでもある。

政治的リテラシーは，実社会や受験ですぐに役に立つものではないし，専門的な職業につながるものでもない。しかし，民主主義社会の市民として誰でもが身につけておいたほうがいい共通教養である。このような政治的リテラシーのなかに，学校でしかできない普通教育再生のヒントが隠されているかもしれない（Rights ら，2008）。

要　約

　リテラシーとはもともとは文字の読み書き能力のことであり，普通教育の発展とともに，一般教養的な教科を中心とする教養型リテラシーとして発展した。しかし，1990年代以降のグローバリゼーションの進展と高度情報化社会の到来のなかで，教養型リテラシーは変容を迫られ，OECDのPISAに代表されるような実社会での活用を重んじる機能的リテラシーなどが台頭している。同時に，教養型リテラシーに新たな活力を吹き込み，それを政治的リテラシーへと組みかえていく試みも生まれつつある。

確認問題

- □ *Check 1*　普通教育における教養型リテラシーが成立していく歴史的背景と，その特徴についてまとめてみよう。
- □ *Check 2*　PISAに代表されるような機能的リテラシーの特徴を，教養型リテラシーとのとの比較をふまえて整理してみよう。
- □ *Check 3*　塾や予備校，専門学校ではなく，学校にしかできないことはあるだろうか。あるとすれば，それは何だろうか。本文で述べた政治的リテラシーを1つのヒントにして，考えてみよう。

読書案内

ハーシュ，E. D.（中村保男訳）『教養が，国をつくる。――アメリカ建て直し教育論』ティビーエス・ブリタニカ，1989年
　読み書き能力としての教養型リテラシーの復権を提唱している本。巻末に付録として，アメリカの基礎教養5000語のリストと，その意味，解説が付いている。

森田伸子『文字の経験――読むことと書くことの思想史』勁草書房，2005年
　インファンス（もの言わぬ存在）が文字の経験を通じて書き言葉を獲得していくことが思想的に何を意味したのか，この点を深く追求した本である。

クリック，B.（関口正司監訳）『シティズンシップ教育論――政治哲学と市民』法政大学出版局，2011年
　本文で取り上げたB. クリックのシティズンシップ教育論と，政治的リテラシーについての考え方が最も体系的に示されている本。この本の102頁にある政治的リテラシーの構造図だけでも見ておくとよい。

第Ⅱ部

教えるということ
教育の事実をつくりだすペダゴジー

第4章　ペダゴジーのグランドデザイン
第5章　ペダゴジーの遂行①
第6章　ペダゴジーの遂行②
第7章　ペダゴジーの担い手

第Ⅱ部 Introduction

　第Ⅱ部では，学校教育において子どもの学びと発達の事実をつくりだす教育実践の構想（第4章）と遂行（第5，6章）を可能にしていく知のありようと，その担い手としての教師（第7章）についての問題を学びとっていくことにする。ペダゴジーとは「教える」という営みそのものと，そのための知や技の双方を含みもつ概念である（→unit 0）。

　この領域は，従来のテキスト類においては「教育の方法」としてくくられてきている。そこでは，「何をどう教えるか」に関わる狭い意味での技術論的な関心が先行しがちであった。しかし，本書ではあえてそれを抑制し，それよりも「なぜそれが問題になるのか」，それはどのような歴史的社会的文脈のなかで生まれてきたものであり，現代の教育の発展にどう関わるのかという観点を前面に出していくことにした。第Ⅰ部で学ばれる教育の歴史性と社会性，また第Ⅲ部で学ばれるアクチュアルな現代的諸課題との関わりのなかで，ペダゴジーを深く「原論」的につかんでいく学習の一環だと考えてほしい。

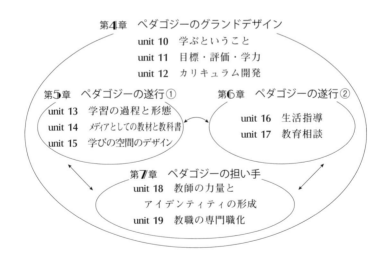

第 **4** 章

ペダゴジーのグランドデザイン

10　学ぶということ
11　目標・評価・学力
12　カリキュラム開発

第4章 ペダゴジーのグランドデザイン

Introduction 4

この章の位置づけ

　人は学ぶことによってよりよく生きようとする。だが，そこでいう「よりよく生きる」と，そのために「何をどのように学ぶのか」の中身は，社会的諸力の絡みあいと諸価値のせめぎあいのなかで，つねに論争的であった。現在も未来もそうあり続けるに違いない。問題はそうした状況のなかで，どのような価値が選択され，その実行のためのいかなる知見が生みだされていくのかにある。その熟慮の仕方がペダゴジー（つまり教育実践）の水準をあらわす。

　この章では，教育実践という現実的なアクションを遂行するにあたり，その質の高さを確保していくためにあらかじめ熟考されるべきことがらを，3つのunitにしている。ここから，教育実践を遂行していくための基盤となる知見をつかんでいってほしい。

この章で学ぶこと

unit 10　社会の維持と発展を考え，その担い手を育てていくために，次世代の者たちに何をどのように学ぶことを要請するか。それを表現したもろもろのペダゴジーを，古代・近代・ポスト近代という順にたどっていく。

unit 11　学力という概念のもとに，どのような人間を育てようとするのか。学習の具体的な目標はどのように設けられ，その評価はどのように行われることが望ましいか。このペダゴジーにとっての中心問題を学ぶ。

unit 12　具体的な学習のジャンルや指導の道筋はどのようにデザインされるのか。この問題を解くために，カリキュラム開発の手立てと担い手についての諸説を学ぶ。

unit 10

学ぶということ

> **Keywords**
> ソクラテス，産婆術，プラトン，教授学，コメニウス，新教育運動，デューイ，経験，反省，構成主義の学習論，フレイレ，批判的意識化，課題提起型教育，批判的リテラシー，ジルー，境界教育学，参加型学習

学ぶという行為の成り立ち

　学ぶという行為は，人が1回限りの人生をいかによりよく生きようとするのかに関わる重要事の1つである。学ぶことによって，人はこの世界の仕組みを知り，他者や事物と関わる術を得ていく。そして，この世のどこにどのような形で身をおき，どのように振る舞ったらよいのかを知っていく。学ぶことは，自己の存在意味を探り，世界への参与の見通しを立てていくことを意味している。ゆえに1人ひとりの人間は，その人なりにいだく自己実現に向けて，かけがえのない固有の学びの世界をつくっていこうとする。

　しかし，そうした学ぶことの実存的ともいえる地平が想定される一方で，現実につくりだされている学習の多くは，先行する世代（大人）が次世代（子ども・若者）に一定の必要事を学ばせようとする社会的必要によってつくりだされている。それぞれの時代と社会は，その維持や発展を展望しつつそれを担う人づくりとしての「教育」を行う。「教える」という形で，先行世代が次世代に相応の学びを求めていくわけである。

　もし，先行世代が「かく学ぶべし」と次世代に求める社会的な「必要の論理」と，次世代の者たちが自身の自己実現に即して求める実存的な「要求の論理」との一致がみられるならば，そこにつくりだされる学びの世界はきわめて安定したものとなる。しかし，そうした調和的な世界がつくりだされることは稀である。むしろ，既存の文化の伝達と継承をめぐり，先行世代はそれを押し

つけようとし，次世代がそれを拒んだり，そこから逃走したりするといった事態もしばしば生じる。「教え－学ぶ」というコミュニケーションの難しさがそこにある。学ぶということのありようや意味が，それぞれの時代のなかで絶えず問い直され続けていかねばならないことの根拠もここにある。

このunitでは，このような問題を意識しながら，教育思想史のなかからそれぞれの時代と社会のなかで「学ぶことの意味」を探りながら提出されてきた代表的なアイデアのいくつかを拾いあげてみる。それらをみていくなかで，学ぶということについての原理的な理解を深めていってほしい。

古典ギリシャにおける学びの理想

社会発展のための「必要」と学び手の自己実現の「要求」の統一的な調和として成り立つ学びの世界を，理想主義的に描きだしているものとして，多くの西欧人は古典ギリシャの哲学者たちの教育思想を思いうかべる。

まず，**ソクラテス**（B. C. 470-399）の有名な**産婆術**をみてみよう。弟子の**プラトン**（B. C. 427-347）が著した『メノン』には，ソクラテスが若者たちとの問答のなかでこの支援的な対話の技法を駆使し，彼らの探求的な学びの世界をつくりだしていくさまが鮮やかに描かれている（プラトン，1994）。

若者たちは，智者との対話のなかで，論破され，それまで彼をとらえていたドクサ（俗見，誤った見方・考え方）から解放されると同時に，心底から真理を欲するようになる。このシーンが「陣痛」に喩えられる。そして，それに応えるかのように「産婆」たる教師としてのソクラテスが登場する。彼が行うことは，正答を与えることではない。若者が真理を想起するきっかけとなる適切な質問を次々と繰り出していくことである。学び手が自身の自律的な思索を深め，真理に接近していくことを助けるわけである。このソクラテスの姿は，西欧における「対話による探求としての学び」の原像を形づくったといっていい。

一方，その弟子であるプラトンは，「哲人政治」という社会の理想を描き，その担い手たちを育てるためのアカデメイアという教育機関を創設した。哲人政治が求める「市民」は，徳のある治者であると同時に思慮深い智者でなくてはいけないとされた。アカデメイアはそのような市民の育成を目的に，若者たちに対する「かく学ぶべし」という要求を具体的な形にしたものだった。そこでは，予備的なプロパイデイア（教養教育）とそれに続くパイデイア（哲学的探

究）という形で，学習のコースが段階的に構成されていた。プロパイデイアでは，知と徳を備えた「健康なる魂」を形づくる三学（文法・修辞・弁証法）四科（算術・幾何・音楽・天文）の自由学芸（リベラルアーツ→unit 9）が学ばれたのち，哲学的問答（ディアレクティケー）に基づく本格的な真理を探究する学びが展開されたのである（プラトン，1979）。

こうしたプラトンの教育論には，次のような画期的といえる特徴が認められる。①文字文化によって蓄積され整理された学問知の枠組み（エピステーメー）が存在し，それに基づく学科目が編成されていたこと。②それらを習得したうえでイデア（真理）に接近していくという，学びの階梯的なプロセスが想定されていたこと。③そのすべてが，民主政治という公共空間への参加に向けて必要とされる市民の哲学的＝政治的資質の形成という目的のもとに展開されたこと，である。これらは，こんにちの学科によって組織された学校カリキュラムや階梯的な学習のコース設定という発想の源流となっている。

近代人の開かれた学び

時代を下り，ルネサンスを経た近代の西欧世界に目を向けてみることにしよう。そこでは，学びの世界が，世界の法則を科学的に認識し統制する「主体形成」の理想に向けて描かれている。宗教革命以後の教育の世俗化の進行により，人々の学びを基礎づけるものは宗教的信仰から科学と実証の精神へとシフトしていった。そこから科学や芸術をわがものにしていこうとする近代人の学びの世界がひらかれていくことになったのである。

『大教授学』を著し，近代の**教授学**の祖とされているJ. A. **コメニウス**（1592-1670）の登場は，上に述べたことを象徴する出来事であった。彼の教授学には次のような「近代的」といえる特徴が明示されている。第1に，ベーコンの帰納法的認識論を基礎に，経験的認識を重視する科学と実証の精神を実践する学びの世界を構想したこと。第2に，教育内容として誰もが学びうる形に整理された「汎知学」（百科全書的な知の体系）を唱え，またその習得を視覚的な表象によって強化していくメディアとして『世界図絵』を用意したことである（コメニウス，1962；1995）。

ここで見落とせないのは，当時の活版印刷術の発明というテクノロジーの進歩である。これにより，学習内容がパッケージ化された大量のテキスト類の作

成が可能になった。そして、学ぶという行為が宗教的世界における秘事的な修養行為であった中世的段階を脱し、リテラシーの習得を中心とする世俗的な行為として大衆に開放されていく可能性を得たのである。この点においても、コメニウスの教授学はきわめて「近代的」な性格を示すものであったといえる。コメニウスの教授学は、近代という時代に達成しえたメディア・テクノロジーをフル活用しながら知識を万人に分かち伝えていく可能性を追求したものでもあった。

「勉強」＝疎外された学びの様式

しかしこの教授学は、同時に、「教師の教授行為に従属した習得」という受動的な学習の様式を産んだという側面を見落としてはいけない。コメニウスは、自身の教授学（didactika）を当時飛躍的に発展をとげた印刷術（typographia）のイメージに重ね、教授印刷術（教刷術）（didacographia）とも表現していた。次々と白紙にインクで同じ文字が刷り込まれていくさまを想起させるその表現は、近代という時代が学校を通じて普及させた「画一的で受動的な学習の世界」を予感させるものであった。

多くの歴史家たちは、近代学校における学びの世界が、国家と産業が要請する従順な労働力の形成を目的とした規律訓練（discipline）の発想に支配されたものとなった事実を指摘する（フーコー，1977）。現実につくりだされたものは、当初の普遍的な理念とは裏腹に、子どもに近代国家の「国民」として必要とされる道徳や行動様式を身体に刻み込み、産業社会の「労働者」として必要とされる知識や技能を一方的に伝達していく世界であった。

20世紀に入ると産業主義のイデオロギーがさらにそれを加速させていった。効率化を求めて心理学を中心とする行動科学の成果がとりいれられ、学習者の能力の達成度や適性を測定するテストなど、教育における一種の管理テクノロジーが発展していった。そこでは、学ぶという行為は試験、進級、資格の取得などをめぐる競争と管理のなかにおかれる「勉強」に矮小化されていった。これをどう変えていくのか。それが以後のペダゴジーの基本的課題となった。

経験の再構成としての学び

「勉強」の世界を変え、子どもたちに真の学びの世界を与えていこうとする

試みは，20世紀前半に子ども中心主義の**新教育運動**として開始された。それはJ.-J. ルソー以来の人間の発達をめぐる自然主義とロマン主義，J. H. ペスタロッチが提起した実生活との結合や直観教授の思想などを継承し，学習者の興味や自発的活動を尊重していこうとする教育改革運動であった。この運動のなかで，学ぶということの活動的で社会的な性格の回復に向けて重要な提起を行った代表的な人物にアメリカのJ. **デューイ**（1859-1952）がいる。彼がシカゴ大学のなかに設立した実験学校のカリキュラムは，オキュペーション（occupation）と呼ばれる機織りや耕作などの活動的で共同的な手仕事の遂行で埋め尽くされていた（デューイ，1957）。

デューイが目指したものは，オキュペーションの遂行によってまとまりをもつ具体的な意味ある経験が連続的に組織されていくことであった。オキュペーションは特定の技能獲得のためになされる職業訓練的な作業教育ではない。道具を駆使しながら遂行される事物や環境との直接的な交渉により，問題解決的な学習の世界をつくりだし，実験的な知性を形成させていくとともに，仲間との豊かなコミュニケーションと協働によって民主主義の倫理をも獲得させていくことを目的にしていた。

デューイの教育学は一般に経験主義と呼ばれ，教育とは絶えざる経験の再構成であると定義されている（デューイ，1975；メイヒュー・エドワーズ，2017）。しかし，ここでいう**経験**（experience）とは，私たちが日常使う「体験」（身をもってすること）という語とは区別されるべき性格のものである。デューイの経験という概念には，具体的な行為と出来事の連続的な生起のなかで遂行されていく**反省**（reflection）という行為が含まれているからである。デューイが述べた「なすことによって学ぶ」（learning by doing）というフレーズも，経験と反省によって既存の知識や価値の絶えざる再構成が促されていくきわめて知性的な過程をあらわしている。

ひとまとまりの経験のなかで，子どもは自己のなかにすでに形づくられている知識や意味の再構成を行い，同時に学びの共同体を構成する成員間の関係の再構成も行っていく。こうしたデューイがつくりだそうとした学びの世界は，現代の私たちの改革的な教育実践を主導していく**構成主義の学習論**の最も重要な源泉の1つをなしている。

批判的意識化と解放のための学び

「対話による批判的意識化」のための学びを提起し，現代における学ぶことと社会変革の実践との連続性を力強く追求していった教育学者に P. **フレイレ** (1921-97) がいる。彼は 1960-70 年代にかけてブラジルを起点に，第三世界における成人識字教育の領域で当時主流をなしていた機能主義的なリテラシーの習得を目的とした学習を徹底的に批判し，「伝達か対話か？」(extension or communication?) という問いかけのもとに，「対話」様式の民衆教育の実践を提唱した教育者である。

フレイレは次のようにいう。通常行われている識字教育は文字を単なる伝達の道具とみなし，読み書き能力の習得を政治的な価値中立行為とみなそうとしている。しかし，「読むこと」「書くこと」には，差別や抑圧に彩られたこの世界の仕組みを被抑圧者たちが批判的に把握していく**批判的意識化**（critical conscientization）の遂行と，解放の実践への参加を促していくという性格がそなわっていなくてはならない。つまり，学ぶということは知識の獲得であると同時に，変革主体を育てていくための政治的エンパワメントでなければならないということなのである（フレイレ, 1982, 2018；里見, 2010）。

フレイレは，学校を含め機能主義に立つ教育全般を銀行型教育（the banking concept of education）と呼び，次のように批判する。それは教える者と学ぶ者との垂直な権力的関係を前提とし，学習者の切実な生活要求から切断された「貯蓄のような」(banking concept) 学びを自己目的化させる。その果てに強いられるものは不正に満ちた社会への順応のみである。

これに対し，フレイレが提起したのは対話による**課題提起型教育**（the problem posing concept of education）であった。それは，対話をコーディネートする教師と学ぶ者たちとが水平な関係のなかで，それぞれの日常的な疑問や批判意識を交換しあい，抑圧的な現実を「読み解く」こと（decoding, つまり常識と化している諸種の解釈規則を解除して現実を認識していくこと）によって開始されていく。こうした学びの過程で獲得されるものは**批判的リテラシー**（critical literacy）である（Freire & Macedo, 1987）。これは unit 9 に出てくる政治的リテラシーに連動する新しいリテラシー概念であるといえる（→unit 9）。

フレイレがこのように提起した批判的意識化とエンパワメントの学びの思想は，現在，世界各地でとりくまれている人権・環境・ジェンダーなどを主題と

> **重要ポイント**

学びのポストモダン──ジルーの境界教育学

フレイレの教育学を継承し，現代アメリカの多文化的な都市空間のなかで独自にそれを発展させたペダゴジーとして，批判的教育学（critical pedagogy）と呼ばれるものが1980年代に登場した。この動向をリードした1人がH. A. **ジルー**である。彼は現代の社会が抱え込む階級／ジェンダー／エスニシティなどの差異（difference）が，支配や統合といった政治力学によって序列化され，中心化するものと周縁化させられていくものとに分断されていく現実を問題視する。一方に中心化し支配的な位置を得た者たちの文化とアイデンティティが存在すれば，他方には周縁化され従属的な位置に追いやられていった者たちの文化とアイデンティティが存在するのである。彼の目指すところは，このような「文化とアイデンティティの政治」を認識し，それをうち破って対等な立場での差異の承認と，差異を前提にしつつも可能な市民的連帯のための学びの世界をつくることである。そのために提起されたのが**境界教育学**（border pedagogy）である（Giroux, 1992）。

そのきわめて現代的といえる特徴は，ポスト国民国家と多文化主義，再生産理論（→unit 5 の**重要ポイント**），ポストコロニアリズム，フェミニズムなどの議論から新しい知を果敢にとりいれ，教育学におけるポストモダニズムの地平をひらこうとした点にある。

ジルーは，学校という多様な者たちが集う公共的空間の特性を生かした学びの世界を次のように提起した。学習者たちが，各自の階級／ジェンダー／エスニシティといった文化とアイデンティティの境界枠（border）を意識し，それに規定されたパースペクティブの差異（ものの見方や判断の基準の違い）を認知し合いながら，1人ひとりが自身のアイデンティティの境界線を引き直していくような学びの世界である。

その筋道は，およそ次のようなものである。学習者相互が具体的な日常経験に根ざした「声」を発し（voicing），自身のパースペクティブと他者のそれとの差異を認知し合い，その1つひとつがある形に枠づけられた限界性をもつものであることを知っていきながら，その意味を問い直し合っていく。そのことによって，自身のパースペクティブを限界づける文化の批判的吟味と，アイデンティティを限定的に枠づける境界線の絶えざる引き直しを行わせていく。その結果，学び手は多元的に焦点化される視座（multi-centric perspectives）を獲得していくことになる。

ジルーが提起したことは，ポストモダン状況における複数の文化とアイデンティティの間でなされる越境行為（border crossings）を，新しい時代の学びとして定義していくことであった。その意味で，ポストモダン時代におけるラディカルなシティズンシップ教育（→unit 30）の提唱だといえる。それが成功裡に展開されるならば，教室という場は，若い世代が自己のアイデンティティを選択的に構築していく民主的な公共空間に生まれ変わっていくはずである（ジルー，2014）。

したワークショップ型の**参加型学習**にひきとられ，発展している。

要約

時代や社会が追求する価値と，学ぶ者たち個々の実存的要求が交錯する地点に，古代から現代まで，「教え－学ぶ」ということについてさまざまなアイデアが出されてきている。それらが構想した学びの世界は，哲学的探究（古代），科学と実証（近代）といったように，その時代の刻印を受けた多彩さが確認できる。そして，その根底にはいずれも，未来を担う次世代の生き方へのエンパワメントの精神が息づいている。それらを吟味しつつ批判的に継承するなかで，現代の活動的で共同的で対話的な学びの世界がひらかれていくことになる。

確認問題

☐ *Check 1* 学ぶことによって，人にはどのような可能性がひらかれていくのだろうか。この unit でとりあげた個々の教育思想に即して考えてみよう。

☐ *Check 2* 制度化された近代学校のなかで，本来の学びの何が失われ，どのようなものに変質していったのだろうか。

☐ *Check 3* 学びの探求的・共同的・対話的な性格をとり戻すための，デューイやフレイレの提起の要点を整理してみよう。

読書案内

里見実『働くことと学ぶこと──わたしの大学での授業』太郎次郎社，1995 年
「勉強」しか経験してこなかった学生たちに，学ぶことの意味を正面から問いかける形で，真の学びのありようを平易な文体で鋭く論じている。

佐藤学『学びの快楽──ダイアローグへ』世織書房，1999 年
学ぶということの意味と可能性を多面的に問い，対話性・身体性・共同性などを軸にその奥行きをとらえ，新時代の学びのありようを縦横無尽に論じている。

unit 11

目標・評価・学力

> **Keywords**
> 教育目的，教育目標，教育評価，到達目標，方向目標，絶対評価，相対評価，到達度評価，形成的評価，指導要録，観点別評価，汎用性，習熟，PISA，パフォーマンス評価，ルーブリック，真正の評価（オーセンティックアセスメント），ポートフォリオ，eポートフォリオ

教育目的・目標と教育評価――教育のバックボーン

この unit では，教育目的・目標と評価という，いわば教育の背骨にあたる問題を学力と学力評価に注目しながら考えてみよう。

教育の営みは，すでにみてきたように，目的意識的にものを教える営みである。目的意識的な営みであるというときに，「なぜ・何のために」というレベルと，「何を目指して・どのように」というレベルが存在する。前者を**教育目的**，後者を**教育目標**とここではとらえておこう。両者の関係は，一般的には，目標が目的の実現のために設定されるめやすや具体策としてとらえられる。ただし，目標が順次達成されていけば最後に目的も達成されるという単純な関係にあるわけではない。また，目的に応じた目標の定め方も一義的ではない。目的の達成を保障する環境や発想，条件によって，まったく別の目標の系列を生みだすからである（汐見，1979）。

こうした教育目的・目標に基づいて組織化された教育の活動は，教師などの行為者によって反省的にとらえられながら，次の教育の活動に生かすためにフィードバック機能を伴って成り立っている。こうした反省的な行為を教育評価ととらえておこう。**教育評価**は，ここでは学力評価を中心に考えるが（田中，2002），カリキュラム評価，学校評価とも連携した教育全体をとらえる概念である。

このunitでは，学校教育を想定して，目標を立てて教育活動のプランをたて，子どもに働きかけ，その反応をみながら次のプランや働きかけをつくりあげるという教育の一連の過程を，そこで生みだされる学力に注目しながら考えていく。学力については，市民としての力量に視点をおいた広義の定義もあるが，その問題はunit 9で扱うこととして，ここでは，学校によって分かち伝えられ身につける能力の1つで，目標に準拠した働きかけに基づいて得た知識，スキル・技能と結びつき，一定の尺度によって達成の度合いの比較や序列づけが可能なものという側面から，学力をとらえておきたい。

教育目標の性格と課題

教育とは，社会や大人からの一方的な働きかけではなく，子どもがその働きかけの意味を知り，目的を意識したり自覚することで成立するものである。その意味で，なぜ教えるのかという社会や大人の目的と，なぜ学ぶのかという子どもの目的とが一致することが目指される。教育目標は，こうした課題の実現と関わりながら，学校種別，教科指導と教科外指導といった領域，年間・月間・週間・毎授業時といった期間，各教科の学習内容など，さまざまなレベルで分節化されてつくられる。その場合，教育目標は，子どもの側からみれば自分たちのめあて，いわば発達課題となり，子どもの意欲と可能性に支えられる。その意味で，教育目標は，目標達成を実感させながら，より高次の目標へと導く意欲を育てるものである必要がある（碓井，1979）。

このように目標をとらえるとき，目標設定は教育活動のプラン，教師の指導のあり方などと深く関わる。また目標の形態は，最低限ここまでという内容を実態に応じて設定する**到達目標**と，学習のめあてのような方向を示す**方向目標**との2つに概括してとらえられる。到達目標は，のちにみる到達度評価と組み合わされて，設定された目標が子どもの現状を通して問い直され，教育の内容との関係で目標が達成できうるかが点検される。それによって目標をつくり直すということにもなる。実際には，授業の方向性の確認に役立つ方向目標と組み合わせながら到達目標が設定されることが指摘されている（全国到達度評価研究会，1989）。

教育目標の独特な点は，目標づくりは子どもからゆだねられる形で専門的力量をもった教師が担う，というところにある。それを教師による代行の論理と

呼んでおこう。代行は，子どもの学習権の保障を前提に，社会の状況，科学や文化の系統性，子どもの生活実態や発達の順序性を考慮したうえでなされる。ただし，そうしたうえでも，教師の代行の妥当性やその根拠への問いは残る。目標の意味・意義を教師と子ども間の対話で共有していくという子どもの目標づくりへの参加も含めて，教育目標の設定に関する教師の説明責任は常に求められる。

学力をめぐる議論

目標の達成がなされたかどうかをみるためには，それがどのように子どものなかに実現されたのかを把握することが重要なポイントになる。そこには，学力をどうとらえるかの問題がある。

21世紀を迎えるにあたって，「学力」の諸国際調査（→**重要ポイント**）の結果に基づいて「学力低下」が指摘されたが，それ以前にも，戦後の日本の社会のなかで学力をめぐる議論は繰り返しなされてきたといえる。しかし，これまでの議論のなかで，学力とは何かということについて，実はそれほど自明であったわけではない。

学力は測定できるか，できないか。さらに，できるとする場合でも，測定できる学力はその一部であるというものなど，学力の定義は実はさまざまに存在するからである。ここでは，こんにちに至るまで学力把握をめぐる問題の中核にあったと思われる主要な学力のとらえ方を，松下（2002）の整理に基づいて，以下の2つで示す。すなわち，①学習の結果として得た能力という意味での学力と，②学習自体をつくりあげていく力という意味での学力という整理である。

①の学力は，「成果が計測可能なように組織された教育内容を学習して到達した能力」（勝田，1964）であり，「ものごとに処する能力のうち誰にでも」「教材を介して分かち伝えられる部分」（中内，1998）として概括されよう。②の学力は，学習活動の構造とプロセスとから学力を定義するというものである。①と②は対立の関係にあるわけではない。にもかかわらず，しばしば二項対立的にとらえられるのは，①のように規定しても学校で学んだ力が自分の生活の場面でなかなか活用できない現実があるからである。そこで，②の学力として，学習活動によって獲得した力（学んだ力）を生かす学習活動自体をつくり

あげていく力（学ぶ力）への注目がなされ始めたのである。さらに，「学んだ力」だけで「身についた学力」がわかるのかという批判が生まれ，学校という特殊な学習活動のなかでしかその効力を発揮できない学力の局所性の問題が指摘されている。現代においても，学力の定義や分類の二分法を克服することが，教育目標の設定という意味でも重要な課題となりつづけているといえる。

学力評価の展開——相対評価と到達度評価

学力をめぐる議論についてふれてきたが，実際には日本の学校において学力はどのように評価されてきたのであろうか。日本の学校で行われてきた学力評価は，戦前は学籍簿に，戦後は後に示すように指導要録に記載されてきた。これは，単なる名称の変更にとどまらず，（学業の）戸籍ともいえる位置づけから教育指導のための表簿へとその性格上の展開がみられる。

戦前は教師のカンや経験に基づく恣意的な評価が行われていた。例えば道徳と算術の成績に相関が示されるなど，子どもの生活態度などを重視した学力評価がなされたのである。戦前の教師による成績の評価は，あらかじめ教師個人が定めた評価基準に則った**絶対評価**で行われたが，このように教師の主観性が反映されやすい傾向がある。

戦後は，教師の主観性を排するために相対評価が導入された。**相対評価**とは，集団内での子どもたちの位置づけによって評価するものであり，「集団準拠の評価」と呼ばれている。相対評価は，自然界に数量的に存在するもの（例えば日本中の松の木の高さ）は平均付近を中心に左右対象な釣り鐘型分布である正規分布を示すという統計学的な知見を成績評価に応用した科学的評価法として，戦後の日本の教育現場に積極的に導入された。しかし，実際には，子どもを比べる物差しとして，子どもの序列化につながっていったのである。1970年代の半ばに現れた**到達度評価**の教育運動は，そうした相対評価を批判し，どの子にも学力を保障するということで目標の到達目標化を目指した。ここでいう目標とは，子どもの発達課題を教師が代行して読み込み，つくりあげられるものとされた。到達度評価とは，この到達目標を基準とし，それに到達しているかどうかで教師の指導の成果を評価するものである。何をどこまで子どもに教えるのかという到達目標を掲げ，1人ひとりの子どもの学力の状態をこれに照らして把握する評価法であり，そのことで授業改善の手がかりを教師に与えるこ

とができるところに特徴がある。到達度評価は，「形成的評価」という考え方を組み込んでいる。**形成的評価**とは，教師が，子どもの学力の状態を学力形成過程から把握して，自らの指導過程を調整していくものである。また，到達度評価は，こうした形成的評価のほかに，実践の開始と同時に子どもの学習の準備状況を目標に照らして把握し確認する「診断的評価」と，実践の終わりに指導の区切りとして到達目標や指導方法などの妥当性を検討し同時に評定を示す「総括的評価」とを組み合わせて行われるものである（遠藤・天野，2002）。

指導要録の学力評価の課題

戦後の日本では，学校での子どもの学力の評価は最終的には指導要録でなされている。**指導要録**とは，「児童又は生徒の学籍並びに指導の過程及び結果の要約を記録し，指導及び外部に対する証明等のために役立たせるための原簿」（文部省通知）とされ，指導機能と説明機能を有し，その作成と保存が法的に義務づけられている原簿である。1980年代に入ると，「関心・意欲・態度」「思考・判断」「技能・表現」「知識・理解」の項目からなる観点別状況欄が指導要録に導入され，相対評価の克服がはかられた（**観点別評価**）。2001年の指導要録改訂では，相対評価が見直され，「目標準拠に基づく評価」としての「絶対評価」が導入された。これは，戦前の教師による主観的な絶対評価とは異なる点に留意すべきである。この評価の導入は，相対評価を基本としてきた戦後の教育評価行政の転換を意味する。しかし，観点別状況の項目によって各教科の学力評価が行われるため，1つの学習活動をバラバラにみることになる。そのなかで，例えば「関心・意欲・態度」「技能・表現」は「知識・理解」と密接な関連をもっているものであり，これらを分けて評価する場合，子どもが表面上のみ授業態度を正す形式的な態度主義に陥る可能性があろう。小学校を皮切りに2020年度から完全移行する学習指導要領では，「理解」がすべての観点に関係するとされた。また，カリキュラムの重点が，教科別の教育内容から資質・能力（コンピテンシー）ベースへと変更されている（→**重要ポイント**）。

教育評価の新しい動向

到達度評価は，その社会を生きるうえで欠かせない体系的知識やスキルの習得を学力として保障しようとするものである。頭とからだにしみ込み意識せず

> **重要ポイント**
>
> **コンピテンシーと資質・能力**
>
> PISA (Programme for International Student Assessment) は，義務教育の修了段階を想定した 15 歳の生徒を対象とする OECD による国際的な学習到達度調査である。2000 年以降 3 年ごとに行われて，その調査結果が「PISA ショック」というかたちで大きな影響を世界に与えてきた。
>
> PISA 調査の基盤にあるのが，コンピテンシー概念である。調査を支えた OECD の DeSeCo プロジェクトの定義では，「ある特定の文脈における複雑な要求に対し，心理社会的な前提条件の結集を通じてうまく対応する能力」(ライチェン，2006) としている。知識やスキルだけでなく，態度，価値観と倫理，動機づけなど個人の資質にかかわるものまで含まれている。EU のキー・コンピテンシーに限らず，北米の 21 世紀スキルやイギリス，オーストラリアなどにも波及しており，調査結果をふまえてそれぞれの国でカリキュラムの開発や教育制度の整備が進められてきた。
>
> 共通しているのは，何を知っているかという領域ごとに区分された知の体系ではなく，知識やスキルを自在に活用して何ができるかを評価している点である。知るとは単なる事実や事象の知識ではなく，対象の特性に応じた適切な関わりをふまえた理解の仕方であり，それを通して築き上げた**汎用性（ジェネリック）**を有する態度（資質）であるととらえている。
>
> このように世界各国で目標の立て方のとらえなおしが，〈知識から能力・資質へ〉，〈コンテンツベースからコンピテンスベースへ〉というかたちで進められている。日本では，コンピテンシーの影響のもとで，2006 年に改正された教育基本法に「資質」が位置づけられた。翌年の学校教育法改正において，学力を，①基礎的知識・技能の習得，②知識・技能の活用を通して課題を解決する思考力，判断力，表現力，③**主体的に学習に取り組む態度**と規定した。知識・技能を活用して課題を解決する汎用性をもった資質・能力の育成が学校の目指すべきものであると位置づけられたのである。
>
> すなわち，ここにいう知識・技能とは，能力 (doing) と結びついて生きて働く知識 (knowing) であり，さらに何かができるだけでなく，それに価値を置き，それを好みいつでも使おうとする常態になっている資質 (being) という構造をもっている (松下，2016)。
>
> 図 「資質・能力」の入れ子構造
>
>
>
> (出所) 松下，2016。

に行われるほどに身につけたレベルのいわば**習熟**段階の学力の評価も視野に収めている。ただし，ここでの習熟は一様ではない。百ます計算のような決まった型の行為を正確に早く行えるという意味での「定型的熟達化」だけでなく，対象の多様な性格や変化に合わせて手続きを柔軟に変えられるような熟達である「適応的熟達」も注目されている（松下，2005）。21世紀に入って話題になっているPISA（→重要ポイント）においては，習熟は「適応的熟達」にあたる。さらに習熟の深まりをとらえる「垂直的熟達化」（「一芸に秀でる」をイメージしてみるといい），他者との関係をつくりながら自分の見方を変えていく「水平的熟達化」なども含めて，習熟の評価をどのように考えるかが課題となる。

　習熟の評価に対しては，さまざまなレベルでのアプローチが示されているが，ここではこんにちの新しい評価法の動向としてパフォーマンス評価や真正の評価をあげておこう。**パフォーマンス評価**とはある一定の場面や状況で知識やスキルを使いこなす能力を評価する評価法である。あらかじめ示された「パフォーマンス課題」について，その解決，遂行を評価者が**ルーブリック**と呼ばれる評価基準表を用いながら評価するもので，フィギュアスケートの採点などもこれにあたる（松下，2007；西岡，2016）。さらに，生活のリアルな課題への対応のなかで学力をみなければならないという「**真正の評価（オーセンティックアセスメント）**」の提唱がある。日常場面で身についた学力を使いこなしえるかどうかを評価するものである。

　こうした真正の評価の典型的な評価法としてポートフォリオがある。**ポートフォリオ**とは，子どもの学習の過程や成果を示す作品（work），子どもの自己評価の記録，教師による指導と評価の記録などをファイルや箱に収集したものである。完成作品を評価するもの，実技試験など特定の実演評価を行うものといった，パフォーマンスに基づく評価を内容とする。なかには，よりインフォーマルな観察や対話によって評価するものなども含む。こうしたポートフォリオ評価法は，ポートフォリオづくりを通して子どもの自己評価を促しながら，教師が子どもの学習を評価する方法である（西岡，2016）。子どもの日々の学習や活動の記録を電子化した**eポートフォリオ**（electronic portfolio）は，テストでは測れない子どもの能力や成長の過程を踏まえた評価の可能性を広げている。

　こうした新しい動向は，学力をめぐる中核の議論である先述の①と②の学力論（本書111頁）をつなぐ方法を提示しているともとらえられる。すなわち，

真正の評価はリアルな課題であるから子どもたちは意欲的に挑戦しようとし，他方でリアルな課題を解くには応用力や総合力といった高次な学力が要請されるという関係構造をもっている。

教える−学ぶを媒介すること

こうした新しい学力の評価方法は，子どもの学力の身につき方を総合的によりリアルにとらえようとするものであるといってよい。

ここでは，教育の成功は，教師の意図がどれだけ子どものなかに反映されたかということを前提としているが，むしろ教えたことが伝わらないにもかかわらず教育が成り立つ点に注目する議論がある。そもそも，教師の伝えることと子どもが学ぶことはすれ違うものであるととらえたうえで，それにもかかわらず教えるという行為の不確かさを克服しようと繰り返される独特なコミュニケーションが，教育のコミュニケーションであるとするものである（今井，2004）。

この議論は，教える−学ぶという行為がそのまま直接的に学力の身につき方につながっているわけではないことを示唆しており，両者の間にある深い溝や，その媒介の複雑性を示している。新しい評価の動向はこうした複雑さをどのように射程に入れるかをも課題とすることになると考えられる。

要　約

教育目標に基づいて組織化された教育活動は，行為者（教師など）によって反省的に振り返られながら，次の教育活動をつくりだすためのフィードバック機能をもちつつ成り立っている。教育目標は，教えるものと学ぶものによって共有されることが前提となるが，それを支える教師による代行の論理をどう考えるかが重要である。フィードバック機能は，教育評価の中核であるが，それを支える学力評価をめぐっては，学習の結果として得た能力と学習自体をつくりあげていく力をどう統合してとらえるかが課題としてある。新しい教育評価法の開発は，この課題に向けた取り組みでもある。

確認問題

☐　*Check 1*　教育目標とはどのようなものとして理解できるか。教育目的と比

べながら考えてみよう。

- [ ] *Check 2* 学力とは何か，unit 11 の知見を参考にして定義してみよう。
- [ ] *Check 3* 到達度評価という考え方について，相対評価，絶対評価との対比で整理してみよう。
- [ ] *Check 4* 形成的評価とは何か。それはなぜ重要なのか考えてみよう。
- [ ] *Check 5* 教育評価の新しい動向について，その特徴と意味を整理してみよう。

読書案内

教育目標・評価学会編『「評価の時代」を読み解く──教育目標・評価研究の課題と展望』上巻・下巻，日本標準，2010 年
　教育目標と評価についての専門学会による理論，歴史，実践的なアプローチにもとづく研究動向の整理を示している。

松下佳代『〈新しい能力〉は教育を変えるか──学力・リテラシー・コンピテンシー』ミネルヴァ書房，2010 年
　学力として一括できない，汎用的で包括的な〈新しい能力〉について，原理的，歴史的に整理し，それがもたらしてきたカリキュラム，授業，評価などへの影響を諸外国との比較をふまえながら示している。

西岡加名恵『教科と総合学習のカリキュラム設計──パフォーマンス評価をどう活かすか』図書文化社，2016 年
　教科と総合学習のパフォーマンス評価を活かして，学校のカリキュラム改善にどう取り組めばよいかを示す。「本質的な問い」とパフォーマンス課題を考案するための具体的な示唆が得られる。

石井英真『今求められる学力と学びとは──コンピテンシー・ベースのカリキュラムの光と影』日本標準ブックレット，2015 年
　内容ベースから資質・能力（コンピテンシー）ベースへとカリキュラムの重点が移る 2020 年度完全移行の学習指導要領に対応した教育評価への視点を示す。

unit 12

カリキュラム開発

Keywords
カリキュラム，学習指導要領，カリキュラム開発，工学的アプローチ，タイラー原理，羅生門的アプローチ，単元，学校に基礎をおくカリキュラム開発，隠れたカリキュラム，学びの履歴，STEM 教育，カリキュラム・ポリティクス

カリキュラムとは何か

カリキュラム（curriculum）とは何だろうか。ふつう思いうかべるものは，実際の教育活動に先立って策定される「教育計画」であろう。年間の行事計画とか各教科の指導計画などである。その特徴は，活動の内容と順序が表やチャートの形式で明示される点にあり，それによって教える側も学ぶ側も当面の見通しを得ていくことになる。これは「プランとしてのカリキュラム」という，最も常識的な理解のされ方である。

この「プランとしてのカリキュラム」は，日本のほとんどの学校の場合，文部科学省が作成する**学習指導要領**に依拠して作成されている。学習指導要領はもともとアメリカの course of study の訳語であるが，この原語が示すように，それは子どもたちの学習がたどっていくべき道筋を示すことを目的に作成されている。これは，カリキュラムの語源は，走ることを意味するクレレ（currere）と場所を意味するクルム（culum）というラテン語からなる言葉であった事実とも重なる。その道筋を明確なものにしていくために，学習指導要領は文化と経験の種別に基づく教科・特別活動・総合的学習といった領域と，さらに国語や音楽といった文化（学問）の各ジャンルに則した教科・科目の分類を行い，その内容を発達段階（学年）に即して配列しているのである。この分類と配列を，カリキュラム研究の世界ではスコープとシーケンスという言葉であらわし

てきている。スコープとは合理的に編成されたひとまとまりの学習内容の領域や範囲を，シーケンスとは学習者の能力の段階に対応させた順列をそれぞれ意味している。このスコープとシーケンスの交点に設定されるものが，理にかなった学習内容であるとされる。

このような，「プランとしてのカリキュラム」という理解は，長らく学校教育の世界における常識となってきている。しかし，こんにちその拘束性の強弱を含め，こうした発想そのものが根本的に再考されるべきではないかという議論も起こってきている。この unit では，その再考のされ方をみていき，現代のカリキュラムの開発の基本的な考えを学ぶことにする。

カリキュラムの3つの次元

カリキュラムという概念がさし示すものの範囲は，従来の常識的理解よりもずっと広いのではないか。それは例えば，IEA（国際教育到達度評価学会）が学力の国際調査の際に採用した次の3つの次元をもつカリキュラムの概念からもうかがえる。3つの次元とは，①意図したカリキュラム（intended curriculum）：教育制度の次元で策定された各領域や教科等の教育内容，②実施したカリキュラム（implemented curriculum）：①を解釈した教師が実際の教育活動に向けて具体的に立てた指導計画，③達成したカリキュラム（attained curriculum）：実際の教育活動を通じて子どもが獲得した概念や手法や態度など，である（国立教育研究所，1998）。

学習指導要領が①の次元に相当するものであることは明らかである。しかし，ここではそれに加え，地域性や子どもたちの実情などをふまえた独自の解釈を施して具体化されていく個々の学校の年間計画や授業の各単元の指導案などをあらわす②の次元と，教育実践を経て形づくられた学習の足跡と到達状況をあらわす③の次元もまた，カリキュラムという概念に包摂されている。この点に注目したい。

このように，事前の計画のみならず，その具体化や実施過程，さらに結果までもが包摂され，ある意味で教育実践という概念であらわされるものとほぼ同じ範囲のものがカバーされているのが，現代の拡張されたカリキュラム概念である。現在，アメリカやイギリスのカリキュラム研究者や教師，行政官たちの多くは，こうした概念のもとで，教育実践研究とほぼ同義の射程をもつ研究を

カリキュラム研究（Curriculum studies）の名のもとで行っている。

🔲 教育課程編成からカリキュラム開発へ

　上記のカリキュラムの3つの次元は，それぞれが他に従属するのではなく，それぞれの次元で自律的な研究が行われ，相互に影響を与え合う関係にある。そのことを通じて，カリキュラムの質が深められ改良が進められていくのである。このような関係にある3つの次元は，トップダウン型の官僚制的な統制のもとでは決してつくりだされえないものである点に注意したい。

　国家権力による教育内容への強い統制が長く続いている日本の場合，戦前は教授要目が，戦後は法的拘束力をもつ学習指導要領が，それぞれ改良や組みかえを許さない公準として教師の教育実践を拘束してきた。教師が行いえたことは，それを具体的に展開していくための授業方法と教材・教具の工夫のみであった。つまり，学習の道筋を定めていくカリキュラムといいうるものは，国家による公的知識の策定過程である前記①に限定され，現場の教師を主要な担い手とする②および③の次元は存在しないか，①に従属した下請け的な性格のものにとどまってきたのである。

　こうした官僚制システムを打破しない限りは，上記3つの次元の仕事の有機的な関係が形づくられ，それぞれの次元のカリキュラムが改良されカリキュラム全体の質が高められていくことはない。問題は，②の次元の仕事が①の次元の仕事に従属する下請け的な作業にされたり，③の次元の仕事が①の次元で示された公準に照らした一義的な評価の対象にされたりしないことである。むしろ，①の次元で示された公準はゆるやかな枠組みにとどまり，そのことによって②と③の次元の仕事が，教師や地方行政官の専門性に基づく自律的な仕事として存在していくことがのぞましい。

　じつは，このunitのタイトルとなっている**カリキュラム開発**（curriculum development）という概念は，ここで述べてきたカリキュラム概念の拡張と，その重要な担い手としての教師が公認されていく動きのなかで，教育課程編成という表現に代わって登場してきたものである。過度な官僚統制を廃した民主的な制度のもとでは，カリキュラムの専門的研究者と教育内容の諸領域をなす科学や芸術の専門家，そして教育現場の担い手である教師や行政官，ときには地域住民の参加も交えた協働関係のなかで，3つの次元の仕事をつき合わせてい

くことによって，カリキュラムが開発され・展開され・発展していく（develop）ことになる。

🔲 工学的アプローチ——カリキュラム開発の様式①

ここで実際にカリキュラムを開発していく際にみられる代表的な2つの様式についてみていくことにする。1つは工学的アプローチと呼ばれるカリキュラム開発の様式であり，もう1つがそれに代わるものとして提起されてきている羅生門的アプローチと呼ばれる様式である。これらは，1974年にOECDと日本の文部省（当時）が共催した「カリキュラム開発に関する国際セミナー」においてJ. M. アトキンが命名し，対比した2つの開発様式である（文部省，1975）。それぞれどのような性格のものであり，どのような利点が主張されているのだろうか。アトキンの対比を参照しながら，両者が対照をなすような側面を中心にみていくことにしよう。

工学的アプローチ（technological approach）とは，効率性を求めた経営学におけるテーラー・システムをモデルに展開された1930年代アメリカのカリキュラム改造運動に起源をもつもので，50–60年代に発展した経営工学にきわめて類似した発想を示すカリキュラム開発の様式である。そこでは，一般的目標→特殊目標→行動目標と分節化され明確にされていく授業目標に応じて教育内容の設定と教材選択がなされ，そのことによってカリキュラムが形づくられていく。そして，目標に準拠した客観的な評価が実施され，授業の改善点が明らかにされ，同時にカリキュラム自体も修正されていくという形で，目標－実行－評価－改善のサイクルが実行されていく。これは，このような考えの起点を形づくったR. W. タイラーの名をとって**タイラー原理**と呼ばれている（タイラー，1978）。このアプローチに基づいて開発されたカリキュラムは，精緻な「プログラムとしてのカリキュラム」の性格を示す。その利点は，教師の個人的な資質に依拠せずに使いこなされる「耐教師性の高いカリキュラム」（teacher-proof curriculum）になる点にあるとされている。

🔲 カリキュラム開発の主体としての教師

ただし，工学的アプローチに立つカリキュラム開発は，目標準拠の姿勢が硬直してしまうと管理的なものになりがちな性格ももちあわせている。

その点，この系譜から派生したB. S. ブルームによる教育目標の分類学には注目しておくべきものがある。彼が提唱する「完全習得学習」（mastery learning）のための目標－評価システム，すなわち学力構造の明確化とそれに基づき各教科の授業における到達目標を設定し，実践の結果を評価しながら授業・教材・カリキュラムの改善をはかるという考えには，その担い手が教師であることを強調し，現場の授業研究に基盤をおくカリキュラム開発を目指す視点がある。ここには，のちに述べる，羅生門的アプローチから生まれた「学校に基礎をおくカリキュラム開発」と重なる性格も認められる（ブルーム，1986）。

このことは，日本でみられた事実を例にとっていうならば，ブルームの影響も受けて展開された1970年代の京都府の到達度評価運動とともにとりくまれた「教育課程の自主編成運動」をみるとよくわかる。そこでは，学校現場・地方教育行政・住民運動の緊密なコラボレーションのもとで「地域に根ざす教育実践」が創造された事実が残されている。そこではカリキュラムを開発し評価した第1の主体は現場の教師であった。目標は上から降ろされてくるものではなく，地域の現実を背景に学校現場から練りあげられていくものであった。

羅生門的アプローチ――カリキュラム開発の様式②

では，工学的アプローチと対比された**羅生門的アプローチ**（Rashomon approach）はどのようなものなのだろうか。これは，一般的なものにとどめておかれる教育目標から直接そのなかで教材をつくり単元やカリキュラムを開発していく様式をあらわしている。ここでは，教育内容や教材の価値は，授業の過程のなかで「発見」されていくという側面が重視される。あらかじめ「教材である」ことよりも，教え・学ぶという相互作用のプロセスのなかで「教材になる」ことのほうに価値をおこうとするわけである。

カリキュラム評価も，自由な視点からさまざまになされる質的な記述をつき合わせながら吟味していくという方法がとられる。あらかじめ設定した目標だけにとらわれないで，過程や結果を含む教育実践全体が生みだしているものを，学習者のニーズの充足という観点から多元的な視点で評価していく「ゴール・フリー評価」は，その代表例である（根津，2006）。また，行動科学に基づく量的・客観的評価をすべて廃し，芸術批評をモデルにした鑑識眼（connoisseurship）に基づく質的・主観的評価を行っていくべきだとするラディカルな主張

も生まれてきている（Eisner, 1979）。

そもそも「羅生門的」とは，黒澤明監督の映画「羅生門」にみられる，1つの事実が多様な視点から多義的に解釈される可能性をもつことに由来して命名されたものである。ゆえに，個々の子どもの学習経験の意味や納得，個々の教育実践が遂行される文脈を重視していこうとする立場をとる教師たちにとって，創造的な意欲を刺激される魅力的なアプローチとなっている。

「実践−批評−開発モデル」と学校に基礎をおくカリキュラム開発

従来のような，中央機関において開発されたカリキュラムを特別に研究指定をうけた学校（研究開発校）が試行的に実践し，一般の小学校に対してその普及をはかっていく開発様式は，「研究−開発−普及モデル」（research-development-diffusion model）と呼ばれる。これに対し，学校や教室の現場は開発に際しての試行の場ではなく，創造と修正の場であると位置づける開発様式は，「実践−批評−開発モデル」（practice-critique-development model）と呼ばれる。これは羅生門的アプローチのなかから生じたものである。

この開発様式において重視されるものは，教師の教育実践の研究のなかで行われる1つひとつの**単元**（unit）の開発である。そこで教師によって遂行される教育内容の再解釈と教材の開発の積み重ねが，カリキュラム全体の創造につながっていくからである。また，その単元の開発の過程がカリキュラムの開発主体としての教師を育てていくことにもなる。カリキュラム開発は，現場に基礎をおき，教育実践の反省と教師の実践的な力量形成とともに遂行されていくわけである（佐藤, 1996）。

このような開発様式は，**学校に基礎をおくカリキュラム開発**（school-based curriculum development：SBCD）として，今後のカリキュラム開発のメジャーな様式になっていくだろう。ここでは，教師たちのカリキュラムの研究と開発の力量の形成が今後の重要課題となり，教師の実践的力量の形成の一環にカリキュラム開発の力量形成が加えられる必要も生じるだろう（→unit **18**, **19**）。

カリキュラムの再定義

以上みてきたようなカリキュラムをめぐる研究と開発の推移は，最終的にはかなり深い次元にまで及ぶカリキュラムの再定義を求めていく。冒頭に記した

> **重要ポイント**
>
> **隠れたカリキュラム**
> **隠れたカリキュラム**（hidden curriculum）とは M. W. アップルらの再生産理論（→unit 5）で用いられる概念で，学校や教室内における教師と生徒との関係や，慣習として形成された暗黙の決まりなどの中で，明示された顕在的カリキュラムとは別に潜在的な形で伝えられるメッセージ（権力作用）をさす（アップル，1992）。
>
> これによって伝わるメッセージには，ジェンダー（性差）や人種的偏見に関わる差別的なメッセージが多く，社会的不平等や差別のイデオロギーの再生産に大きな力を発揮していく。その問題点を克服するためには，隠れたカリキュラムが明示されたカリキュラムとともに，学校のカリキュラムを構成する重要な要素であることを認識し，前者によってつくりだされる「実践」（＝目的意識的な praxis）の次元だけでなく，それが機能していくもう1つの「実践」（＝無意識の慣習的行動としての pratique）の次元を組みかえていく視点をもたなくてはならない。多文化教育の実践などが，その社会に支配的な慣習的行動を生みだす学校文化全体の見直しを行おうとするのも，この隠れたカリキュラムの変更を射程に入れてのことである（→unit 27）。

「プランとしてのカリキュラム」という常識的ともいえる理解は，すでにみてきたカリキュラム概念の拡張とともに，それを定義していく視点の根本的な転換も求められてきているからである。伝達する内容とその順序から，そこにつくりだされる学習者の経験の質と意味への転換である。

H. M. クリバードらは，新教育運動以来の子どもの学習経験を重視する単元学習の開発からカリキュラム開発の未来を展望し，学習を「操作する」かのようなカリキュラムを批判し，つくりだされる経験の総体や学びの足跡からカリキュラムをとらえ直す方向を示唆している（Kliebard, 1995）。それを引き継いだ W. F. パイナーも，「自伝的方法」というものを導入してカリキュラムの再概念化をはかり，公的知識の束としてのカリキュラムという理解から，カリキュラムを個々の子どもの学びの道行きととらえ，カリキュラムの主観的側面を強調している（Piner, 1995）。こうした流れをうけ，日本でも，学びの質をより豊かなものにしていく方向でカリキュラムをとらえ直し，位置づけ直していくために，佐藤学が**「学びの履歴としてのカリキュラム」**という再定義を試みてきている（佐藤，1996）。これは履歴書をあらわす英語が curriculum vitae であることも想起させる定義である。

> 重要ポイント

新しい学習内容とカリキュラム・ポリティクス

　1990年代に総合的な学習の時間が新設され「情報」「福祉・ボランティア」「国際理解」「環境」などの内容が学ばれるようになった。近年では，小学校段階における英語教育（英語活動）やプログラミング学習の導入が政策的にうちだされ，実行に移される段階に至っている。これらは，いずれも子どもたちが生きる未来を見据え，従来の学習内容ではよりよく生きるために不十分だという見通しのもとで提起されてきている。しかし，それをそのまま鵜呑みにして，実践化をはかる教材や教育方法の開発に邁進するだけでよいだろうか。

　これらの一連の新しい学習内容が，誰の，どのような関心から提起されてきたのか，もっといえばどのような人々の利害に関わって提起されてきたものなのか，その政治的文脈を冷徹に見透かす作業を省略してはならない。

　わかりやすい点として，総合的学習の時間が上記の4つのトピックを推奨する反面，同じ価値があると思われる「人権」「ジェンダー」「平和」といったトピックは推奨されてきていないことがあげられる。このことには，日本の産業社会が21世紀のグローバルな国際経済の世界でサバイバルしていくことを念頭に置いた「国際化」「情報化」「持続可能性」などの進展に資するものが前面に据えられ，直接関わらないものを退けたという印象をぬぐえない。そこには，公定の学習内容の基準であるカリキュラムを策定していく際に強調される「国益」という表現をとった，その時々の政治権力の利害関心が大きく作用していることを見抜かなければいけない。

　近年の英語活動やプログラミング学習，また政策課題に正式に乗せられてはいないが，やがて推奨されていくかもしれない **STEM教育** といったものにも同様のことがいえる。STEM教育を例にとるならば，Science（科学），Technology（技術），Engineering（工学），Mathematics（数学）といった個別領域をまとめた理数系の総合学習ともいえるものを，レゴやロボットなどを用い，プログラミングの過程を組み込んだ問題解決的なコミュニケーションを重視する活動的な新しい学習として提起していくことは，それ自体としてみれば従来の理数科教育にない魅力を感じさせる。しかし，それが誰のどのような利害関心から，どのような目的で推奨され，国民のどのような階層の人々に歓迎されるかについてはよくよく注意を払いたい。

　学校は時の政治権力が打ち出す国益に沿ったカリキュラムに従ったエージェンシー（代理執行者）でもなければ，産業社会で活用される人材の供給源に尽きるわけでもない。子どもたちが学ぶ内容は，学校現場の裁量で十分に検討されてから実践化がはかられる必要がある。そのためにも，ここで述べてきた新しい学習内容がカリキュラム化されていく過程の政治を，冷徹に吟味していく **カリキュラム・ポリティクス** の視点も必要である。そのための基本的視座を提供するものとして，1990年代から2000年代にかけてのアップルらの批判的教育学やカリキュラムの政治学

は重要であると思われる（アップル，1994, 2009）。

要約

カリキュラムは，長らく，教える内容をあらかじめ定め，それを順序立てて配列したもの，いわば事前に策定された計画であると理解されてきた。しかし，現代のカリキュラム概念は，教育実践の結果の評価も含むものへと拡張されて理解されるようになった。また，それが開発される場所は中央機関だけではなく教育の現場も含まれるようになってきている。カリキュラムは，伝達行為のシナリオとしてではなく，子どもたちの意味ある学習経験をデザインしていくためのものとして開発されていく。

確認問題

☐ *Check 1* 教育課程編成にとって代わるカリキュラム開発という概念は，カリキュラムと教師の関係をどのようなものに変えただろうか。

☐ *Check 2* 「研究‐開発‐普及モデル」と「実践‐批評‐開発モデル」とでは，教師の教育実践と研究にどのような違いが生じるだろうか。

☐ *Check 3* 「学校に基礎をおくカリキュラム開発」への転換を実現させるためには，現状の何がどのように変わる必要があるだろうか。

読書案内

文部省大臣官房調査統計課編『カリキュラム開発の課題――カリキュラム開発に関する国際セミナー報告書』大蔵省印刷局，1975年
　カリキュラム研究の画期をつくったといわれる国際セミナーの記録であり，刊行年は古いが，内容的になお新鮮さを失っていない問題提起が収録されている。

佐藤学『カリキュラムの批評――公共性の再構築へ』世織書房，1996年
　1974年の国際セミナー以降の新しいカリキュラム開発のアプローチを吟味し，日本のカリキュラム開発の新時代に向けてカリキュラム概念を再定義している。

第5章

ペダゴジーの遂行①

13　学習の過程と形態
14　メディアとしての教材と教科書
15　学びの空間のデザイン

Introduction 5

この章の位置づけ

　人がさまざまな知識や技能を獲得し，自己を変容させ，さまざまなものごとへの新しい対処の仕方を身につけていくこと。いままで生きてきた世界とは異なる世界を知り，自己の生活世界を拡張していくこと。この過程を学習といい，その結果を発達というが，ペダゴジー，つまり教育実践とは特定の意図のもとにこの学習と発達の事実をつくりだしていく一連の過程をあらわす概念である。その遂行にあたっては，人間の学習や発達についての本質的な理解と，それに立脚した具体的な手立てをもつ必要がある。そしてそれが遂行される適切な環境をつくりだしていくための知見も必要となる。

　この章では，こうした教育実践（ペダゴジー）の遂行に関わって重要だと考えられる議論をみていくことにする。

この章で学ぶこと

unit 13　望ましい学習の過程や形態とはどのようなものか。そのことを考える手がかりを，心理学や人類学などの成果もふまえた学習についての最新の議論からつかみとり，学習が本来備えている社会的・共同的性格を再認識し，学校における学習をその方向に向けて再構成していくための知見を学ぶ。

unit 14　近代のペダゴジーは，教えるという伝達行為を効果的に遂行していくために，教科書をはじめとする教材の作成と使用方法についての知見を蓄積してきた。ここでは，それらを学習者の自律的探究を触発するメディアという視点で根本的にとらえ直し，その機能や位置づけを再考していくための知見を学ぶ。

unit 15　建築物としての学校は，その目的に対応してきわめて機能的に，またある場合には象徴的なものとして設計された空間である。それだけに，学校が果たすべき役割や学習観の変遷とともに変えていくべき空間でもある。この unit では，さまざまな人工物を配置しながら子どもたちの活動を促進していく学習環境の問題を，空間の構成のされ方を中心に学ぶ。

unit 13

学習の過程と形態
―― 新たな学びのデザインへ

> **Keywords**
> 状況的学習，正統的周辺参加，認知的徒弟制，社会文化的アプローチ，活動理論，媒介された行為，道具箱，専有，拡張による学習，ノットワーキング，アクティブラーニング，分散認知，学習者の共同体

学習のとらえ直し

　何かが「できる」という以上に，「わかる」ということが大切ではないのか。学習の価値は所有しえた知識の量にではなく，ものごとの「理解（味わい）」(appreciation) の深さにこそある。また，学習とは，競争的な環境のなかで知識を個人として所有していく過程ではなく，共同的な活動を通じて知識を共有していく過程ではないのか。そのことを通じて学習者は「ほんもの」(authentic) の文化を身につけ，文化的実践に参加していくのである。佐伯胖らによってこうした問題提起がなされ，新しい学びの様式が生みだされつつある（佐伯，1995）。

　この unit で学ぶのはこうした私たちの時代の最新の学習理論であり，それらが提起している新たな学びの過程と形態のデザインである。具体的には，いわゆる「認知革命」（ガードナー，1987）以後進展している学習のとらえ直しの動きである。

　古い学習心理学は，刺激と反応の連合（いわゆる S-R 連合）によってもたらされる行動の変容（「できない」から「できるへ」）を学習と定義してきた。これと訣別し，ものごとの構造の理解，すなわち「わかる」状態がいかにつくりだされるかという「認知」を研究する学問として発展してきたのが認知心理学である。現代では，その発展として，情報科学や言語学，文化人類学とクロスオーバーする学際的アプローチとして，認知科学・学習科学が形づくられてき

ている。そのなかで進められてきた学習ということがらについての再認識は，いくつかの点で重要な学習観の転換と学習の再定義を促すものとなっている。その最たるものは，学習とは個人の頭の「中」で起こる現象ではなく，個人の頭の「外」で——個人と他者や人工物との「間」——で起こる現象であるという理解である。この見方によると，例えば「学力競争」の害悪や，それに対置される共同的学習というものが，倫理や社会イデオロギーの問題としてではなく，それが真に学習の名に値するのか否かといった形で語られることになる。知識や能力の「所有」をめぐる「競争」の無意味さは，学習ということがらの内在的で本質的な把握に基づいて主張されるのである。

　以下，そのように再定義された学習についての代表的な2つの理論，すなわち状況的学習論と社会文化的アプローチに基づく活動理論をみていくことにしたい。

状況的学習

　状況的学習（situated learning）とは，特定の仕事が実践される具体的状況のなかで遂行されていく学習をさす。実践とともにある学習，具体的文脈のなかに埋め込まれている学習といっていい。その特徴は，場をともにする他者との共同的な関係のなかで，「何」のために学ぶのか，「誰」として学ぶのかが明確である点にある。つまり学習をめぐる意味と納得，学び手のアイデンティティの自覚がつねに伴うのである。この研究に先鞭をつけたのは，J. レイヴとE. ウェンガーによる徒弟制の研究である（レイヴ・ウェンガー，1993）。

　レイヴらは，洋服の仕立職人などの職業的コミュニティのなかで，新参者が仕事の遂行に必要とされる知識や技能に熟達していく学習の過程を，**正統的周辺参加**（legitimate peripheral participation：LPP）という概念であらわす。彼らが注目したのは，そこには学校にみられるような教授行為がなく，にもかかわらずおのずと知識や技能が獲得されていく様子がみられることであった。なぜだろうか。この問いを解く鍵は，職人集団という実践共同体への次のような「正統的」で「周辺的」な「参加」という形態にあるとされる。すなわち，新参者が従事させられる最初の仕事は，洋服の仕立ての場合，ボタン付けのような責任の軽い「周辺的」な仕事である。とはいえ，それは練習の類ではなく，れっきとした仕事全体のなかの不可欠な一環であり，その意味で「正統的」な

ものである。こうした実践（仕事）への「参加」のなかで，新参者は共同体のなかで共有されている仕事の遂行に必要な道具や言葉などの使用に精通していくと同時に，共同体の成員としてのアイデンティティも強化していくのである。

こうした事実を観察しながら，レイヴらは，学習とは学習者が新たな知識や技能を獲得していくだけでなく，次のようなものも変容していく過程であることを指摘している。①学習者と周囲のモノや人との関係，②学習者の共同体における成員性とアイデンティティ，さらに③学習者と関わる他の成員および共同体そのものである。

認知的徒弟制

このような状況的学習論は，何ごとかが「できない」状態から「できる」状態へ変わっていく「個人による習得」という次元で狭くとらえられてきた従来の学習観に対し，学習が本来備えているべき社会的・共同的性格の再認識を促す。そして，汎用可能とされる知識や技能を脱文脈化された形で伝達していく学校における学習形態に対しても再考を促す。

レイヴらが観察した徒弟制における学習の事実は，近代の学校教育が普及する前の伝統社会のものである。しかし，この学習形態は伝統的な職人世界だけのものではなく，スポーツクラブや科学の実験室など，道具の共有と実践への参加を不可欠とするさまざまな仕事場で，こんにちでもあたりまえのように実践されている事実がある。A. コリンズらはそれを**認知的徒弟制**（cognitive apprenticeship）として概念化し，そこにみられるモデリング，コーチング，足場かけなどの手法が，学校教育をはじめとする近代的組織体における教育活動にも生かしうることを指摘する（コリンズら，1991）。

ここで特に注目されるのは足場かけ（scaffolding）である。この概念自体はL. S. ヴィゴツキーの発達の最近接領域の概念（→unit 3）に基づいてJ. S. ブルーナーらが用いている概念であり，学習者に独力では不可能な活動を遂行させていくための適切な支援のことを意味している。この足場かけは，それに続く漸次的な足場はずし（fading）とセットとなり，実践共同体のなかで後進者を育てていく有効な手法として機能していく。これはある意味，伝統社会であたりまえに採用されてきた手法であると同時に，近代化された組織（例えばスポーツクラブ）における学習の場にも暗黙のうちに生き続けている手法である。

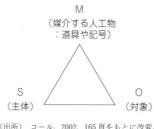

図 13-1　媒介三角形

（出所）コール，2002，165頁をもとに改変。

そのことをふまえつつ，B. ロゴフはこのようなものを含む学習の過程を「導かれた参加」（guided participation）と呼び，人が文化的実践者として発達していく基本的な筋道の1つであるとしている（ロゴフ，2006）。

社会文化的アプローチと活動理論

学習の社会的・共同的性格を強調するものとして，状況的学習論とともに注目されてきているものに，ヴィゴツキーの発達論の再解釈によって発展してきた**社会文化的アプローチ**と呼ばれるものがある。そこでは次の3点が強調される。①認知そのものが人々の社会的なコミュニケーションのなかで生まれること（認知の社会的発生），②学習はすべて，言語をはじめ社会的に共有されている文化的道具の使用に媒介されて成り立つこと（学習の媒介性），③問題解決的な活動は援助する大人や共同する仲間たちとのコミュニケーションに促されて進展していくこと（学習の共同性）。

M. コールは，このアプローチにおける学習の基本単位は，認知し働きかける主体とその対象という2項ではなく，図13-1のような「媒介三角形」と呼ばれる図式であらわされるとしている（コール，2002）。認知と働きかけを媒介する記号や道具などの人工物からなる媒介手段（文化的道具）をまじえた3項，すなわち「主体－人工物－対象」の間の相互作用をあらわすものである。

この図式の意図は，3項のうちの2項の関係の変化が他の2つの2項関係にも変化をもたらしていくという動的な過程をあらわそうとしている点にある。ヴィゴツキー理論を起源に，仕事や学習などの人間の文化的活動をこのような形で把握しようとする理論は，**活動理論**（activity theory）と総称されている。

媒介された行為としての学習

学習とは言語をはじめとする文化的道具（人工物）に**媒介された行為**である。ゆえに，媒介物の決定的重要性をふまえない学習や発達の理論はありえない。この２点をことさらに強調したのはJ. V. ワーチである。彼はそこから，活動の媒介手段としての言語をはじめとする記号の総体を**道具箱**（tool kit）と名付けた。活動の主体は，彼が属する歴史的に規定された文化的状況のなかで，用意されている道具箱のなかから道具を選択し，それを駆使することによって問題を解決していこうとする。また，その用い方を工夫したり，新しい道具に改良していったりもする。彼によれば，学習とは，こうした状況のなかで道具箱にある媒介手段の多様な使用のレパートリーを形成していく過程であると定義される。そして，このような学習観に関わって，認知の個人差を能力の「所有」メタファー（獲得した能力の量の差）で説明することは妥当でないとする。個人差は，異なる文化状況における異なる媒介物の選択の差異をあらわしていると解釈するのである（ワーチ，1995）。

また，ワーチは，学習には習得（mastery）のみならず**専有**（appropriation）という側面があることも強調している。専有とは耳慣れない概念かもしれないが，K. マルクスに起源をもちM. バフチンやヴィゴツキーの共同研究者であったA. N. レオンチェフも用いてきた概念である（レオンチェフ，1980）。習得が単に文化的道具の使用方法を知ることを意味するのに対し，専有とは文化的道具に自分なりの意味を付し，能動的に「わがものにしていく」「自分なりのものにしていく」過程をあらわす概念である（ワーチ，2002）。学習が単に社会的なものの意識への反映ではなく，個々の学習者による知の構成的な営みであることをあらわしている概念だともいえる。

拡張による学習

活動理論のもう１つの発展の形は，Y. エンゲストロームによる**拡張による学習**（Learning by expanding）の理論にみられる。それは，社会組織の変革と創造のための実践のモデルである次頁の図13-2とともに提案されてきている（エンゲストローム，1999）。

エンゲストロームは，人間の活動の基本構造を図のような二重の三角形モデル，すなわちヴィゴツキー以来の活動理論が提示してきた「主体－人工物－対

図13-2 集合的活動システムのモデル

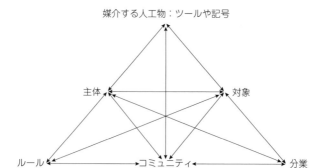

（出所）山住・エンゲストローム，2008, 16頁を改変（エンゲストローム，1999, 79頁を修正）。

象」の3項からなる三角形に、共同体（図13-2ではコミュニティ）・ルール・分業の3項からなるもう1つの三角形を重ねあわせたモデルを提示し、これをさまざまな社会的実践に適用しうる活動システムの基本モデルとしている。

このモデルの特徴は、三角形で示された個々の活動システムの2項関係には矛盾が内包されており、これに対し3項めのものの活用を変化させていくことによって矛盾が止揚されていく弁証法的な展開が想定されている点にある。例えば、主体−対象（自然や環境）の間の矛盾は道具使用の変化によって止揚されていく。同様に、コミュニティと個々の成員との間の矛盾はルールの発明と変容によって、またコミュニティと環境との間の矛盾は分業の導入によってそれぞれ止揚されていくことが想定されている。そして、各々の三角形を形づくっている活動システム内部の構成要素の変化や関係の再構築は、各活動システム間の相互作用と変化と、さらにそれに促された全体システム（全体をあらわす大三角形）の発展をもたらしていくことになる。

「拡張」とは、このシステムのなかで絶えず活動の新たなモデルを産出し続けることを意味している。その過程は、個人的に見出された疑義や示された混乱を社会的な葛藤と矛盾へと上昇させ、個人では解決できない問題を共同的活動の絶えざる再組織化によって解決していく過程として出現する。学習はこの拡張のための課題解決過程のなかで遂行されていく。それは、異なる見解が響きあう多声性と対話性、活動と文化の境界の横断を伴いながら、絶えず人と人との新たなつながりを生みだす結び目をつくっていくこと、すなわちノットワ

> 重要ポイント

アクティブラーニング

　アクティブラーニングは，大学のユニバーサル化の流れのなかで，従来の知識伝達型の講義を聴講する受け身の学びを脱し，書く・話す・発表するなどの能動的な活動を伴う学びへの転換をはかるために提起されてきたものであり，2010年代には我が国の大学教育の現場にも浸透していった。そして現在では，学習指導要領の改訂を機に高等学校以下の各学校教育段階でも，学びのイノベーションを主導する概念として，実践化の推奨がはかられており，その語を冠した書籍も2014年頃よりおびただしい数のものが刊行されてきている。

　アクティブラーニングの強調点は，PBL（problem/project-based learning，問題解決型学習あるいはプロジェクト学習）などの探求型の学び（大学においてはサービスラーニングなども含む）を遂行し，そのなかでなされるコミュニケーションや表現，情報発信などをつうじた「認知プロセスの外化」に重きを置き，それをつうじて情報の知識化，知識の活用と共有化・社会化，知識のマネジメント（整理・関連づけ・グルーピング）といった能力を獲得させようとするところにある（溝上，2014）。現在，高等学校以下の学校段階に浸透させていくにあたって，それは学びのイノベーションに向けた「視点」であって，特定の定型化された教育方法を意味してはいない。

　もとより，学びがその質においてアクティブなものとなることに異論を唱える者は少ない。学びが活動的で探求的なものであるようにとの提起は，19世紀から今日まで幾度となくなされてきている（→unit 10）。そのうえで，このアクティブラーニングの提起が示す21世紀的な特徴はどのあたりにあると考えればよいだろうか。

　その背景には，地球規模の情報ネットワーク環境，それを受信する端末機器をはじめとするテクノロジーの進化といった新しい情報環境の定着と拡張があり，その一方で，それを活用して生きていくべき社会環境が未来に向けて不確定性を増していっているという現実もあるだろう。溢れる情報のなかから有効な知識として活用しうるものを吟味していく学びが重視されるような時代に入っているのだといえよう。

　そうしたことをふまえておくと，認知プロセスの外化という事実のみに目を奪われず，「外化」していくことに伴う知識の取捨選択，再構成といった意味での「内化」の深まりにも注目していく必要がある。内的活動と外的活動の双方の次元での深まりをもたらそうとする「ディープ・アクティブラーニング」といった提起にはじっくり耳を傾けておきたいところである（松下・京都大学高等教育研究開発推進センター，2015）。

ーキング（knotworking）の実践として展開されていく（山住・エンゲストローム，2008）。

分散認知と学習者の共同体

以上みてきた状況的学習と認知的徒弟制，社会文化的アプローチによる媒介された行為としての学習および拡張による学習は，いずれも学習とは文化的な記号や道具の共有と共同使用によって成り立つとしている点や，発達とはその使用の仕方の変化によってもたらされるというとらえ方をしている点に共通点が認められる。そこでの学習の過程と形態は，個人内の情報処理や，個人による能力の獲得と所有という形ではなく，共同的行為として遂行される文化的実践への参加としてデザインされていく。これを学校教育における学習活動の変革という問題にひきとって考えてみるとどうなるだろう。

まず，教室を個人的で競争的な学習の場ではなくし，**分散認知**（distributed cognition）の考えに基づく談話のコミュニティ（discourse community）に変えていく必要が生じていく。分散認知とは，認知過程が個人の内部に閉ざされているものとはみず，道具や環境そのものと共同体の成員個々の「間」に分散化された状態にあることをあらわす概念である。分散化された認知は，そこに生起する学習というコミュニケーションによって発展させられ共有されていく過程をつくりだす。この考えに基づく学習活動では，個々の学習者が異なる関心領域や得意分野に基づく知識をもち（分散化された資源あるいは知性），それをもとに各人が相互にモデルやガイドをつとめつつ談話が展開され，知識の共有がはかられていく。A. L. ブラウンはこうした共同体を，**学習者の共同体**（community of learners）と呼んだ。

分散認知の考えは，他方で「分散化された学習環境」という考えも生みだし，豊富なアーティファクト（認知的道具としての人工物；artifact）が適切に配置された「場」のデザインを要請していく。そのデザインにあたっては，ある環境，ある人工物の配置の仕方が，特定の活動を誘発したり促したりするというアフォーダンス（affordance）の観点が導入される（→unit 15）。

要　約

　近年の認知科学の発展は学習観の根本的転換をもたらした。学習とは個人内での情報処理や知識の習得をさすのではなく，文化的道具に媒介された共同的行為，文化実践への参加として成り立つ。こうした学習の再定義を促すものとして，現在，状況的学習論，活動理論などが展開されている。そこで，分散認知やアーティファクト，学習者の共同体といった新たなコンセプトのもとで，新たな学習の過程と形態がデザインされていくことになる。

確認問題

- [ ] *Check 1*　認知科学の発展がもたらした学習観の転換は，従来の学習のとらえ方のどのような部分を，どのようなものに変えていったのであろうか。
- [ ] *Check 2*　学習が共同的行為として遂行されていくということの根拠は何か。状況的学習（認知的徒弟制），社会文化的アプローチ（活動理論）のそれぞれに即して考えてみよう。
- [ ] *Check 3*　この unit でとりあげた新しい学習論に基づいて，現在の学校における教育実践をデザインし直していくとき，どのような点が重要になってくるだろうか。

読書案内

佐伯胖『「学ぶ」ということの意味』岩波書店，1995 年
　認知科学の最新の成果をつねに教育学研究に持ち込み続けてきた第一人者が，「理解」や「文化的実践への参加」という概念をわかりやすく述べている。

エンゲストローム，Y.（松下佳代・三輪健二訳）『変革を生む研修のデザイン――仕事を教える人への活動理論』鳳書房，2010 年
　企業等における成人の職業研修を念頭に書かれている著書だが，そこに提示されている学習や教授の構成に関する概念や理論枠組みは，学校教育や成人教育一般にも示唆するところが多い。

山住勝広『拡張する学校――協働学習の活動理論』東京大学出版会，2017 年
　エンゲストロームと共同研究を展開してきた著者が，活動理論の到達点および発展方向を見据えながら，現代日本の学校のイノベーションに向けた包括的な問題提起を試みている。

unit 14

メディアとしての教材と教科書

Keywords
メディア（媒体），教材，教具，教科書，メディアリテラシー，教材解釈，教材開発，学習材

メディアという視点

こんな情景を思いうかべてみてほしい。

あるショッピング街にフェアトレードショップが開店した。そこを通りかかった1人の主婦が，物珍しさも手伝って店内に入ってみた。さっそく食料品コーナーのいくつかの商品を手にとってみる。ラベルを見ると原産国はいずれも開発途上国であり，「減農薬」「オーガニック」などの表示がある。商品の横にはそれを加工した業者や，その原料の生産者についてのやや詳しい情報が記されたチラシも置いてある。しばらくそのチラシの説明書きを読んだり，話しかけてきた店員の説明を聞いたりしてみた。

帰宅後，彼女はコンピュータに向かい，その種の店舗のWebサイトにアクセスしてみた。帰宅した夫にそのことを話したり，かつてそのような店のことを話していた友人にメールしたりもした。そのことによって，彼女は，いままであいまいな認識しかもっていなかったフェアトレードという貿易形態について，かなり明確な認識を形づくっていくことができた。同時に，開発途上国の農業問題や開発問題にも関心が広がり，自分たちの日常の消費生活のありようを考え直すきっかけも得ていった。このような出来事のなかで，彼女はまちがいなく「フェアトレード」「有機農業」「南北問題」などについて「学んだ」のである。

ここで問うてみたいのは，彼女がそれまで深く考えることのなかった新しい問題との遭遇は，いったい何を契機にしていたのかである。その契機は，立ち

寄った店舗，そこにあった商品，店員の説明，帰宅後にアクセスしたWebサイトなど，具体的な出来事のなかで接した一連の「もの・ひと・こと」である。それらに媒介されて，彼女の日常的な生活意識は社会科学の概念をくぐった新しいものへと変容していったのである。彼女の認識の変容は，具体的な事物や現象との遭遇によってもたらされているが，そのメカニズムはそれらが**メディア（媒体）**として機能したからだと説明できる。

このように人が何ごとかを学ぶときには，必ずそこに学びを誘発する具体的なメディアが存在するものである。学校における子どもたちの学習の場合も，基本的な構造は同じである。このunitでは，子どもたちの学習を成り立たせるために用意され，活用される教材と教科書について，こうしたメディアという視点からあらためて考えてみよう。

教材とは何か

カリキュラムに表記された教育内容は抽象的なことがらを概括的に表現しているだけである。これだけでは，子どもたちの学習活動をつくりだすことはできない。そこで必要となってくるものが，「具体的な」事物・現象・記号などから形づくられている教材である。子どもたちは，この教材にふれていくことによって，それらの内部的な仕組みや意味，さらにその奥にひそむ目に見えない法則などをさぐる思考活動を開始していく。この教材のよしあしが決定的なものであると考える教師は多い。それは，学習を成り立たせていくうえで具体物が果たす媒介機能の重要性を経験的に知っているからである。

ここで，教材というものについて，これまで理解されてきている一般的な定義を，教育目標，教育内容，教具といった関連する諸概念と区別する形で示しておこう。

教育実践には，ある特定の能力の形成を目指す教育目標と，その実現に向けて習得させる概念・法則・技能などを配列した教育内容が存在する。**教材**（teaching material）とは，この教育内容の習得のために，具体的な現象や事物，文字などの記号を吟味し組織していったものである。それは事象そのものでも，単なる記号の羅列でもない。教師にとっては，授業において学習指導を成立させ，内容の習得を促進させるよう周到に吟味され組織された教育的な「材」である。**教具**（teaching aid）は，こうした目標・内容・教材によって形づくられ

ていく授業の遂行において道具的な機能を果たす物的なものをさす。理科の実験用具，体育の跳び箱やボールなどがそれにあたる（藤岡，1989；柴田ら，1994；中内，1998）。

このような教材を，学びのためのメディアという観点からみてみるとどうなるだろう。教材は，具体的な授業の場面で二重の媒介機能を果たしていくことに気づかされる。第1の媒介機能は，子どもたちが日常世界のなかで形づくってきている概念・認識・思考様式を，科学や芸術などの世界に蓄積されているそれらに向かい合わせていく機能である。第2の媒介機能は，教師の「教え」と子どもの「学び」を関係づけ，両者の相互作用をつくりだしていく機能である。学習活動の成立や深まりは，かなりの度合いでこの教材のもつ2つの媒介機能の確かさに依拠している。学び手を新しい思考と文化の世界に誘いだすためには，教育内容の文化的な価値もさることながら，教材のメディアとしての適切性が重要となる。子どもたちの興味や探求意欲を喚起する有効な媒介機能を果たす教材を，十分に吟味しながら作成し，絶妙のタイミングで提示していくことは，教師にとって力量が最も問われる局面の1つである。教師の教育研究として，教材研究が大きな比重を占めているのもそれゆえである。

教科書をどう扱うか

さまざまに制作され活用される教材のなかで，最も日常的に使用されるものは**教科書**である。これには制度上，「主要教材」という位置づけがなされてきている。

教材としてみたときの教科書の最大のメリットは，紙媒体のメディアとして同一内容のものを最も低コストで大量に作成し活用させうる点にある。近代国家も，学校を通じて国民道徳や近代科学の基礎を啓蒙的に普及していくにあたり，これを用いた伝達形式の授業ほど低コストで確実性が高い方法はないと判断してきた。実際，1つの世代に「国民」としての共通の学習経験＝文化的経験を可能にするメディアとして，教科書ほど大きな効力を発揮してきているものはない（寺田，1996）。

しかし，国家による統制が一定緩和され，教師の専門性に基づく現場裁量による取り扱いの自由の幅が大きくなると，教科書の位置づけ方や意味は変化していく。そこでは，教科書「のみ」を教材とするのではなく，教科書「も」1

つの教材として相対化され，ときと場合に応じて別に用意された教材のほうが用いられることも考えられるようになっていく。

　教科書を絶対化してしまうと陥りやすいのは，本来区別されるべき教育内容・教科書・教材が同一視されてしまうことである。そこでは，教科書に記載されたことがらの習得を，そのまま教育内容の習得と教育目標の達成とみなしてしまう誤りがおかされる。教育内容と教材，それを使用した授業といったそれぞれは分節化してとらえるべきであり，そのことによって，教育内容の精選・教材の開発・授業の展開のそれぞれが果たす役割が明確になり，教師もどこをどう改善すべきかがよくみえてくるようになる。この点からも，教科書を1つの教材として相対化する視点は重要だといえる。

　さらに，教科書の相対化という点ではもう1つふれておくべきことがある。情報化社会の到来とともに強調されてきた**メディアリテラシー**の視点で（→unit 9），教科書というメディアをどう扱うかという問題である。教科書も1つの情報の束である。これを生活現実や他のメディアから得られる情報とつき合わせ，場合によっては批判的に解釈していくことがあってもいい。それは，教師の教材研究の次元においても，子どもたちの学習の次元においても，である。再生産理論（→unit 5）によれば，教科書に記述されている知識はすべてが真理ではなく，国家による統治の正統性を国民に受容させることをもくろんだものである可能性もある。歴史認識やジェンダーに関する記述は特にその疑いの対象となりうる。メディア・リテラシーの視点の導入は，それらを批判的に読み解く力（批判的リテラシー→unit 10）をつけさせることにも通じていくだろう。

教材解釈について

　教科書も含め，メディアとなる教材を適切なものとして準備していく教材研究が大切であるということはすでにふれたが，では教育現場では具体的にどのような教材研究が行われているのだろうか。教師が行う教材研究には，大別して「教材解釈」と呼ばれるものと「教材開発」と呼ばれるものがある。

　教材解釈とは，すでに形をなしている既存の教材，例えば教科書に記載された文学作品や音楽の楽曲などに対し，教師が授業に先立ってその文化的価値と教育的価値についての考察をめぐらせ，同時にそれらを学びとる子どもたちへの有効な差し出し方（授業における教材の提示・発問・指示など）も考えていく作

業をさす。文学教育や音楽教育など，すでに形をなしているテキストの解釈がメインとなる授業の構想と展開に際して，有効な教材研究の様式である。

この教材解釈の重要性を強調してやまなかった教師に斎藤喜博がいる。彼によれば教材解釈は次の3つに分類される。①一般教養の範囲で一般的に解釈する，②その教材によって可能な子どもたちの思考や感情の方向づけや発展可能性について考える，③科学や芸術の専門的知識を身につけその本質的価値について解釈する，というものである。教育の専門家としての教師が行うべき教材解釈は，いうまでもなく②と③である（斎藤, 2006）。

斎藤は，授業というものを単なる知識の伝達過程ではなく，子どもたちが教材に内在する文化の本質にふれ，既成観念を激しく揺さぶられ，教師の解釈やクラスメートの解釈などとも衝突しながら，まったく新しい観念を自らつくりあげていく過程，つまり教材に媒介された文化による自己変革の過程ととらえていた。そのような授業という時空を創造していく教師にとって，教材解釈のなかでも②と③をそれぞれきわめ，両者の有効な関連づけによって授業の「ねらいの焦点化」と「展開イメージの明確化」を行うことは，避けて通れない作業だとした。

しかし，この教材解釈は，教科書のみが教材とみなされ，次にみる教材開発の可能性が閉ざされていた状況のなかで発生した教材研究の様式である点には注意しておく必要がある。既存の教科書や教育内容に対する批判意識を欠いた教師が行う教材解釈は，教科書の内容を子どもたちが習得しやすいように嚙み砕くといった程度の浅い教材研究にとどまることが多い。そのような教材解釈に終始する限り，教材を「つくる」という意識は芽生えなくなる。

教材開発について

教材開発とは，教育内容と子どもたちの興味や関心の所在に応じて，彼らの探究的な思考を促しうる具体的な事物をさがしだしてきたり，それを有効な形で提示しうるように再構成していったりする作業のことをさす。社会科や理科，総合的学習などでよく行われる教材研究の様式である。一例をあげるなら，子どもたちがそれに注目し，その観察を通じて社会の仕組みや発展法則を学びとれると判断される地域の特定の場所（施設や史跡），地域に生きる人々の具体的な活動などをみつけだし，子どもたちをそれらと向き合わせる授業を構想して

> **重要ポイント**
>
> ### 自然な学びと学習材
>
> 　通常，教材の作成主体は教師であり，これを用いた子どもたちの学習活動は教師の意図に統制されて展開されていく。これに対し，このunitの冒頭で述べたような日常生活のなかにある学びの「自然さ」を追求しようとした教師がいた。フランスの教育実践者C.フレネ（1896-1966）である。彼は，自然そのもの，社会そのもの，事物そのもの，出来事そのものを対象としてみつめ，あるいはそれらに直接働きかけることを通じた概念の獲得や認識の変容を大切にした。
>
> 　彼は，教材という表現を避け，子どもたちの学びを媒介する事物を単にmaterial（つまり素材）とだけ表現した。和訳では**学習材**と表現される。
>
> 　彼は，子どもたちにさまざまな事物を教室にもちこませ，それを学習材にした学びを奨励した。彼の教室には，子どもたちが日常生活のなかで見たこと・聞いたこと・心を動かされたことなどを素直に文章に綴って発表する「自由テキスト」（texte libre〔仏〕）の時間や，毎日のように子どもたちと地域を散策する「散歩教室」の時間が設けられていた。子どもたちは，これらの時間のなかで学習材を発見していった。彼は，そのような学習材に媒介された観察や探求の持続性や深さは，教科書を用いた学習の比でないことに確信を抱いており，「もう教科書はいらない」というスローガンを高く掲げるにいたる（フレネ，1986）。
>
> 　当初，このような学びは「気まぐれで，単発的で持続性がない」「系統性をもたない」との厳しい批判が浴びせられた。しかし事実は違った。「コンフェランス」と呼ばれる学習発表会で発表され，仲間からの批判や賞賛を受けていくたびに，子どもたちの思考や認識は確実に洗練されていく。そこには教科書が示すような学問の体系に基づく教育内容の系統性は存在しない。しかし，その代わりに子どもたちの興味や思考の発展という学びの系統性は存在した。その系統に沿って進んでいく子どもたちの学びは，決して気まぐれでも持続性を欠いた単発の思いつきのものでもなかった（佐藤，1995）。
>
> 　こうした教育実践の輪を広げようと，フレネは学校協同組合をつくり，そこに同じような実践のなかで生みだされた子どもたちの調査や討論の記録を記した文集類を蓄積していった。それらは現在，「学習文庫」（bibliothèque du travail〔仏〕；略称BT）と呼ばれる子どもたちが作成した学習材として，ジャンルや年齢に基づいてデータベース化され，彼の死後も続く「現代学校運動」に参加する教師の教室の子どもたちがアクセス可能な状態にある。子どもたちがつくりだした学習文庫は，教科書以上に学びを成り立たせていくメディア機能を十二分に果たしている。
>
> 　日本にもフレネの現代学校運動に触発され，こうした学習材の発想に立ち，総合学習や社会科の授業を実践した教師たちがいる（若狭，1994）。

いくような教材研究である。

　開発される教材は，学びの媒介機能という点で次のような性質を備えているものであることが望ましい。①子どもたちにとって身近なもの，②にもかかわらずその内部には意外性を含んだ世界がみえてきて探究心が喚起されうるもの，③多様な「問い」が生じ，その「問い」に基づく探究の持続性が期待できるもの，④観察や思考の角度を変えると異なるさまざまな世界がみえてくる可能性のあるもの，⑤さぐりあてられた「答」がまた次の「問い」を生むというオープンエンドなもの，である。

　ある高校教師が社会科（現代社会）でバナナを教室に持ち込んで授業を展開していった記録があるが，そこでバナナという教材が果たした媒介機能は，この①〜⑤のすべてを含んでいた。身近なものであるバナナは，いくつかの統計的数字やバナナ栽培の様子を示すスライドに関連づけられることによって，「植物としてのバナナ」「食材としてのバナナ」「貿易」「バナナ産地としてのフィリピン」「バナナ農園の人々の暮らし」「農園を経営する巨大フルーツ資本」「多国籍企業問題」「南北問題」「新植民地主義」など，生徒たちの興味と思考をさまざまな方向に向かわせた。身近なものでありながら，生徒たちの思考を日常的な次元から社会科学の次元へと多方向的に「わたらせていく」ことに成功した教材開発の典型例だといえる（大津，1987）。

　同じ教材研究であっても，教材解釈はあらかじめ「教材である」ものを対象にしているのに対し，教材開発のほうは「教材ではない」事物や現象を対象にしている。つまり教材の所与性を前提にしない「教材をつくる」研究である。そこで問われるのは，実在する事物や現象を教材に仕立てあげていく際に，それらが「教材になる」瞬間をいかに見通していくかである。「教材になる」瞬間は，教師の教材についての考察に基づく授業展開と子どもの思考という2つの筋道が交わる地点につくりだされる。したがって，教材開発は単に事物や現象を教材に仕立てあげるといった安易なものではなく，子ども研究や授業研究と連動して学習指導の過程全体を視野に入れた「教材になる」可能性をさぐる創造的な作業である。

要　約

　教材は，教師にとって，与えられ使いこなす類のものではない。それは，教育内容の吟味や授業展開の見通しを立てる作業と関わらせて，子どもたちの学習を成り立たせていくために教師が「つくる」ものである。その際，最も考慮されるべき観点は，それが子どもたちの思考活動を日常的な世界から科学や芸術などの文化の世界へとわたらせていく媒介機能である。教材は学びのためのメディアなのである。

確認問題

- [ ] *Check 1*　教育現場で教師が行う研究として，教材研究はなぜ重要なものとされてきているのだろうか。
- [ ] *Check 2*　教材が発揮する媒介機能とは，具体的にどのようなことをさすのだろうか。
- [ ] *Check 3*　「教材になる」とは，具体的にはどのようなことをさすのだろうか。

読書案内

中内敏夫『「教室」をひらく』中内敏夫著作集第１巻，藤原書店，1998年
　この本の第Ⅱ部で，著者独自の「制作」論的視点から，人工的なメディアとしての教材をつくることの意義が体系的に展開されている。

柴田義松・藤岡信勝・臼井嘉一編『教科と教材の開発』日本書籍，1994年
　戦後日本の教育現場でとりくまれた自主的な教材開発の事例を多数紹介しながら，そうした事実をふまえた教材開発の理論が展開されている。

unit 15

学びの空間のデザイン

> **Keywords**
> 片廊下一文字型校舎，オープンスクール，インフォーマル教育，ワークスペース型，ラーニングセンター型，学習の個別化・個性化，アメニティの追求，アクティビティの誘発

学校という空間

　空間はその構造しだいで人々の特定の行動を誘発したり，逆に制約したりする。学校という建築物も，その内部の空間構造のありようによって，教師や子どもたちの特定の活動を促したり制約したりしていく。その意味で，学校内部の空間構造をどうデザインしていくのかという問題は，広義の教育方法のカテゴリーに入る問題である。この unit では，こうした観点から学校空間のデザインという問題について考えてみることにする。

　まず，ごくふつうの教室を思いうかべてほしい。そこは，およそ 6×10 m の長方形をした「20坪」の空間である。南側に窓，北側に廊下がある。前方に黒板と教壇が配置されており，それと対面するように子どもたちの座席が整然と並べられている。実は，この見慣れた空間は，「授業」を展開していくために設計された人工的で機能的な空間である。

　近代学校を設置した統治権力の主要な関心は低コストの「国民教育」，すなわち 1 人の教師がより多数の子どもに対し，「一斉授業」の形式で，限られた時間内に定められた教育内容の「伝達」をいかに確実に果たしうるのかにあった。その効率性と管理性の観点から設計されたものが，現在の教室空間の標準型であり，黒板・教壇・座席などの配置の仕方であった。「20坪」というサイズは，近代学校の普及期に一学級の児童数が最大 80 人と定められたことをうけ，授業の遂行には 4 人で 1 坪（畳 1 枚に 2 人）が必要最小限と判断された結

果である。天井高10尺というサイズも同じ時期に標準化している。こちらは冬季にストーブが焚かれることを想定し、一酸化炭素中毒などにならないための空気容積のミニマムが医学的に算定された結果であった（上野，1999）。

こうして標準化された教室が廊下に沿って一列に並ぶのが「**片廊下一文字型校舎**」と呼ばれる兵営式校舎である。そして、この校舎に「雨天体操場」（今日の体育館）と広大な「運動場」（基準は1人1坪）が加わり、こんにちの学校のたたずまいの原型が形づくられていった。これらは、ともに明治後期に伝達型の一斉授業と集団行動訓練を遂行していくうえでの「管理ノ利便」が考慮されたうえで標準化されたものであった（佐藤，1987）。その機能と構造は、戦後の鉄筋コンクリート化を経て現在にも継承されている。

オープンスクールにみる学びの改革と新しい空間のデザイン

標準的な学校空間は、上記のような歴史的経緯をもって形成されてきているため、「共同的で活動的な学び」（→unit 10）や、豊富な人工物（道具）に媒介された「構成的な学び」（→unit 13）といったものには、基本的に不向きである。そのような学びを展開させていこうとする際、多くの教師は制約要素の多さに閉口させられる。このことは、学びの改革と学校空間の改造が不可分の関係にあることを示唆している。それゆえ、20世紀の新教育運動（→unit 10）を担った教育者たちは、その教育方法にみあう校舎のつくりや学校の立地条件（豊かな自然環境など）にも強い関心を示してきている。現代の日本においても、学びの改革と空間の改造が不可分であることを知る実例がある。1980年代から普及をみている**オープンスクール**（open school）である。

オープンスクールとは、1960年代イギリスの**インフォーマル教育**（informal education）とともにつくりだされた、従来の一斉授業という形式にとらわれない新しい学びを可能にしていく校舎である。その空間構成（オープンスペース）には2つの型のものがみられる。1つは、教室と廊下の間の壁をとりはらい、廊下部分が教室と連続した自由な活動空間となる**ワークスペース型**と呼ばれるものである。もう1つは、多目的に利用できる広い空間が用意され、その周囲に複数の壁のない教室が配置される**ラーニングセンター型**と呼ばれるものである。いずれも、大小さまざまな学習集団の規模と多様な学習形態を選択的に採用していく柔軟な学習指導が可能なように設計されている。これにより、教師

図 15-1　緒川小学校・高学年棟の平面図

(出所)　上野, 1999, 80 頁。

の裁量による教育活動の選択の幅は，従来に比べようもなく大きなものとなる。そして，そこで展開されていく子どもたちの学びは，個々の興味・関心に即した個別学習，調べたり制作したりする活動的な学習，学級という単位にとらわれないでさまざまな規模の学習集団による学習など，きわめて多彩なものとなっていく。

　1980 年代に，日本でオープンスクールによる授業改革を進めていった代表的な学校に愛知県の緒川小学校がある。図 15-1 はその校舎の平面図である。この学校は当時，画一化された一斉授業の廃止と**学習の個別化・個性化**を推進していた（成田，1987）。図 15-1 は，「個別学習」「選択学習」「教科横断的」な課題学習の実施といった学びの改革に関連づけられた教育方法改革の一環であった。

　しかし，1984 年以降文部省（当時）が補助金を出すようになり，オープンスペースをもつ校舎が急増すると（現在日本の全校舎の約 1 割），そこに 1 つの皮肉

な問題も生じてきた。建築家サイドの設計手法の画一化が進む一方，その空間を活用する教育実践の具体的なイメージをもてず，有効に使いこなせない学校も多数生みだされてきたのである。空間の開放性は，それを活用した学びの改革が伴わなければまったく意味がない。旧来の一斉授業だけを行うのならば，オープンスペースは音がつつぬけで空間ばかりが目立つ「落ちつかない場所」にすぎない。空間のデザインはそこで展開される活動とともに意味をなす。残念なことだが，形だけのオープンスクールが増えることにより，この基本に立ち戻らなければいけない状況がつくりだされてしまったのである。

アメニティの追求とアクティビティの誘発

　オープンスクールの成功と挫折を経て，現在ではもう少し広い視野をもって学校建築を見直す新しい動きが生まれてきている。その際の基本的な観点の1つは，「生活の場」としての**アメニティ**（amenity＝快適さ）**の追求**である。人が暮らす場である住空間に似たスケールが重視され，落ち着きや安心を与えるような内部空間，つまり1人ひとりの子どもが，自分のリズムで居心地よくその場所にいることができたり，仲間と憩うことができたりするように配慮された空間の設計である。ここでは，学校は「学ぶ」場所であるだけではなく「棲まう」場所でもあるという観点が前面にうちだされている。「学ぶ」「集う」「遊ぶ」「憩う」「語らう」といったさまざまな場面が想定されているのである。

　例えば，柔らかな色調の壁が，連続するゆるやかな曲線で構成され，ところどころに「デン」と呼ばれる不規則な窪みがつくられている校舎が増えている。デンは少人数の子どもたちが愉快に語らう居場所の機能を果たしている。そのデンのいくつかに，数冊の図書や数枚のパネルと1台のコンピュータなどが置かれていればどうなるだろう。そこから小さな興味や探究心が芽吹き，仲間との愉快な探究活動が企てられていくこともありうるだろう。

　このようなアメニティや開放性も考慮してつくられた学校の1つの実例として，千葉市の湾岸地域の新しい住宅街につくられた打瀬小学校がある（写真）。

　この学校には塀や垣根はなく（街とのバリアフリー），2階建ての住宅のように教室が配されている。その内部を散策してみよう。広いオープンスペースはないが，開放的な小さな図書コーナー，資料室，カーペット敷きのラウンジなどが点在している。随所に天井の低いアルコープ（壁の一部分をくぼませてつく

写真 15-1　住居に近いスケールでつくられた教室　　写真 15-2　一段低くつくられたデン

る空間) やパス (小径) がつくられている。住居に近いスケールとたたずまいの教室，その外には必ず小さな広場や休憩所がある。もちろん，ある程度の広さをもつワークスペース型の図書コーナーやメディアセンターの機能を果たす場所もつくられている。1つひとつの場所が1人ひとりの子どもにいろいろなことを語りかけ，さまざまな活動が誘いだされていく。

　この学校の校舎は「街区型校舎」と呼ばれ，1つの小さな街を思わせる。変化と起伏に富んだ街並みを歩くと，さまざまなスポットに遭遇し，そこに配置されたモノたちにさまざまなことを語りかけられる。また，たまたまそこに居合わせた人々と思わず言葉を交わしてしまう。そのような多様な交わりと活動が生まれていくことを期待してこの校舎は設計されている。設計の際の根幹となったコンセプトは**アクティビティの誘発**である。近代学校が是としてきた「マス・アクティビティの統制」ではなく「パーソナル・アクティビティの誘発」であった (小嶋，2000)。

　なお，上記のアメニティに関わって，近年問題にされてきている「シックスクール」現象は克服の対象として広く認識されていいかもしれない。シックスクールとは，従来の基準で見逃されてきた化学建材の多用などによって子どもや教職員に「化学物質過敏症」が誘発されることである。これからの学校建築は，空間のデザインのみならず，物的な素材にも留意すべきであろう (近藤，2013)。また，このことも含め，新しい学校建築は，設計上での採光の工夫，太陽光発電などの自然エネルギーの活用設備の設置，食育も可能な学校菜園の設置，周辺環境との調和といった，環境教育にも活用できる「エコスクール」に転換すべきだとの考えも生まれてきており，文部科学省も推奨している関係で全国的に広がり始めている。

> 重要ポイント

教室をアトリエに

　この unit でみてきた学校建築という大規模な空間デザインではなく，「20坪」の教室空間をデザインし直すだけでも，子どもたちの学びのありようはずいぶんと変わる。ここでは，その1つの実例を紹介しよう。

　下の図はある公立小学校の教師の教室の平面図である。子どもたちがお互いに顔の見える位置関係でコミュニケーションが展開されるように「コの字型」の机の配置になっている。教室の壁面にはタイプライター（1993年当時，その後コンピュータに代わる）をはじめ，さまざまな道具箱や資料棚が配置されている。また，子どもたちが自由に何かを発信しコミュニケーションするための掲示コーナーもある。

　この教師が，このように教室空間をデザインしていった際のコンセプトは，「教室をアトリエに」であった。彼はそれを，フランスの生活教育者・フレネが提起した「現代学校運動」から学んでいった。一斉授業を極力少なくし，学習計画表に基づく算数や理科の個別学習の導入や，個々の興味・関心を生かした「自由勉強」の奨励といった教育実践を実施し，それにみあう教室空間のリ・デザインにも着手したのである。

　ここが，同じ「20坪」であっても知識伝達のためではなく，子どもたちが何かを表現したり，つくったり，コミュニケーションしたりすることに主眼をおいてデザインされた空間であることは容易に読みとれる。

　このように空間を変え，学びの様式を変えると，子どもたちの活動のリズム（時間感覚）も変わる。何かに集中したり，ゆったりと談話したりする時間の選択は個々人に委ねられ，一律に流れる時間に従うことがなく

図　コーナーのある教室

（出所）　田中, 1993, 155頁。

なるからである。

要約

　近代学校の空間は，一斉授業と集団行動の訓練のために設計された空間であり，それ以外の活動はいちじるしく制約される構造をもっている。学校教育がそれとは異なる様式の学びの方向へ改革されるとき，合わせて学校空間も新たにデザインし直される必要がある。オープンスクールを画期とする新しい学校建築の主要なコンセプトは，子どもたちに対するアメニティの保障とアクティビティの誘発である。

確認問題

□　*Check 1*　自分自身の学校生活を思いだしてみよう。愉快に感じられたり，わくわくしたりしたのは，どのように過ごしたどのような場所だったろうか。

□　*Check 2*　学校改革としてのオープンスクールは，日本の学校に何をもたらしただろうか。また，それが行きづまった原因はどこにあったのだろうか。

□　*Check 3*　学校建築や内部空間のデザインという点で，この unit でふれていること以外に，必要だと感じられたり，試みる価値があると考えられたりすることはないだろうか。自由にアイデアを出してみよう。

読書案内

上野淳『未来の学校建築——教育改革をささえる空間づくり』岩波書店，1999年

　建築学の専門家が，内外の豊富な実例を紹介しながら，学校建築のあり方を学校改革との関わりでさまざまに論じている。

工藤和美『学校をつくろう！——子どもの心がはずむ空間』TOTO出版，2004年

　この unit でとりあげた打瀬小学校を設計した建築家集団が，次に福岡市の博多小学校の校舎を設計していった際の3年間の具体的な過程を記している。

第**6**章

ペダゴジーの遂行②

16　生活指導
17　教育相談

Introduction 6

> **この章の位置づけ**

　教育には知識の獲得や道徳性の形成を促す指導だけでなく，子どもの存在をトータルにとらえ，社会の発展を見通しながらその社会における「一人前」に育てていくための指導も含まれる。つまり人としての「生き方」そのものを対象として，日常的な生活の仕方から，社会が当面する課題に応じた生き方の形成などが目指されている。

　第Ⅰ部でみたように，近代国民国家では啓蒙的な訓練を通じ，「国民」としての生活の仕方や行動様式の形成が目指された。しかし，それとは別に形づくられてきたペダゴジーとして，生活指導というものがある。そこでは社会に生きる人として，他者との望ましい共存と共生の仕方を子どもたちに身につけさせていくことが目指されてきた。この生活指導に加え，現代においては困難をかかえた子どもたちに寄り添い，トラブルをのりこえさせていくための教育相談も並行してとりくまれるようになってきている。

　この章では，生活指導と教育相談を，子どもたちの人間的自立をエンパワーするペダゴジーの一環としてとりあげ，それがどのように展開されてきているのかを整理してみた。

> **この章で学ぶこと**

unit 16　社会のなかで他者と共に生きるために身につけるべき資質，差別をこえる社会的連帯，民主主義を担う明日の「市民」にふさわしい社会参加への意欲，共同的な行動様式といったものの形成を追求してきた生活指導の歴史的な形成過程と現代的課題について学ぶ。

unit 17　「個人」としての生をケアし，エンパワーしていくために発展してきた心理臨床の「共感」と「受容」の原理をとりいれた教育相談とは，現代の学校教育のなかにどう位置づき何を果たしうるのか。その貢献と可能性，今後の課題などを学ぶことにする。

unit 16

生活指導

> **Keywords**
> 生活指導，生活綴方，北方性教育，山びこ学校，仲間づくり，学級集団づくり，班・核・討議づくり，生活訓練，異質協同型，公共性，現われ，居場所，民主的公共圏，参加民主主義

生活指導の発生とその根拠

1979年放映の第1シリーズ以来，毎回高視聴率を記録しているTVドラマに「3年B組金八先生」がある。中学生たちの戸惑いや過ちに寄り添い，粘り強く彼らを励ます金八先生の姿が多くの視聴者の共感を得ている。子どもたちの日常生活に寄り添い，彼らの生き方そのものに直接働きかけていくこのような指導のことを，日本の教師たちは**生活指導**と呼んできている。それはいつ頃，どのように発生したのだろうか。

このことを考えるために，まず近代以前の共同体における子育てと近代学校の設立経緯を思いだしてもらおう（→unit 1, 5）。近代以前の伝統的な共同体における子育てにおいては，共同体の成員たるにふさわしい「一人前」の目標が設けられ，それに向けた教育（教化：エディフィケーション）が実施されてきた。ところが，こうした子育ての慣行を解体し，その教育機能を吸収・独占する形で新たに設立されたのが近代学校であった。

近代学校の主要な任務は，国家や産業社会が要請する国民形成と産業人養成のための教授と訓練にある。だが民衆の側には，それらと一線を画す素朴な教育要求が存在し続けた。わが子が特別な才能を身につけ，きわだった「立身出世」をとげることを望むわけではない。共同体のなかで綿々と受け継がれてきたふつうの暮らしを営む「一人前の社会人」に育ってもらいたい。そんな要求

である。こうした民衆の要求に応えずには，学校と教師が地域社会からの支持を調達することは困難であった。生活指導が学校教育の重要な任務の1つとして自覚され，実施されていくようになったことの根拠は，実はこの点にあったといえる。

このように，生活指導というものが，国家や産業界が求める教授や訓練とは別個の脈絡から現れてきたという点をおさえておくことは重要である。生活指導とは，子どもたちが「一人前」に育っていくことを期待する素朴な民衆心性に根ざし，それに応えようとする教師たちが現場から生みだしてきたペダゴジーであるからである。この unit では，まずそうした生活指導の来歴を概観しておく。そのうえで，現在の子どもや社会が当面している問題に応える現代の生活指導のあり方を考えてみることにする。

「生き方」の指導としての生活指導

生活指導という語をはじめて用いたのは峰地光重という鳥取県の小学校教師，つまり学者でも官僚でもない現場教師であった（峰地，1981）。峰地は生活綴方（つづりかた）という独特の教育方法をつくりだしていった教師の1人として知られる。生活指導という概念は，その生活綴方の実践にとりくんだ1930年代の現場教師たちによる民間教育運動を通じて一定の広がりと定着をみたものであった。以下，この経緯を簡単にあとづけておこう。

生活綴方とは次のような教育実践のことである。子どもたちが日々の暮らしのなかで見聞きしたこと，遭遇した問題などをありのままに綴った文や詩を作成し，それを学級のなかで読み合い批評し合う。その過程で「ものの見方・感じ方・考え方」の意識化をはかり，より人間らしい生活の仕方を考え合っていく。そのことを通じ，子どもたちは貧困や抑圧にくじけぬ意欲と知性，共に生きる他者が抱え込んだ困難への共感とケアの能力を獲得していく。生活指導とは，このような生活綴方の実践の目的と内容と方法を包括的にあらわす概念として登場し定着していったのである。

生活綴方のきわだった特徴の1つはその子ども観と指導観にある。例えば，生活綴方運動の中心人物であった小砂丘（ささおか）忠義は，およそ次のような主張をしている（小砂丘，1993）。

生活綴方の実践がこよなく大切にしたものは，「学校優等生」の対極にいる

タテマエ的な学校規範にとらわれていない「逞しき原始子供」であり，それを見つけだし守ることである。彼らの「野生的」な振る舞いが修身教育によってやみくもに矯正され，「文明」という大義のもとで啓蒙されていく前に，むしろ生活力の発露ととらえ励ましてやりたい。それによって彼らは民衆としての「土性骨」を体得していく。タテマエに堕すことのない本当の共同性は，そのうえにうち立てられていくべきではないか。

　小砂丘はこのような独特の子ども観と指導観を主張し，子どもたちに民衆としての「生き方の指導」を行おうとした。そしてこの指導のことを生活指導と呼んだのであった。この生活指導論の根底には，民衆が維持してきた「一人前」をつくりだす郷村共同体の「生活」への愛着と信頼があった（中内，2000）。小砂丘の生活綴方＝生活指導論には，それを破壊していった学校教育（特に修身教育）に対するプロテスト（異議申し立て）が含意されていた。

社会・文化の変革と生活指導

　1930年代，貧困と近代化の遅れに彩られた当時の東北地方では，一群の青年教師たちがこの生活綴方の実践を発展させた「北方性教育（ほっぽうせい）」を提唱した。そこにも次のような子ども観と指導観が展開されていた。

　子どもたちの意識や行動を，「かくあらねばならぬ」という当為の論理でみだりに裁断してはならない。たとえどんなに「粗暴」に映る行動や思考であっても，そこには個々の子どもが日々の貧しい暮らしを必死に生き抜こうとする姿が認められる必要がある。そこから出発して，個々の子どもの内側に潜在する意欲や要求を掘り起こし，引き出し，高めていく指導をしていくべきである。個のリアリティに立脚した存在そのものの承認と，それを起点にした教育実践の展開が主張されているのである（北日本国語教育連盟，1935）。

　この教育運動を語る際，さらに強調しておかねばならないのは「北方性」という概念である。それは，この運動の当事者たちの，子どもたちの生活と発達可能性を剝奪する地域的な社会構造と文化——残存する封建遺制と貧困——への批判的洞察に支えられた地域認識をあらわしていた。なぜ東北人は「鈍重」であり「進取の精神に欠ける」と表象されてしまうのか。なぜ，人々はそれに甘んじてしまうのか。そうした社会や文化への問いかけとともに，既存の社会構造や文化に埋没せず，それをつくりかえていく主体の形成を展望しながら構

想されたのが北方性教育なのであった。それは，国家が推し進めてきた民衆啓蒙とは別の，民衆の生活の現場から展望される東北地方の社会と文化のもう1つの発展のありようとともに，新しい教育を模索したことを意味する。こうした社会と文化の変革と不可分に構想される生活指導は，戦後初期のあまりにも有名な「山びこ学校」の実践へと継承されていっている（無着，1995を参照のこと）。

以上から明らかなことは，生活指導とは，民衆の生活に寄り添う教師たちが一定の近代学校批判や社会批判をこめて生みだしてきた，現場からのペダゴジーであったということである。その内容は，既存の体制への順応を促す天皇制教育体制下の修身や訓練とは一線を画し，新しい社会や文化を創造する主体の形成を目的にしたものであり，集団的な活動から弱者へのケア，また保健衛生の指導や進路指導なども含む広領域的なものであった（船橋，2006）。

戦後民主主義と生活指導

生活指導の戦後における展開は，新憲法に明記された民主主義に基づく生活をどう実現するのか，その担い手をどう育てていくのかという課題のもとで再出発した。

具体的な教育実践としてまず登場したのは，1950年代の**仲間づくり**と呼ばれた一群の実践である。小西健二郎の『学級革命』（1992年）などが代表的な実践であった。学級の成員個々が学力や貧富の差にとらわれずに人間としての尊厳を認め合い，学級内の力の序列をみつめ直し，「ガキ大将」や「優等生」による支配の理不尽さには連帯して抗っていく，そんな力を子どもたちのなかに育てようとする。理性的な認識，自立・連帯の行動様式を子どもたちのなかに育て，ときには大人社会に残存する封建的な価値観や慣習にも批判の目を向けさせながら，子どもたちの生活世界のなかに民主主義をうち立てていこうとする。そんな教育における「戦後民主主義」の追求としての生活指導が展開されたのであった。

1960年代に入ると，このような実践に代わって全国生活指導研究協議会（全生研）による**学級集団づくり**と呼ばれる新たな実践が登場してきた。そこでは，「集団の力」が強調され，要求の実現に向けた組織的な行動力と自治的な集団の統治能力の獲得が目標とされ，民主主義的な要求の母体となる「班づく

り」，学級の民主化に向けた諸問題の解決を主導していく「核づくり」，要求の質を深めその実現方法を考え合う「討議づくり」が，**班・核・討議づくり**として定式化され実践された（大西，1991；竹内，1969；全生研常任委員会，1963，1971）。

　この実践の特徴は，主として教科外の領域において子どもたちの行動に直接働きかける訓練論の発想を採用した点にあった。すでに戦前において，野村芳兵衛が池袋児童の村小学校において「抗議と協議」を軸にした「協働自治」のための**生活訓練**の実践（野村，1973）を提起していた。学級集団づくりの実践はこの系譜上にあり，戦後の政治環境のなかで自治的組織と運動の担い手たる統治主体にふさわしい行動能力を育てるという目的を強く意識して展開されていったものである。

　この実践のもう1つの特徴は，「民主集中制を組織原則とし，単一の目的にむかって統一的に行動する自治的集団」をつくるとして「集団のちから」を強調したことにあらわれている（全生研常任委員会，1971）。個人以上に集団の組織的な力を重視する集団主義の傾向を強くうちだしていた。しかし，そこにはらまれる個への抑圧性はのちに反省され，より成熟した民主主義思想をモデルにした様式へと転換していくことになる。

　「仲間づくり」から「学級集団づくり」へと展開した戦後の生活指導実践は，こんにちの時点であらためてとらえ直してみるとどう評価されるだろう。戦後憲法のもとで，人々が暮らしのなかで民主主義を実現していこうとする姿が登場する。労働運動においても，組織的団結のもとでさまざまな要求闘争が展開され，一定の成果が勝ちとられていく。そんな時代環境のなかで，「主権者教育」という政治性に強調点をおいてとりくまれた実践であったといえる。

思春期問題と生活指導

　1980年代以降の日本の学校は，校内暴力，登校拒否，授業エスケープ，中退，いじめ，そして近年の学級崩壊現象など，子どもたちの新しい「荒れ」や「問題行動」の噴出のなかで，それへの対処に追われてきている。その背景には，子どもたちにとっての学校というものがもつ意味の大きな変化と，経済成長後の「豊かな社会」における消費文化の浸透による発達環境の変化が存在した（→unit 6）。

　「現代」とは子どもたちにとってどのような時代なのか。

能力主義的な競争を強いる学校システムと，それへの依存のもとで育児を行う「教育家族」（→unit 2）が与える抑圧感が，子どもたちのなかで自己の存在意味をめぐるもやもやとした不安に転化していく。学校と家族が敷いたレールから離脱しようとするもがきが，教師・親との間にさまざまなトラブルを生みだしていく。消費文化を通じて反学校的な価値と行動様式を身につけた子どもたちは，学校秩序に公然とはむかう。一見問題なく学校や社会に適応しているようにみえる子どもたちのなかにも，明確な言語として意識化されない，当人にとっても得体のしれない鬱屈とした感情がため込まれていくそんな時代である。ムカツクとかウザイという言葉の蔓延はそうした時代感覚をよくあらわしている。

　こうした時代状況のなかで，生活指導には，子どもたちの姿のなかに「支配としての学校」と「コミュニティとしての学校」のせめぎ合いを見出し，本当の「コミュニティ」への要求を子どもたちに意識化させ，彼らの内面と対人関係を組みかえていくような指導こそが求められる。

　例えば，子どもたちが学校的な価値秩序に呑み込まれまいとして家族と学校によってつくられた自己をくずそうとする姿に，学校的価値への「適応過剰」からの脱却と自我の解体・再編のあがきを読みとる必要がある。彼らは親密な友人関係のなかで，大人からは「逸脱」にうつる行動を通じ，家族や学校から相対的に自立した新しい自己をつくりだそうとしているのである。ここに，抑圧感を増す子どもたちの生活世界の支配‐被支配の力関係（ミクロポリティクス）を変えていく可能性を見出していかねばならない（竹内，1987，2000）。

異質協同型の集団づくり

　ではこうした「現代的」状況のなかで，集団づくりの実践はどう変わってきているだろうか。従来の規律重視の集団主義的実践に代わり，子ども同士の関係性に重点をおきながら，子どもの内面的なトラブル（孤独感・不安感・葛藤など）や子ども間のもめごとを解きほぐし，子ども同士を「出会い直させ」「絆を編み直させていく」ことを主題とする実践がとりくまれるようになってきている。関係性の変革に視点をおく実践への転換である。ここではそれを主導した**異質協同型の集団づくり**と呼ばれるものをとりあげてみよう。

　この新しい集団づくりの実践は，能力主義の教育と1980年代半ば以降に進

展した日本社会の階層分化の問題を視野に入れ，その反映として学力格差に基づく子どもたちの序列化と，階層に規定された文化や消費スタイルの分化に基づく「棲み分け」が子どもたちの世界につくりだされている現実を問題視し，それをのりこえていくために「異質協同」という関係で学級集団を再構築しようとするものである（浅野，1996a, 1996b）。

　学校はもともと同化作用が強く働く場であり，「みんな一緒に」という「ぐるみ主義」が生まれやすい。そのなかで同化軸に沿った一元的価値に基づく競争が展開され序列化された世界が生みだされていく。その息苦しさから脱出しようとする子どもたちは，教師の指導の及ばないところで「似た者同士」「気のあう者同士」の同質性の高い「私的小集団」をつくりだす。そこは往々にして，同質性を維持するための同調圧力が作用する窮屈な場であったり，「ずれた」者への迫害や排除が儀式的に行われる場であったりする。「いじめ問題」もこうしたなかで発生している。

　こうした現実を前に，学校的な価値に限定されない多様な価値に基づく多彩な活動が仕掛けられ，その活動ごとの柔軟なグループ編成を容認していくのが異質協同型の集団づくりの実践である。学校文化の価値（できる・できない）にも，消費文化の価値（かっこいい・ださい）にもしばられず，自分とは「異なる」クラスメートの多様な価値に出会いながら生きる世界を拡げていく。このような新しい集団づくりが発想され，それに応える実践も試みられてきている（宮本・浅野，1994）。

公共性の概念と生活指導

　生活指導の現代的な課題について考えるとき，90年代以降議論が活発になってきた**公共性**（publicness）の概念をめぐる政治学・社会学・社会福祉学などの議論から大きな示唆を得ることができる。現在，公共圏（public sphere）のデザインをめぐるさまざまな議論が展開され，新たな生活指導の実践が模索され始めている。

　例えば，H.アレントの公共哲学に**現われ**（appearance）という概念がある。これは現代の子どもたちがとらわれる存在論的な不安から彼（女）らを解放し，学校・学級という公共の場で自尊感情を損なうことなくあるがままの「私を現わす」ことのできる場をつくりだしていこうとする際に軸にすえるべき概念で

> **重要ポイント**
>
> **貧困問題とスクールソーシャルワーク**
>
> 新自由主義による社会の再編が進むなかで，21世紀に入ってから「格差・貧困」の問題が顕在化し，子どもたちの生活と発達に深刻な事態を生みだしている。
>
> 物的な貧困は，子どもの生活経験の範囲をいちじるしく狭め，自己の存在価値についての肯定感覚も低めていく。貧困に支配された子どもの生活の積み重ねは，学校を出た後の自己の将来像を豊かに描くことや，そのための準備として学ぶことの意味も喪失させていく。その結果，子どもたちにその日その場をやり過ごす生活感覚（精神的その日暮らし）や，消費的快楽に収斂していくアンダークラスの文化（暴力や男性至上主義〔マスキュリズム〕を称揚する傾向をもつ）に親和的な心性を身につけさせていくことになる。子どもの発達にとって，貧困は発達の糧となる生活と文化を量的にも質的にも剥奪していくものなのである。
>
> 生活指導の実践と研究は，こうした事態を直視していくなかで，学校からの福祉的アプローチの重要性を認識しつつ，学校福祉あるいはスクールソーシャルワークという新しい領域をつくりだしている。
>
> 現在，子どもの貧困と向きあう生活指導の実践は，スクールソーシャルワーカーのケースワーク活動との協働的な関係を基盤にしながら，学校を通じた子どもの福祉のあり方についての視野を，地域や社会全体へと拡げていく段階に至っている（鈴木ら，2018）。それは，生活指導の実践と研究に，これまで以上に実社会の姿を視野に入れ，教師とスクールソーシャルワーカーだけでなく，保護者・養護教諭・地域の児童福祉関係者との連携のもとで，子どもの福祉と発達をデザインしていく総合的な視野を要求してきている。すでに，学校を出たのちの就労・自立支援にとりくむ地域のユースソーシャルワークと連携した中学・高校の生活指導の実践や，「子ども食堂」をはじめとする地域の子どもソーシャルワークがとりくんでいる居場所づくりや福祉的な支援との連携をめざした小学校の生活指導の実践も，全国的にとりくまれつつある現状である（幸重・村井，2018，青砥・さいたまユースサポートネット，2015）。
>
> 現実に要請されたこうした新しいとりくみは，その一方で，理論的な基礎づけも要請してきており，ドイツ起源のソーシャル・ペダゴジーの系譜や北欧・北米などの先進的とりくみ（制度やカリキュラム）などを参照しつつ，現代的で包括的な教育福祉論の構築が開始されている（鈴木ら，2018）。

あろう。

居場所という概念もこの公共性と現われの議論に関わらせて深められていくべきだろう。居場所にはおよそ3つの機能が求められる。危険を回避し安全を

確保する避難所の機能、自尊感情を取り戻し自己を再確認する場としての機能、そして公共的世界に進み出ていくための根拠地の機能である。学校や学級がこうした居場所性をもつためには、現われに対応する他者による「応答」や「配慮」（ケア）といった概念に注目し、教室を個々の子どもの現われに対する応答や配慮が保障された空間につくりかえていく視点が必要とされるだろう。このことに関わっては、「呼応圏」という概念も提起されており、そこを子どもたちの「安全の起点（セーフ・ベース）」にしていこうとする実践が試みられ始めている（全生研常任委員会, 2005）。こうした場では、弱者へのケアリングの一環として、「声」を発し、ニーズをあらわしえない者たちを擁護し代弁する「アドヴォカシー」の機能も重視されなければならない。

こうした新しい「場づくり」は、大人が用意する与件としてではなく、子どもたち自身がつくりだしていく点に教育的意味がある。1人ひとりの居場所が保障され、多様なニーズがあらわされ、多様な「声」に応答がくり返されていく**民主的公共圏としての学級**は、子どもたちが市民社会における**参加民主主義**の思想と行動様式を学んでいくなかでつくりだされていくはずである（折出, 2003）。今後は、子どもの権利条約（→unit 26）やシティズンシップの育成（→unit 30）に関わる政治的エンパワメントの実践として深められていくであろう。

要　約

　生活指導は民衆の側に立つ現場の教師たちが生みだしたペダゴジーである。それは、子どもたちが抱え込まされた発達困難をみつめ、同時にそうした困難にもかかわらず見出せる発達可能性を大切にし、社会発展の展望とともに子どもたちの未来の生活のありようを考えながら、生活綴方や学級集団づくりの実践を通じて発展してきた。現代においては、子どもたちが示す人間らしく生きることのできる場や人間関係へのニーズに応えうる教育実践として、子どもの権利や民主主義思想の新しい展開に即して深められている。

確認問題

☐　*Check 1*　生活指導の登場以来、一貫してみられる子ども観と指導観の特徴はどのようなものだろうか。

☐ *Check 2* 戦後の生活指導実践の主流をなした学級集団づくりの実践はどのように変遷してきているだろうか。また，その変遷は何によってもたらされてきたのだろうか。

☐ *Check 3* 現代の生活指導実践は，子どもたちを何から解放し，どのような「生活」をつくりだすことを目的にとりくまれているのだろうか。

読書案内

竹内常一『10代との対話／学校ってなあに』新装版，青木書店，2000年
　現代の思春期の子どもたちが当面する「問題」の本質を，豊富な実践例を示しつつ，そこに内在する発達の可能性をえぐりだすように鋭く論じている。

折出健二『市民社会の教育——関係性と方法』創風社，2003年
　それまでの集団づくりの思想と実践を総括し，現代の参加民主主義の政治思想の成熟に即した新しい生活指導実践のあり方を提起している。

竹内常一・折出健二編著『生活指導とは何か』高文研，2015年
　格差や貧困，孤立など，2010年代的な子どもの生活世界をリアルにとらえ，ケアと自治，関係性の指導や集団づくりなどの新たな実践像を提起している。

unit 17 教育相談

> **Keywords**
> カウンセリングマインド，クライエント中心療法，非指示的カウンセリング，受容と共感のアプローチ，スクールカウンセラー，養護教諭，スクールソーシャルワーカー

教育相談へのニーズ

 1980年代以降，いじめや登校拒否などの問題が深刻化していくなかで，教育相談へのニーズが急速に高まった。それを受けて文部省（当時）は教育現場に対して次のように呼びかけた。「深刻ないじめを受けた児童生徒が率直に悩みを打ち明けることができ，心のよりどころとなるいわゆる避難場所ともいえる教育相談の場を用意することが必要である。」（「児童生徒の問題行動に関する検討会議緊急提言」，1985年6月28日）
 当時，多くの学校で保健室が「居場所」兼「相談室」の機能を果たし，養護教諭が子どもたちの心のケアをしている風景がよくみられた。こうした事態のなかで生徒指導の一環として，相談活動の充実が求められるようになっていった。臨床心理学を学んだ教師が**カウンセリングマインド**をもって生徒指導にあたることが望ましいとする考えが広がる一方で，学校に「心の専門家」としてのスクールカウンセラーの配置を求める声も高まっていった。
 このunitでは，このように生徒指導の一環としての教育相談の重要性が認識され，カウンセリングの知や技法の導入がはかられていく経緯と，スクールカウンセラーと教師の協働をめぐって生じているいくつかの課題をみていくことにする。そこにはらまれている問題は，単に学校の運営や生徒指導の方法上の問題である以上に，変化する時代とそのなかを生きる子どもたちに対し，学校の生徒指導がどのような考えのもとで「指導」を行うのかという原理的な次

元で考えてみるべきものがある。この unit ではそうした視点から「教育相談」に関わる諸問題をつかんでみよう。

教育相談とカウンセリングマインド

学校のなかで生徒指導の一環として位置づけられる教育相談とはどのようなものか。まず、その充実を強く説き始めた頃の文部省による定義をみておこう。

「教育相談とは、本来、1人ひとりの子供の教育上の諸問題について、本人またはその親、教師などに、その望ましいあり方について助言指導をすることを意味する。言いかえれば、個人のもつ悩みや困難の解決を援助することによって、その生活によく適応させ、人格の成長への援助をはかろうとするものである。」(『生徒指導の手引き』改訂版、1981年)

文部省が教育相談の充実を訴えたのは、第1には多発する非行、校内暴力、いじめ、登校拒否などの問題への緊急対応の必要からだった。だがそれを機に、教育相談の生徒指導上の位置づけを変えていこうとする考えも示していた。教育相談をいわゆる問題行動を起こした児童・生徒を対象にした対処療法的なものに限定せず、「予防的な相談」「開発的な相談」を通じて日常的な生徒指導にも生かしていこうとしていたのである。

以後の生徒指導政策は、教育相談を生徒指導の補助的ないし補完的なものとしてではなく、根幹的なものの1つに位置づけていった。こうした動向のなかで「教師カウンセラー」による「学校教育相談」(心理臨床の専門家による相談とは異なる)の充実がはかられていった。また、生徒指導のさまざまな部面において、心理カウンセリングの発想と手法がとりいれられるようになっていった。大学における教員養成教育のカリキュラムに「学校心理学」「学校臨床心理学」といった科目が設置されたり、教育委員会が主催する研修活動においても心理臨床関係の講座が多く設けられたりしていったのもこのためである。その一方で、1995年からはスクールカウンセラー制度の導入がはかられ、臨床心理士の資格をもった専門家としてのカウンセラーが行う教育相談や、教師に対するコンサルテーションも本格的に開始されていくことになった。このような状況のなかで、生徒指導とカウンセリングの違い、教師とカウンセラーとの協働をめぐるいくつかの新しい問題が生じてきている。

カウンセリングとは何か

ここで、そもそもカウンセリングとはどのような考えのもとでなされるアプローチなのか、かいつまんでふれておくことにしたい。精神医学と臨床心理学の発展のなかで形づくられてきたカウンセリングの原理とアプローチを知っておくことにより、それを学校教育のなかに導入したり位置づけたりする際に、何が有効であり何を学びとるべきかを明確にしていかねばならないと考えられるからである。

現代のカウンセリングの実践にはおおよそ次のような原則が存在する。

①クライエントが自身の意志で治療者であるカウンセラーと治療の契約を結ぶ。そのうえで対話的な面談が進められていく（治療契約）。②そこには日常から隔絶された場と時間が用意される。そのなかで日常生活では不道徳とされる欲動や行為、特定の人物への怒りといったことが自由に語られることが許容される（非日常的な場、許容）。③そうした場と時間のなかで、クライエントは自身の心的葛藤の意識化を行っていく。無意識のなかにしまいこまれた受け入れがたい心的苦痛や怒りなどを呼び覚まし、自覚的に内面的な生活史の再構成を行っていく（覚醒、葛藤の意識化）。④その際、カウンセラーは中立的・受動的な立場をもってクライエントの語りに耳を傾け、彼（女）の気づきと改善を見守りつつ支援していくという態度をとる。支援にあたっては、クライエント自身が問題についての「直面」「明確化」「解釈」の遂行を促すための、専門的知見に基づいた対話的な技法が用いられる（傾聴、支援、対話）。

教師が身につけるべきカウンセリングマインドに関わる理論として、比較的多くの教師たちに学ばれたものにC. R. ロジャーズ（1902-1987）の**クライエント中心療法**（client-centered therapy）がある（ロジャーズ、2005）。この心理療法の特徴は、人間は誰もが自ら成長し自己実現をしようとする性向を本質的にもっており、心理臨床の技法はこのことへの徹底した信頼に基礎をおくべきだとしている点にある。助言や指示の多かった従来のカウンセリングを改め、**非指示的カウンセリング**を提唱し、クライエントの「あるがまま」を受け入れ、共感につらぬかれた態度で臨むことを極限まで強調したものである。

受容と共感のアプローチ

このようなカウンセリングの原理から教師たちが学びとろうとしたものは何

であったろうか。

　カウンセリングを基礎づける臨床心理学は，私たちの心理生活が人と人との関係に規定されて編まれていく内的な「意味の世界」であること，そして「生きる」ということは絶えずその「意味」の編み直しを行っていくことであることを教えてくれる。教師たちはまず，こうした現象学的な人間理解の重要性について学んだのではないだろうか。

　子どもたちはかつてのような単純な構造をもつ共同体のなかで一人前になる存在でも，また価値一元的な社会のなかで疑問や迷いをもつことなく社会化させられていく存在でもなくなっている。複雑なシステムをもつ社会のなかで，多様な価値によって構成された現実を生き，相応の迷いやつまずきを経て人間としての発達と自立をとげていかねばならなくなっている。こうしたことをふまえてみれば，「意味世界を生きる子ども」という理解をしていくことは重要であり，その点でカウンセラーの実践から学ぶことは多かったに違いない。

　日本の教師たちが，子どもたちが行動としてあらわすいわゆる「荒れ」を，現実のなかで何ものかに抑圧され，自己の真実を見失ったなかでみせる苦悩の表出であるととらえてきていることについてはすでに学んできている（→unit 16）。こうした把握に対し，カウンセリングの知はさらにそれを深めていく視点を提供する。「荒れ」という表層の事実の奥にひそむ「深層の物語」を読み解くという視点である。「意味世界としての現実」を生きることに困難をきたし，意味そのものを内的に構成していくことに混乱をきたしている子どもたちが，それでも心の奥で動く何ものかに突き動かされ，生きる意味の再構成を求めてあがいている。そのような深層の世界を読み解こうとするのがこの視点である。

　そのための手立てとして有効性を発揮するものが，カウンセリングの技法である**受容と共感のアプローチ**である。受容（acceptance）とは，子どもの行動という表層に現れた問題に対し，規範で裁くような態度を戒め，そうならざるをえなかったその子の内的な意味世界をとりあえず肯定する態度である。共感（empathy）とは，その子どもの固有の生きられた経験を前に，一定の感情移入を伴いながら同伴者となろうとする態度のことである。この2つの原理をもつアプローチが，子どもたちが自らもつれた心の糸を解きほぐし，再び人生という織物を織り始めていくことを支援できるのである。

🔲 カウンセリングのアプローチの導入と教育現場

　ここで考えておきたい問題は，このようなカウンセリングのアプローチが急速に教育現場に広がった要因である。

　第1に考えられることは，子どもの状況の変化である。現代の子どもたちは人間関係を調整したり，そこに生じたトラブルを解決したりする能力を衰退させてきているといわれる。ストレスに対する耐性も低下し，傷つきやすく，キレやすくなったともいわれる。このように変貌した子どもたちの現実が1つの要因となっていることはまちがいない。

　第2に考えられることは，高度経済成長の終焉により近代化が一段落し，成熟社会への移行に伴って価値観やニーズの多様化が進んだことである。その影響で個人の発達や自己実現といったものはきわめて個性化されたものとなり，さまざまな生活場面における処遇をめぐって個別化をのぞむ傾向が強まった。「個としての私」「個としてのわが子」という形で，そのかけがえのなさに応じた支援を期待できる教育相談というものは，確かに個性化と個別化が望まれる時代環境にマッチしているのかもしれない。

　しかし学校現場の側からみれば，大っぴらに語られることは少ないのだろうが，次のような事情も切実なものとしてあった。それは，1980年代以降に顕著になった，学校の生徒指導がもつ強制性に対する教師自身の信念の揺らぎである。従来の規律訓練的で管理的な指導が子どもたちに激しく拒否され，指導不成立に陥ったという状況は当時広範にみられた。複雑化し多様化した意味世界を個として生きるようになって久しい現代の子どもたちが，画一的な「強いられる」訓練的スタンスを拒否するのはしかたがない。そう感じた教師たちが，指導不成立の事態を打開し，児童・生徒とのコミュニケーションを別な形でとり戻す手立てとして，カウンセリングマインドに立つアプローチに大きな期待を寄せたのではなかったろうか。

　とはいえ，このようなアプローチを学校に持ち込むことにはいくつか困難が立ちはだかっているのではないかという，いわれてみればもっともな議論もある。例えば，評価権を保持する教師を前に，子どもたちはカウンセラーに対するクライエントのような構えがとれるのかどうか。守秘義務について，子どもや保護者はどこまで教師を信頼できるのかといった問題もある。こうした疑問は，そもそも非日常的な治療の場で行われる相談のための知見と技法が，学校

教育という児童・生徒にとっての日常の場に持ち込まれることに由来するものである。カウンセリングのアプローチを生徒指導のなかに位置づけていくための合意や体制はまだ確立途上にある。学校における相談活動の特殊性をふまえつつ固有の原則をうち立てていく必要がある。

カウンセラーと教師のパートナーシップ

1995年に文部省から「スクールカウンセラー活用調査研究委託実施要綱」が出された。これを機に，学校現場に臨床心理士の資格をもった専門家としてのカウンセラーが**スクールカウンセラー**として派遣されるようになり，これまで述べてきた訓練的な生徒指導とカウンセリングのアプローチの齟齬やその調整という問題は，さらに新たな様相を見せるようになっていった。子どもたちの安心と自己肯定感が確保される学校の再構築という課題に対し，「指導」と「治療」という異なる目的をもつ教師とカウンセラーがどのようなパートナーシップを築いていくのかはますます重要な課題となった。

この問題を考えていく際のポイントは，指導と受容・共感の表面的な次元での関係調整ではなく，まずは生徒指導と心理臨床の実践構造の違いをふまえておくことである（西本，1996）。

カウンセリングのアプローチは，個人の表層に現れた問題に受容的な関わりでもって介入し，問題をもたらす個人の深層の次元に変容をもたらすことを目的とする。その結果，その個人が関与する集団内の人間関係に変容をもたらすこともある。このような構造に対し，教育のほうは集団の表層に現れてくる諸問題を指導という関わり方でもって介入し，問題をはらむ集団がもつ価値や文化に変えていこうとする。そして，その変容が集団の表層にフィードバックされてくると，集団を構成する個人も変わっていく。

このようにおさえてみると，両者には直接働きかけえない次元があることに気づくはずである。カウンセリングのアプローチは個人の治療のためのものであるがゆえに，個人が所属する集団や社会の価値や文化には働きかけができない。一方，教育も同様に個人の深層の次元には治療的なアプローチをかけられない。こうした違いが，しばしば次のような「問題」を生みだしていく。カウンセラーが，教師の指導が示す個人の扱いの粗っぽさを嘆き，あるいは子どもたちが社会や集団への適応という生徒指導の線に戻されていくことにより治療

> **重要ポイント**
>
> **多様化する協働関係**
>
> 異なる位置・役割から，異なる原理に立って子どもたちの発達上の問題にアプローチしていく者たちの協働は，教師とカウンセラーとの間だけに限定されず，子どもが抱え込む問題の種別に応じて多様なものが存在する（山縣，2001）。
>
> 例えば，**養護教諭**も子どもたちの発達上のトラブルに寄り添うことが多い。「心の問題」は往々にして「身体の問題」として現れてくることも多く，その場合1人の子どもの心身のトラブルに，カウンセラーと養護教諭は密接な連携のもとで対処していく必要が生じる。
>
> 貧困や家族の解体，虐待，育児放棄といったものに根をもつ「問題行動」をめぐっては，地域の民生委員や児童委員，ケースワーカーや養護施設の職員といった児童福祉関係者と共に対応していく必要も生じてくる。この方面の問題は，現在深刻化の様相をみせつつある。そこで要請されてきたのが生徒指導における教育・福祉的アプローチである。保護者や教師へのアドバイザーとなる**スクールソーシャルワーカー**の導入も本格的に検討されていい状況にある（山野・峯本，2007）。その時点で，「教育－心理－福祉」の三者間の協働の構築は重要課題になっていく。また，非行問題については，家庭裁判所の調査官や警察署の補導係など，教育－警察－司法福祉間の協働が重要となっている。
>
> こうした多様な協働の構築は，特別ニーズ教育などを中心に，今後はシステム上の問題としても考えられていく必要性と可能性もあろう。すでに社会システム論の見地から，複数のシステムのカップリングによる問題解決の見通しも論じられてきている（石戸，2003）。このような協働関係の構築のなかで問われるものは，それぞれがもつ独自の問題把握や解決方法の特性をお互いによく知り合ったうえで，それを尊重しあいながら「複眼」で問題に対処していく利点をどう確保していけるかである。

的実践が頓挫させられたという不満をいだいてしまうことである。その一方で，教師の側もまた，カウンセラーは集団や社会というものの存在を不問にし，何でも個人の心理の次元で解決できると思い込んでいるのではないかという疑いをもったりする。これらは単なる誤解の類ではない。実は双方の実践が本来もっている構造の相違，特に働きかけることが可能な次元の相違に由来し，それを理解し合わないことから生じた相互不信である。そうであるのならば，課題は両者の相違をふまえたうえで，子どもの利益を最優先する相補的関係を築きあげていくことだといえるだろう。

国家資格「公認心理師」をめぐって

近年，この間の臨床心理士をはじめとする関係者・機関によるとりくみの蓄積と，心理支援への社会的ニーズの高まりを背景に，心理検査・カウンセリング・心理療法などの心理的支援やコンサルテーションを包括した資格の創設と国家管理の問題が議論されてきた。そして，2015年に厚生労働省と文部科学省の共同管理のもとで公認心理師の資格制度がスタートした。公認心理師の中身は，①心理に関する支援を要する者の心理状態の観察・分析，②心理に関する支援を要する者との心理相談による助言・指導，③心理に関する支援を要する者の関係者との心理相談による助言・指導，④メンタルヘルスの知識普及のための教育・情報提供の4点とされる。

ところが，この制度は制定過程より議論が百出し，多くの問題点を指摘する批判も続出してきた。そのなかでも，最も多くの批判が集まったのは，医師（医療行為）との関係性であった。

これまでの臨床心理士をはじめとする心理職が行う心理支援の実践は，医師の管理下に置かれる病院内を除けば，対象者が医療機関にかかっている場合の医師が行う医療行為との連携の重視のほか，医師からの指示や指導を受ける存在ではなかった。しかし，公認心理師制度のもとでは，対象者に主治医がいる場合には医師の強制性を伴う指示を受けることが必要となった。このことは，心理職の業務の独立性を損なうおそれがあるとの批判が集まった。

この問題は，これまでの心理支援の実践のあり方，その成果と蓄積をふまえたうえでの掘り下げた検討を要する課題であるといえよう。

要　約

1980年代以降，教育相談へのニーズが高まり，スクールカウンセラーの配置によって生徒指導のありようも大きく変化していった。当初はいじめ問題や登校拒否問題の深刻化に対する対策的な措置と受けとめられた。だが，相談を生徒指導の中心に位置づけようとすることは，実は学校の教育機能のありように少なからぬ変化をもたらすことになる。学校が従来から行ってきた「指導」のなかに，カウンセリングが発展させてきた受容・共感を原理とする「支援」が導入されてきたのだ。生徒指導が心理臨床の知見から得たものは大きい。今後，子どもたちの心理的安定やトラブルの解決のために，教師とカウンセラーの望ましい協働関

係を確立していく必要がある。

確認問題

☐ *Check 1*　学校教育の現場で教育相談活動の重要性が認識されてきたのはなぜだろうか。

☐ *Check 2*　カウンセリングの知や技法の特徴を整理してみよう。

☐ *Check 3*　生徒指導へのカウンセリングマインドの導入は，子どもたちに何をもたらしたのだろうか。

☐ *Check 4*　学校教育の現場に心理臨床のアプローチを根づかせていく際の困難はどのような点にあるのだろうか。

読書案内

氏原寛・村山正治『今なぜスクールカウンセラーなのか』ミネルヴァ書房，1998年

スクールカウンセラー制度がはじまって3年目の時点で，何が問題になっているのか，教師やカウンセラー，養護教諭などがそれぞれの立場で語っている。

横湯園子『教育臨床心理学——愛・いやし・人権そして恢復』東京大学出版会，2002年

長年の臨床経験をふまえながら現代の子どもが示すさまざまな「問題」に対処していく知見を述べており，教育が心理臨床から何を学びとっていくべきかが随所に示唆されている。

第7章

ペダゴジーの担い手

18　教師の力量とアイデンティティの形成
19　教職の専門職化

第7章 ペダゴジーの担い手

> **この章の位置づけ**

　教育実践の遂行者が教師であるということは誰も否定しないが，この教師がペダゴジーの第1の担い手であるといいきれるのかどうかは，歴史的にみて疑問である。そもそもの出発が，国家による所与の教育目的に従い，教育内容の忠実な伝達を義務づけられた存在であったからである。そこでは，教師に期待される力量は伝達行為を確実にしていく技術のみに限定されていた。

　しかし，教育をめぐる民主主義の発展は，教育実践に加えられる権力統制を緩和し，教師に対し，自律的な専門的力量の向上を期待するようになった。これは20世紀を通じた世界的な趨勢である。そのなかで教師の社会的地位の向上や処遇の改善もはかられてきた。現代において，教師は教育という仕事の全体を反省的にとらえ，自律的に構想していくペダゴジーの第1の担い手であることが望まれている。そのためになすべきことは何か。これが教師たちの間でも，社会でも活発に議論されている。こうしたことをふまえながら，この章ではペダゴジーの担い手としての教師の専門的力量に関わる諸問題をとりあげることにする。

> **この章で学ぶこと**

unit 18　教師にはどのような専門的力量の形成が求められるのか。また，教師としてのキャリアを積み重ねていくなかで，どのように職業的なアイデンティティを強化していくのかという問題について学ぶ。

unit 19　教師はどのような社会的ニーズに応える職業人なのか。この問題を，教職の専門職化を展望していくという文脈のなかで考えてみることにしたい。

unit 18

教師の力量とアイデンティティの形成

> **Keywords**
> 公僕，聖職者，教師文化，技術的熟達者，反省的実践家，反省的思考，実践のなかの理論，教育的瞬間，暗黙知，省察，行為のなかの知，語り，実践記録，ライフコース，ライフストーリー

4つの教職モデル

　図18-1はこれまでに語られてきた教師像を4つに類型化したものである（佐藤，1997）。縦軸は制度的存在としての教師の次元（制度上の官僚化／民主化といった志向性）をあらわし，横軸は実践者としての教師の次元（職務内容としての専門性／非専門性）をあらわしている。4つの類型は，時代や国，地域によって多少の強弱がみられるものの，いずれも社会的に求められ，また教師自身によっても内面化されてきている教師像をあらわしている。

図18-1　教師像の模範型とその文化

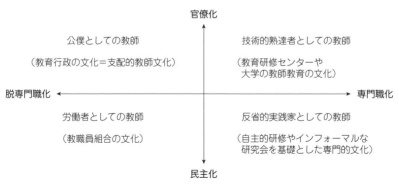

（出所）　佐藤，1997，91頁。

公教育の発展のなかで，教師はどのような職業人としてのアイデンティティを自覚してきているだろうか。教育実践の遂行者としての教師に求められる力量（competence）とはいったいどのようなものだろうか。この unit では，図18-1 に示された教師像に導かれながら，こうした問題について学んでいくことにしたい。

公僕としての教師

図18-1 に示されている教師像のうち，**公僕**（public servant）というモデルは，近代国家による公教育制度の確立とともに発生した制度的教職観をあらわしている。日本の場合でいえば，教師は富国強兵・殖産興業という国家目的を実現していく「国民教育」の担い手として，「天皇の僕（しもべ）」たることを強く内面化しながら，「近代文明の啓蒙者」としての使命を負って民衆の前に立ってきた（→unit 7）。そこで教師に求められたものは具体的にいえば次のようなものであった。「師」として子どもや民衆に示す模範性，自己の職務に対する強い専心性，子どもたちの行く末を案じたり，地域の文化振興に尽力したりする献身性などである。いずれも「精神性」を強調したものである。そして，これらが十全に発揮されるなかでアピールされうるものが，高い権威性と倫理性をそなえた**聖職者**としての教師という像であった。それが根づくことによって日本の教員社会には独特の**教師文化**が形づくられていった。

公務員としての官僚制ヒエラルキーのなかでは下層に位置づけられながらも，「村の文化人」としての高い誇りをもち，「教え子」に際限のない「教育愛」を注ぎつつ教育の仕事に没頭する多数の献身的な教師たちの姿は，このような教師文化のなかから生みだされてきている（木村ら，2003）。映画化された戦前の平野婦美子という教師の実践記録『女教師の記録』（1940年），あるいは戦後まもない頃刊行された壺井栄の小説『二十四の瞳』（1952年）の大石先生といった「人間教師」の表象も，ここから生みだされていったものである。彼女たちがみせる昼夜を問わぬ「一所懸命さ」は，理想的な教師の姿として国民に広く受け入れられ，大きな支持と共感を得てきた。

戦後は教師＝聖職者像は前時代の遺物として退けられ，労働者としての教師という像が提起された。それによって，近代的な労働者としての諸権利を前面に掲げた教職員組合運動も展開され，賃金をはじめとする社会的処遇も大幅な

向上をとげた。だが，それは制度上の「教員」としての次元のことであり，「教師」としての教育という仕事への専心性や献身性自体が否定されたわけではない。現在でも少なからぬ教員志望者が，その志望動機に教育という仕事を通じた社会貢献ということを語るし，「熱心で面倒見のいい教師」の表象はいまなおメディアを通じて再生産され続けている。

技術的熟達者としての教師

では，図18-1の**技術的熟達者**という教師像はどうだろう。これは座標軸上の位置が示すように，「教える」という教師固有の職務に焦点づけ，その技術者的な専門性を強くアピールしたものだといえる。

ここからイメージされるものは，授業研究・教材研究にうちこむ研究熱心な教師の姿だろう。目標の達成に向け緻密なプログラム（学習指導案など）を作成し，確実性の高い学習指導のプロセス（発問，指示など）をつくりだしていけること。そのために，授業記録などをもとにした研究を余念なく行い，新たな教育技術や教材を開発し，その普及にもつとめていく。そんな教師の姿である。

このモデルを基礎づけているのは，複雑な過程をできる限り一般化し，それを法則的に認識したうえで目標に向けて合法則的にそれを統制していくことのできる技術を開発し，駆使していこうとするテクノロジーの観念である。教育実践は心理学や教授学によって提出された一般的な諸原理を合理的に適用する技術的過程とみなされる。その効率性と確実性を確保するのが教師の力量の高さである。そして，教師としての力量の向上は，まず基礎的で一般的な原理を知識として習得し，それを具体化していくための技術の駆使に習熟していくという形をとる。

このモデルは，公僕モデルが制度的存在としての教師の規範的な側面を強調しながら，その仕事の固有性に関わる専門性という面で具体的なものを提示していなかったことに対し，戦後の大学における教員養成への転換を経て，高等教育を受けた者がつく専門的労働たることを明確化し，その地位向上をはかっていくという社会的文脈のなかから生まれてきたものであるといえる。

技術的熟達者モデルの限界

しかし，この技術的熟達者モデルには，多くの者が指摘する次のような限界

がある。すなわち，技術的実践が前提とする一義的な命題の形で把握する認識の様式では，教師の教育実践の現実が示す複雑性や，ある意味で避けがたい不確実性をとらえきることはできないという点である（佐藤，1997）。

　教育の仕事はモノ（＝客体）の生産とは異なり，複雑な文脈を背後にもつ生きたヒト（＝主体）を相手にしている。そこで事前に予測可能なもの，また結果として確実に変容をもたらしたといいきれるものは，きわめて限定された範囲のものでしかない。つまり技術的実践においてカバーしうるのは，教育実践の全体ではなく，ごく限られた部分でしかないのである。このことは現場の教師ならば誰もが認めざるをえないだろう。では，技術的実践の範囲外の部分はどのように扱われていくのか。大部分は，科学的合理性に反するかのような経験的な勘やコツを頼りに対応していくことになる。

　加えて次のことも指摘されていい。この種の技術は，その本質からみて対象に対する操作的性格を強くもつ。それへの依存は，教師がその権限でもって子どもたちの学びの世界を操作・支配していくという形で，教師と子どもの関係を主体－客体の構図に固定させていく。また，技術的実践としての反復可能性への過度な信頼は，子どもたちが何ごとかを学ぶという出来事に備わっているドラマ性を軽視したり見失わせたりしていくことにもなる。

反省的実践家としての教師

　現在，上記のような技術的熟達者モデルに代えて，教師の仕事の全体をすくいとることができる新たなモデルが提起され，教職の専門性をとらえ直す新たなパースペクティブが形づくられつつある。D. A. ショーンによる**反省的実践家**（または省察的実践家：reflective practitioner）という専門家モデルが提起され，それをうけた教職の専門性の再定義が進められているのである（ショーン，2007）。

　ショーンはJ. デューイの**反省的思考**の概念をふまえながら次のように述べる。ほとんどの専門家，例えば経営コンサルタントや建築士，福祉のケースワーカーや心理カウンセラー，そして教師といった職種の専門家が発揮する専門的力量には，技術的合理性という視点ではとらえきれない性質が認められる。その実践の構造的な複雑性や複合性ゆえである。そこでは，従来のように純粋科学→応用科学→問題解決過程という思考と行為の階層と順次性を設定し，理論と

実践の二元論に基づいて前者を後者に適用していくという思考様式に立つことは適切なのかという疑問が生じてくる。その結果，これまで支配的であった理論の実践化（theory into practice）とは異なる**実践のなかの理論**（theory in practice）という考えを提出し，その獲得と駆使を主内容とする新たな専門家モデルとして反省的実践家という概念を提起してきている。

教師の日々の仕事というものをあらためて考えてみよう。多くの教師は，あらかじめ設けられている目標のもとで，準備された教材を駆使した教授活動を，技術的合理性にのみ従って遂行しているわけではない。子どもという生きた他者との間につくりだされる，即興的な対応を必要とするさまざまな**教育的瞬間**（pedagogical moment）の連続のなかを生きている。あらかじめプログラミングされてはいないそのひとコマごとで，経験によって形づくられた**暗黙知**（tacit knowing）に基づく即座の判断と行為を行っている。このことは，教育実践の遂行を基底から支える重要なものが，活動と同時遂行的になされる実践的思考（具体的で文脈的な思考）であることを示唆している。反省的実践家というモデルは教師の仕事のこうした特徴にマッチしている。

省察とは何か

ではその中心概念となる省察（reflection；反省ともいう→unit 10）とはどのようなものだろうか。教師がどのような思考を行うことをさしているのだろうか。このことをショーンと M. ヴァン・マーネンを参照しながら確かめておこう。

ショーンは，「状況のなかでの探求と実験」というデューイの着想を敷衍し，反省的実践家に特有の知のありようを**行為のなかの知**（knowing in action）と呼び，それは実践の渦中でリアルタイムに遂行される「行為の中の省察」（reflection in action）と，事後に出来事を振り返る「行為についての省察」（reflection on action）の循環的で螺旋的な展開のなかで獲得されていくとしている。そして，このような状況との反省的対話のなかで重視されるものが，問題の発見や解決に見通しを与える省察の枠組みである。具体的にいうならば，自身の行為に即して瞬時に形づくられていった理解の意味を問い直し，出来事の構造や問題をより深くとらえる認識の枠組みの発見と組みかえ（framing/reframing）を行うのである。この思考様式は，事実を要素に分割して全体を見失うことを防ぎ，当面する固有の行為状況を文脈的かつ包括的に把握していくこと

> **重要ポイント**
>
> **日本の教師の実践記録**
>
> 　日本の教師の世界には，教師が実践者としての力量を磨きアイデンティティを強化していくための，独特といえる教育の事実を記述する文化が存在する。子どもと共に過ごした経験を，教師である「私」を主語として，エッセイや物語の様式で記述する記録，つまり一人称の**「語り」（ナラティブ）**の様式をとる**実践記録**である。これは，教師が「教師であること」の意味を問い続けていくため，近代文学の「日記文学」「私小説」などの影響を受けながら成立してきたものと考えられる。
>
> 　こうした実践記録の発生は，大正期新教育の一群の教師たちが，「子ども」と「制度」のはざまにおかれながら抱え込まされていった葛藤を起点にしている。彼（女）らは，「教育とは何か」「教師である私は何者か」という「私」の実存を賭けた問いを発しながら，子どもとともに過ごす日々の生活を通じ，教師としての既存の自己の解体と新しい自己の発見と創造を求めていっている。そのプロセスをありのままに綴ったものが実践記録なのである。それを綴ることは，教師であり続けることの意味を問うばかりでなく，新しい教育のありようをさぐりつつその創造主体としての自己をアイデンティファイしていく結果にもなっていた（浅井，2008）。
>
> 　こうした語り様式の実践記録は，それを読み合い・批評し合うという行為を通じて，実践の事実のなかに含まれる本質や真実の「味わい」（appreciation）を促す職場や小さな自主的サークルの発展とともにあった。実践記録を綴り読み合う文化は，フォーマルな授業研究や公的な研修制度とは別に，実践者としての喜びや苦悩の共有とともに，教師の省察の質を高めアイデンティティを強化していくもう1つの教師文化として，教師であり続けることの困難の度合いが大きい現代のなかで再認識されてよいものだと思う。

を可能にする。

　一方，ヴァン・マーネンを参照しながら次のような考えも出されてきている。①技術的省察（technical reflection），②実践的省察（practical reflection），③批判的省察（critical reflection）である（Van Manen, 1977, 1991；秋田，1996）。

　技術的省察とは，教師の行為遂行が目標達成に向けて有効になされたかどうかを分析的アプローチによって客観的に省察するものである。実践的省察とは，事実についてのナラティブ（物語的）様式のディスコース（言述）をもとにした解釈学的アプローチによって，主観的・内的な意味を深めていく省察である。批判的省察とは，社会的・歴史的・政治的文脈を熟慮した次元でなされる省察であり熟考（deliberation）と呼ばれる。この側面はショーンの反省的実践の概

念には欠落していたもので，これにより社会的公正の実現に向けた社会過程のなかに自己の実践を位置づけ省察していくことを可能にしていく。これは，従来の技術的熟達者モデルや公僕モデルのなかで追求されてきた公共的使命という側面も，省察概念のなかに統合した形になっている。

ライフストーリー研究とライフコース研究

教育実践に対する省察の力量は，いうまでもなく教師としての初任期から始まる省察的実践の積み重ねのなかで形成されていく。

初任期の教師は，ライフワークとして教職を選んだ動機や仕事のやりがいについて，子どもとの「出会い，ふれあい」といったことをよく語る。また，次世代を育てる仕事を通じた社会貢献といったことを語る者も多い。だが，そうした思いが順調にとげられていくほど，教師のライフコースは平板なものではない。多くの者は，時代の変化のなかで子どもと思うようにコミュニケーションがとれなくなったり，思い描くような授業がつくれなくなったりしながら，教師としての信念が揺らぐ「危機」におちいる経験をする。そして，そこをのりこえながら，力量の向上とアイデンティティの再構築をはかっていく。

こうした教師としての加齢と経験の積み重ねに伴う力量やアイデンティティの変容のしかたを明らかにしていく研究として，教師の**ライフコース**研究がある。個としての教師がたどってきた軌跡に焦点をあて，挫折や閉塞のなかで力量を高めながらそれをのりこえていくプロセスを明らかにしていく研究として，教師の**ライフストーリー**研究もある。そこでは，「挫折」や「危機」を1つのターニングポイントととらえたり，子ども観・授業観や実践スタイルの転換がどのようになされていくかを，教師の力量形成とアイデンティティの深まりに関わるものとして明らかにしようとしたりしている。

変化の激しい時代環境のなかで，さまざまなジレンマに直面し，葛藤や苦悩のなかで自信と意欲を失う教師が増加している。こうした状況のなかで，ライフコース研究とライフストーリー研究は，教師であり続けることを励まし，生涯にわたる力量の向上とアイデンティティの強化に見通しを与え，教師教育の内容を基礎づけていく重要な研究領域になってきている。

要　約

　教師の職業人としての資質は，歴史的にみて，まず国家的使命を負わされた「公僕」であることの自覚に据えられた。その後，授業をはじめとする教育実践の遂行に関わる「技術的熟達者」としての力量を高めていくという形で，職務の専門性が強調されるようになっていった。現代では新たに「反省的実践家」というモデルが提出されてきている。それは，教育の仕事の複雑さや不確実さといった固有性をふまえ，「省察」という概念を中心に「行為のなかの知」という独自の実践知をうかびあがらせた。現在，それをもとに教育実践と教師の力量についての再定義が進められている。

確認問題

- □ *Check 1*　「技術的熟達者」というモデルはどのような特徴をもち，そこにはどのような限界があったのだろうか。
- □ *Check 2*　「反省的実践家」モデルが提起する「省察」においては，教育と仕事の固有性をふまえたどのような思考が重視されるだろうか。
- □ *Check 3*　力量を高め，専門職従事者として成長し続けていくために，教師はどのような学びを積み重ねていったらよいのだろうか。

読書案内

ショーン，D. A.（柳沢昌一・三輪建二監訳）『省察的実践とは何か──プロフェッショナルの行為と思考』鳳書房，2007 年
　省察という概念を軸に専門職者とは何かを論じ，教職の専門職化を反省的実践家の方向へと決定づけた大著。2, 5, 10 の各章は熟読する価値がある。

日本教師教育学会編『教師教育研究ハンドブック』学文社，2017 年
　教師の研究に関わる基本概念や教師を対象にした諸研究とその方法，諸外国の教師教育をめぐる動向や改革動向などを網羅し，事実・概念・用語を軸に教師教育研究の全体が俯瞰できる。

グループ・ディダクティカ編『教師になること，教師であり続けること──困難の中の希望』勁草書房，2012 年
　保護者への対応，多忙化，教師バッシングなど，教師であり続けることをめぐってかつてなく困難を感じざるをえない学校現場と時代環境の諸相を，14 名の気鋭の研究者たちがリアルにみつめ，シャープに論じている。

unit 19

教職の専門職化

> **Keywords**
> 専門職，教員の地位に関する勧告，教師の教育権，市民との協働，教師の政治的コミットメント，民主的専門職性，教師教育，授業研究，教師発達

教職の専門職化をめぐる現状

　現在教職に就いている人々のほとんどは，大学で教育職員免許法に基づいて設置されている教職課程の諸科目を履修して教員免許状を取得し，各都道府県が実施する教員採用試験に合格することによって任用されている。このことは，教職が誰でも就ける職業ではないことをあらわしている。免許状の取得と採用試験の合格が，一定の専門的教育を受け，そこで身につけた専門性を発揮しうることを示す資格証明の役割を果たしているわけである。そして，教職の専門性の高度化と専門職化に向けた教師教育のレベルアップをはかる施策は，21世紀に入ってさまざまなものが試みられてきている。

　しかし，それらは，教員免許更新講習や教職大学院をめぐる1つひとつの動向についての賛否渦巻く議論があらわしているように，確固とした社会的合意が形成されないなかでなされる試行錯誤のようでもあり，高度化の先に展望される教職の専門職化に向けたグランドデザインは茫漠としている感が拭えない。日本の教職が専門職化に向けたプロセスのなかにあることはまちがいないが，欧米の先進諸国の動向に照らせば，そこからはかなりの「遅れ」を認識せざるをえない状況にあるといえる。この unit では，こうした現状をのりこえて，教職の専門職化を推し進めていくために，おさえておきたいいくつかの議論をみていくことにする。

専門職とは何か

専門職（profession）とはそもそも何だろうか。語義からいえば「神の意志」を人々に「公言する」（profess）ことを語源とし，そこから転じて強い公共的使命感をもち高い専門的力量が発揮されることが社会的に承認されている職業をさす。近代社会においては医師，弁護士，大学教授などが代表的な職種とみなされてきている。

その要件はおよそ次の点にある。①職務遂行に高度な知識および技術が要求されること。②そのために長期間の専門的教育が必要とされること。③私益よりも公益を優先して職務にあたること。④そのために職能集団を結成し専門職者としての倫理綱領をもつこと。⑤職能水準の向上のための自主的な研修の機会を恒常的にもつこと。⑥これらが社会的に承認され，職務遂行上の大きな裁量をはじめとする自律性が保障されること。

こうした観点からみてみると，戦前の師範学校（中等教育）で養成された教師は，およそ専門職から遠い位置に置かれていたことがわかる。戦後の大学（高等教育）で養成された教師も，求められてきた専門性の水準と質という点において，④〜⑥の点に照らして専門職からかなり隔たった位置に置かれてきていることもわかる。しかし，教職の専門職化という問題は，教育水準の向上とそのための教師の専門性の高度化という流れのなかで提起されてきた，20世紀後半以降に登場してきたかなり現代的な課題であり，他の現代的な専門職と同じく，さきにあげた近代の典型的な専門職のありようを理念的にとらえ，その指標に照らして過不足を論じることはあまり生産的ではない。また，社会的な地位や処遇においてそれらが確立しているかという職能集団の地位の問題としてよりも，自律的で創造的な職業世界をつくりだしていくプロセスのなかで，何が大切で必要なのかという「役割と実践」の次元で，教職に固有の専門職化の指標をうちたてつつ現実のものにしていくことのほうが重要であろう。

教職の専門職化へ向けた2つの国際的文書

教職の専門職化への世界的な動きをつくりだした画期的文書として，ユネスコとILO（国際労働機関）によって共同採択された「**教員の地位に関する勧告**」（1966年）がある。この「勧告」は「教育の仕事は専門職とみなされるべきである」と明言したのち，教職が「厳しい継続的な研究を経て獲得され維持され

る専門的知識および技術を教員に要求する公共的業務の一種」（第6項）であると述べた（UNESCO, 1966）。

　戦後の日本においてもこの「勧告」は重く受けとめられた。そこに示された教職観に基づいて，**教師の教育権**が主張されたのである。「勧告」は，最も適切と判断される教材や教育方法の選択の権限を教師に認めるべきとし，行政サイドの監督システムは教師の自由と創造性の発揮を妨げず，それを奨励し援助すべきだとしている（第61, 63項）。これを受け，教師も日本国憲法第23条の「学問の自由」に基づき，「学問的真理の代弁者」の資格で教育実践の自律的創造の自由と権利を有するという主張が展開された（宗像，1967）。

　しかし，その一方で当時の日本の教育界では，自律性の確立と専門職化に向けた他の課題はおきざりにされていったといわねばならない。具体的にいえば，例えば専門職としての自律性を擁護し，資格認定などを行っていく専門家協会の創設と，それによる教師の倫理綱領および行動綱領の策定（「勧告」第73項）である。これらは，任意加盟の労働組合である日本教職員組合がそれに類するものを作成したにとどまっている（日本教職員組合「教師の倫理綱領」1952年，改訂61年）。

　1966年の「勧告」から30年を経た96年，ユネスコの国際教育会議は新たな「教員の役割と地位に関する勧告」をまとめている。そこには，66年「勧告」から30年の時を経た経済のグローバリゼーションの進行や情報化社会の到来など，時代環境の変化をふまえた教職の専門職性の中身についての新たな認識が示されている。

　ここで注目したいのは，1966年の「勧告」にはなかった，**市民との協働**と**教師の政治的コミットメント**についての勧告内容である。そこでは，子どもの市民性の育成と積極的な社会参加の促進とともに，それを保障していく教育の創造において教師が保護者および市民との協働関係を築くことの重要性が述べられている。また，専門職者としての教師の政治的コミットメント，すなわち学校運営や教育改革に積極的に参加することと，それを通じて教育をめぐる多様なニーズやビジョンの「調整者」になるべきことが述べられている。これは，66年の「勧告」以降の教育をめぐる民主主義の進展を反映した内容である。

民主的専門職性の提起

ところがこうした国際的動向に反し，現在の日本の教職は非専門職化の方向に向かわされているという批判もある。新自由主義の行財政改革のなかで，経営主義的な競争と評価の原理に基づく学校運営と経営管理的な教員評価システムの構築が着々と進められている。そこではさかんに教師の「実践的指導力」への期待が論じられているが，その「実践的指導力」の名のもとで教師は専門職とはいいがたい技術者的な公務労働者として処遇されつつある。これに対抗するには，専門職化の明確なビジョンと展望をもたなければならない。

こうした現代的状況のなかで，教職の専門職化に向けて大きな示唆を与えてくれる議論として，ここで G. ウィッティと E. ウィズビーが提起する**民主的専門職性**（democratic professionalism）の概念にふれておくことにしたい。

ウィッティとウィズビーは，一方で新自由主義の改革のもとで展開される経営主義的アプローチに基づく教員管理を批判しつつ，他方で教職の自律性を確保するためにこれまでモデルとされてきた弁護士や医師といった伝統的な専門職の理念も，彼らがおちいりがちであったその特権性の擁護とそれに由来する閉鎖性の問題ゆえにしりぞけている。代えて強調されているものは，専門職性の中身に盛りこまれるべき「協働的かつ民主主義的であること」（collaborative and democratic）である。それが「もう1つの専門職化」の道を開くというのである。そこで教師が負う公共的使命と発揮される専門的力量は，国家と官僚主義に統制されたものではなく，市民社会に足場をおいたものとなる。そして教師は，公教育をめぐる利害の調整をはかり，当事者間の合意調達と協働的関係の構築を推し進め，教育における公正の実現の第1の担い手になるのである（Whitty & Wisby, 2006；ウィッティ・ウィズビー，2008）。

これは，unit 18 でみてきた教師の専門的力量の再定義とも連動するものである。このグランドデザインに基づいて専門職としての指標と職務内容の仔細を明らかにし，教職の専門職化の実現をはかることが今後の課題になっていく。

学校を基盤にした研究コミュニティ

このような民主的専門職化を志向するこれからの**教師教育**のスタイルは，従来の講習型のものではなく，相互に教育実践を批評し合う事例研究や，教材や教育方法の開発をはじめ，広く子どもたちにみられる問題全般についての自由

> 重要ポイント

教師教育の高度化と教職大学院

　今世紀に入ってから，教員養成と現職研修の高度化をめぐる動きが具体的な政策化も伴って活発になってきた。その背景には，経済や情報をめぐる環境の激変とそれに伴う教育への要請の高まりがあり，それに即応できる教師の資質の高度化が求められるようになった。養成の高度化（修士化を含む）と質・量両面において従来以上に充実した現職研修の実施が検討され実施されるようになってきている。

　これに伴い，教員養成を主たる目的としてきている大学・学部も，従来のあり方が大きく問い直される時期に入り，戦後教育改革とともにスタートした養成教育のあり方が，学部教育のレベルでも，そこに上乗せされるかたちで充実が図られてきた大学院修士課程のレベルでも，抜本的な見直しと改組の必要が提起されてきている。こうした動きのなかで2008年にスタートしたものが，専門職大学院の一環としてスタートした教職大学院である。従来の教育学研究科（修士課程）の縮小や吸収を伴いつつ拡充が図られているこの新しい大学院教育の内容や実態は，こうした教師教育の高度化の今後のありようをみていくうえで重要なポイントになるだろう。

　従来の大学院教育と大きく異なる点は，「高度の専門的能力及び優れた資質」に対して授与される専門職学位＝教職修士（専門職）の取得に向けたカリキュラムと研究指導のあり方である。学位（修士）論文の作成が課されず，実務家教員を中心に附属学校や地方教育委員会，提携校などとの密接な連携が図られ，学修の過半を「実地研究」と長期の実習に当てている点はこれまでになかった大きな特徴である。既に実施されている教職大学院への認証評価（文部科学省のホームページ内で公開されている）からは，教育現場からの改善を主導しうるスクールリーダーの養成や，そのための各地域の教育委員会サイドからの人材育成のニーズに応えうる内容になっているかどうかに評価の重点が置かれていることがうかがえる。

　実地研究を軸に構成される教職大学院の内容と実態は，その前後に配される研究指導のありよう次第ともいえる。従来のアカデミックな修士課程教育とは異なる「省察的実践者モデル」に基づく教員養成・現職研修の高度化に結実していく可能性をはらんではいるものの，地方の教育委員会に奉仕する単なる「高度な実務家」養成機関にとどまってしまうのではないかとの危惧の声も聞かれつつあるのが現状である。教職大学院が教師教育の高度化をどのように促していくのかは，名古屋大学等でスタートした教育専門職博士課程（EdD）の理念や実態と併せ，本格的な調査と検討が必要な時期にさしかかってきているといえよう。

な意見の交換がなされるような，教師の学びの場づくりが進められていく必要がある。学校という場が教師にとっても「探究のコミュニティ」となるように再組織していく必要があり，そうしたことに自覚的な教師たちによる新たな試みも開始されている（福井大学教育地域科学部附属中学校研究会，2011）。

そこでは新しい教師の力量モデルとしての「省察」概念（→unit 18）に基づいて，各教科の単元開発を中心にする「実践 – 批評 – 開発モデル」（→unit 12）が採用され，相互に授業を公開し合い，実践の経験を語り合う同僚関係が築かれていく。民主的専門職化は，この様式で，授業に限定せず，協働的かつ民主主義的な学校運営や教育計画にまで，教師の専門的職務の範囲を拡張していくことによって実現する。

ところで，この点に関わって明記しておきたいのは，こうした学校内の同僚間で互いの「授業」が公開され，その事実を共有した「**授業研究**」が校内研修として行われ，さらにそこから広く外に向けて開かれた公開研究会などが実施されるといった日本の学校の研究文化は，その熱意や水準の高さとともに国際的にも教師教育研究に大きなインパクトを与えてきている点である。"Lessen Studies" の名で教師教育の有効なセクションとして諸外国にも認知されていったそれは，日本の教師を，理念・理論を受容して実行するというスタイルから脱却させ，さらに豊富な事例研究を基盤にして対話的で解釈的なアクションリサーチ型の実践研究の担い手へと育てていくものであった。

アクションリサーチとは，教育・看護・福祉などの現場で，自らが遂行した行動に基づき比較的小規模の当事者集団が臨床的に観察し得られた結果を知見として共有していく実践的な研究手法である（矢守，2010）。そうした教師の自律的な実践研究が，教師教育のコアに据えられるべきだという認識は深まりつつある。そもそも教師教育（teacher education）という概念は，この30年ほどのあいだに教員養成・新任研修・現職研修を包括するものとして提起された比較的新しいものである。その発展のなかで，養成から研修まであらゆる段階に一貫した**教師発達**（teacher development）のモデルを提示しうるためには，そこに貫かれる固有の専門性とは何かを考えていかねばならないが，そのためにもこうした教師の実践研究のあり方を深めていくことは重要だと考えられる。

要　約

　教職の専門職化はいまだ途上にある。むしろ，非専門職化ともいうべき教員制度改革が進展しつつあるのが現状である。専門職化と非専門職化の分岐のなかで，あらためて問われていることは，教職にふさわしい専門職化の中身である。この点から，「民主的専門職性」の概念が注目され，またアクションリサーチをコアに置いた教師教育のありようもさぐられている。

確認問題

- □ *Check 1* ユネスコの2つの勧告の文章を実際に読み，日本の教師が置かれている現実に照らし合わせながら，今後の発展のあり方について考えてみよう。
- □ *Check 2* 専門職化が展望されていくなかで，教職に固有の専門性としてどのようなものが想定されていくのだろうか。

読書案内

久冨善之編『教師の専門性とアイデンティティ』勁草書房，2008年
　問われる教師の専門性と教職アイデンティティを，社会学的調査，歴史研究，国際シンポジウムなどを通じて多面的に追求している。

今津孝次郎『新版 変動社会の教師教育』名古屋大学出版会，2017年
　教職の専門性をめぐる全体的な動向を押さえ，学校や教師に期待される現代的な役割と実践の視点から，教師教育の現状と改革の方策を的確に論じている。

第Ⅲ部

ペダゴジーをめぐる現代的な課題

第８章　教育の制度
第９章　教育の接続
第10章　共生の教育

第Ⅲ部 Introduction

　第Ⅲ部では，現代の諸問題を通して，ペダゴジー（教えるということ／教育実践）を，教室のなかの営みとしてだけでなく，学校制度全体のなかで，そしてさらに，より広い社会的な文脈のなかで理解することを目指す。教室のなかだけで行われているようにみえるペダゴジーも，実は政治や経済など教育以外の社会的な関係や仕組み，制度のなかで営まれている。第Ⅲ部ではそうしたペダゴジー（教えるということ）をとりまく社会的な関係を，現代の諸問題をふまえて以下の3章に分けて学んでいく。1つは，ペダゴジーに影響を及ぼす政治や行政（第8章），もう1つは，ペダゴジーをつらぬくライフサイクル上の諸課題（第9章），そして最後は，ペダゴジーが直面する現代的・将来的な課題（第10章）である。

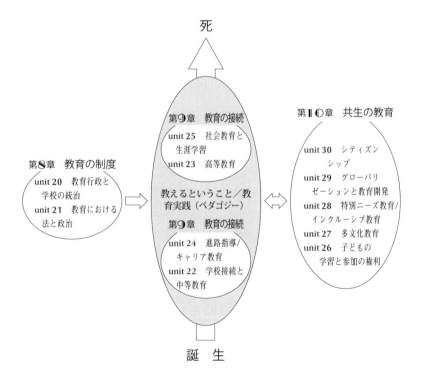

第8章

教育の制度

千葉県内ではじめて設置された習志野市立秋津小学校の学校運営協議会（提供 朝日新聞社）

20 教育行政と学校の統治
21 教育における法と政治

Introduction 8

この章の位置づけ

　本章では，現代社会におけるペダゴジー（教育実践）を大枠で規定している教育制度について説明する。特に，教育行政や教育政策の仕組みを学ぶことを通じて，政治や経済が教育にどのような影響を及ぼしているのかを理解することを目指す。

　本章は，2つのunitによって構成されている。unit 20 は，教育制度や教育行政の現状がどうなっているかを分析し，理解することを中心としている。これに対してunit 21 では，教育制度や教育行政を改革していくために私たちがとりうる方法やそこでの争点が何かについて考える。

この章で学ぶこと

unit 20　教育委員会や文部科学省など，教育行政の仕組みがどのような原理によって成り立っているかを理解する。そのうえで，それがこんにちどのように変容しているかを，欧米の動向などもふまえつつ整理する。

unit 21　民主主義社会において，教育の制度は法律によって決められ，運営されていることを，憲法や教育基本法の位置づけとともに理解する。そのうえで，教育制度を改革していくための方法や争点を，教育と法，政治の関係という視点から考える。

unit 20

教育行政と学校の統治

> **Keywords**
> 文部科学省，教育委員会，指導，助言，専門家の指導性，民衆統制，学校選択，コミュニティ・スクール，学校運営協議会，バウチャー制

文部科学省と教育委員会

　日本の教育行政は，中央教育行政を担当する**文部科学省**と，地方教育行政を担当する各都道府県や市町村の**教育委員会**によって行われている。

　まず，文部科学省であるが，これはもともと，文部省という名であった。2001年の中央省庁再編で当時の科学技術庁と統合し，現在の文部科学省という名になった。文部省は1871年に創設され，1885年に森有礼が初代文部大臣に就任した。戦前の文部省は，全国の教育行政を指揮監督する，中央集権的な監督行政の頂点に位置していた。

　しかし戦後の文部省は，中央集権的な監督行政が否定され，サービス機関という新たな装いのもとに再出発した。現在の文部科学省設置法でも，文部科学省の地方教育行政との関係は，指揮監督的なものではなく，「**指導，助言**」的なものであるとされている。

　次に教育委員会であるが，これはアメリカの教育委員会制度をもとにして，戦後新たに導入されたものである。1948年に最初の教育委員会法が制定された。そこでは，教育委員は直接公選制，つまり住民による選挙で選ばれ，委員会は合議制で運営され，予算編成上の権限も付与されていた。

　ところが，教育委員の公選制に対しては，教育の政治的中立性を脅かすとの批判がなされて，1956年に教育委員会法は廃止され，それにかわって，地方教育行政の組織及び運営に関する法律（地教行法）が制定された。この地教行法において，教育委員公選制が廃止され，教育委員は地方公共団体の長が議会

の同意を得て任命するものとなり，また，予算編成上の権限もなくなった。ただ，現行の地教行法でも，合議制で地方教育行政の中心を担うという教育委員会制度の趣旨は変わっていない。

以上をまとめれば，戦後日本の教育行政では，中央教育行政を担当する文部科学省と地方教育行政を担当する教育委員会との関係は，指揮監督的なものではなく，指導，助言的なものであるという建前になっている。また，教育委員会は，1956年の制度改正によって自律性は弱まったとはいえ，教育行政の要をなす独立した位置にある重要な存在であるといえる。

以上の事実を確認したうえで，この教育委員会というものが，いったいどういう理念に基づいているのかを，より詳しくみていくことにしたい。

教育委員会の理念と役割

教育行政の中心となるのは，学校教育の場合は，学校をどう管理し，運営するかという，学校の統治である。教育委員会制度では，この学校の統治を行うにあたって，次の2つの要素を重視する。第1は，教育が教師などの専門職によって営まれることによる，専門家による自治と指導性である（→unit 19）。これを，**専門家の指導性**（professional leadership）と呼ぶ。第2は，教育によって直接影響を受ける生徒や保護者，地域の住民など，多くは教育の専門家ではない素人たち，すなわち一般民衆・市民の声や意見である。これを，教育に対する**民衆統制**＝素人統制（layman control）と呼ぶ。この専門家の指導性と民衆統制を調和させるための制度としてアメリカで発展したのが教育委員会制度である（黒崎，1999，59頁）。

専門家の指導性と民衆統制を調和させるという教育委員会の理念は，日本の教育委員会制度にも反映されている。すなわちまず，教育委員は非常勤の委員によって構成され，民衆統制を代表することが想定されている。他方，教育長以下の専門職員（指導主事，社会教育主事など）は専門家の指導性を担うことが想定されている。

しかし，このような教育委員会の理念と役割は，日本の教育行政では必ずしも期待されたようには機能していないのではないか，という批判が出ている。以下ではこの点をみておこう。

🔲 教育委員会廃止論

　教育委員会に対する批判は，大きく分けると次の2点に整理できる。

　第1は，教育委員会が実際には文部科学省を頂点とする中央集権的な官僚機構の末端を担わされていて，十分に自律的な役割を果たせていないのではないかという批判である。上述したような文部科学省と地方教育行政との関係が指揮監督的なものではなく指導助言的なものであるというのは名目上のもので，実際には形骸化しているのではないか，というのがここでの批判の骨子である（荻原，1996）。つまり，現実には，幹部教員が指導主事など教育委員会事務局のポストを占め，文科省の指導，助言を教育現場に伝えるパイプ役を果たすなど，「指導，助言」の名のもとでの文科省の教育現場への管理統制，指揮監督が貫徹し，教育委員会は中央集権的教育行政の末端を担っているというのである（新藤，2004，51頁）。

　第2は，民衆統制が十分に機能せず，教育委員会が市民に開かれない閉鎖的な専門家集団の温床になっているという批判である。その背景には，「知事，市町村長すら介入できない，文部科学省から都道府県教育委員会－市町村教育委員会－校長会－学校現場に至るプロフェッション集団の縦割り行政が，実に強固につくられている」という指摘がある（新藤，2004，50頁）。

　以上の問題をふまえ，教育行政をより分権的で，市民に開かれたものにするために，例えば行政学者の新藤宗幸は，「教育委員会を廃止して首長のもとに教育行政を統合すべきである」という教育委員会廃止論を唱える（新藤，2004，52頁）。また，財団法人社会経済生産性本部は1999年に，教育委員会を整理縮小してその機能を各学校ごとに公選で選ばれる学校理事会に移すべきであるという改革案を提唱した（堤・橋爪，1999）。国が義務教育費の一部を負担することを定めた義務教育費国庫負担法の廃止論も，地方分権化論者の一部から出されてきた。

　そうした議論を受けて，2014年6月13日に「地方教育行政の組織及び運営に関する法律の一部を改正する法律（「改正法」）」が成立し，同月20日に公布された。改正法は，首長による大綱の策定，首長のもとでの総合教育会議の設置，教育長と教育委員長を一本化した新たな責任者（新教育長）の設置などを定め，教育委員会の独立性を保ちつつも，選挙によって選ばれた首長が教育行政に関与する権限をより強める制度改革がなされ，こんにちに至っている。

学校づくりの新しい試み

教育行政を分権的で市民に開かれたものにするために行われている試みは，大きく2つの流れに大別できる。

第1の流れは，教育委員会を内部から改革してその自律性を強め，教育委員会の創意工夫で学校づくりを進めていこうという試みである。

例えば東京都品川区の教育委員会では，2000年4月から区立小学校の通学区域をブロック化し，各家庭が複数の学校から就学校を選択できる**学校選択**制を導入し，「特色ある学校」づくりにとりくんでいる（黒崎，2004，107-142頁）。品川区ではまた，2006年4月から小中一貫のカリキュラムを作成し，その一部としてシティズンシップ教育（→unit 30）を行う新教科である「市民科」を創設した。

第2の流れは，学校の統治の権限を教育委員会から各学校単位に委譲し，学校独自のとりくみを進められるようにするとともに，市民が学校の意思決定に直接参加できるようにする試みである。上述した社会経済生産性本部の公選制学校理事会の提案などはその先駆といえるが，2000年12月に政府の教育改革国民会議が**コミュニティ・スクール**等の設置を促進するという提案を行ったのを受けて，2004年に地教行法が改正されて**学校運営協議会**制度が創設され，現実のものとなった（地教行法第47条の5）。

この学校運営協議会（通称コミュニティ・スクール）は，教育改革国民会議の委員だった金子郁容らが提唱したものである（金子ら，2000）。学校運営協議会は，教育委員会が指定する学校におくことができる。協議会の委員は，地域の住民，保護者などによって構成され，教職員の人事や学校の運営について意見を述べることができる（第8章扉写真参照）。

コミュニティ・スクールの実施例としては，例えば大阪市が2012年に制定した大阪市立学校活性化条例によって，学校協議会を大阪市内のすべての市立学校（幼稚園を含む）におくことが義務づけられた。フルインクルーシブ教育を行っている大阪市立大空小学校は，この制度を用いて，地域にひらかれた学校づくりを進めている例として全国的にも注目されている。

> **重要ポイント**
>
> **学校選択と多様な教育機会の提供**
>
> 　各家庭や児童，生徒が学校を自由に選べるのが学校選択である。学校選択制はアメリカで学校改革の手段として提唱され，1970年代以降，広く普及していった。学校選択制を徹底させたのが教育**バウチャー**（voucher）**制**である。この教育バウチャー制は，政府や教育委員会が家庭や児童，生徒に直接授業料を配分し，家庭や児童，生徒は自分が選んだ学校にそれを支払って通うようにするという制度である。
>
> 　日本でも，本文で紹介した品川区をはじめ，1990年代の末以降，学校選択制を採用する自治体が増え（太田，2001），2012年の文科省の調査によれば，小学校で学校選択制を導入している自治体は246自治体（15.9％），中学校では204自治体（16.3％）である（文部科学省，2012）。ただ，いまのところ日本では教育バウチャー制は実施されていない。
>
> 　学校選択には，学校を市民に開かれたものにし，学校改革を促す触媒になると評価する意見がある一方（黒崎，2004），学校間の格差を拡大し教育の不平等をもたらす危険があるという批判も根強い（藤田，2005）。
>
> 　2016年12月に成立した「教育機会確保法」は，学校に行くことを選択しない子どもたちのための，フリースクールをはじめとする，多様な教育機会の提供に道を開いた。これを契機として学校選択制の議論は今後，義務教育とは何かをめぐる定義の問題へと深化していく可能性がある。

要　約

　戦後日本の教育行政では，中央教育行政を担当する文部科学省と地方教育行政を担当する教育委員会との関係は，指揮監督的なものではなく，指導，助言的なものであるという建前になっている。しかし，実際には「指導，助言」の名のもとでの文科省の教育現場への管理統制，指揮監督が貫徹し，閉鎖的な世界を形成しているという批判がなされている。そこで近年では，教育委員会を改革し，地域住民や保護者が学校運営協議会に参加するなど，新しい学校づくりのとりくみが進められている。

確認問題

- [ ] *Check 1* 教育委員会制度の理念を理解し，整理しておこう。
- [ ] *Check 2* なぜ，教育委員会廃止論が出てくるのか。その背景をおさえておこう。

□ *Check 3* 教育委員会制度を改革するための新しい学校づくりの特徴を整理し，そこにどういう問題や論争点があるのか，考えてみよう．

読 書 案 内

黒崎勲『新しいタイプの公立学校——コミュニティ・スクール立案過程と選択による学校改革』同時代社，2004 年
　品川区の学校選択制や，学校運営協議会（コミュニティ・スクール）制度の導入など，めまぐるしく動いた 2000 年代初頭の教育改革を，政策立案当事者へのインタビューによって解明したアクション・リサーチの書．新しい学校づくりの動きとそこに内在する論争点をつかむのに好適である．

村上祐介『教育行政の政治学——教育委員会制度の改革と実態に関する実証的研究』木鐸社，2011 年
　教育委員会制度改革をめぐる政治過程や，教育長人事の実証分析を通じて，地方教育行政の影響力構造を分析した研究書である．2014 年に成立した新しい教育委員会制度の背景を知るのに役立つ．

新藤宗幸『教育委員会——何が問題か』岩波新書，2013 年
　著者は，教育委員会廃止論の代表的論客．教育行政を，日本の地方分権改革全体の動きのなかで理解し，教育委員会制度の政治学的視点からみた問題点を把握することができる．行政学者や政治学者の教育学に対する視線も知ることができ，興味深い．

unit 21

教育における法と政治

> **Keywords**
> 法治主義，立憲主義，教育行政の一般行政からの独立，構成的権力，チャータースクール，アカウンタビリティ，教育政治

教育における法治主義と立憲主義

　2007年4月24日，全国の小学校6年，中学校3年生の全員を対象として，全国学力・学習状況調査が実施された。全児童・生徒を対象とした全国一斉テストとしては，1960年代の全国学力テスト以来，実に43年ぶりのことであった。この調査は，「文部科学省が，学校の設置管理者である都道府県教育委員会，市町村教育委員会，学校法人，国立大学法人等の協力を得て実施する」とされ，曲折を経ながら2019年現在も続いている。この「協力を得て」という文言に注意してほしい。

　つまり，この全国学力調査の実施主体は文部科学省であるが，しかし，文部科学省には，学力調査への参加を学校に強制する法的権限はなく，あくまでも各教育委員会，学校の「協力を得て」実施するのである。支障があれば「協力」を拒むこともできる。事実，かつて愛知県犬山市の教育委員会（当時）は参加をしなかった。また，私立学校にも参加を見合わせている学校がある。

　文部科学省に強制する権限がない理由は，その権限が法律に規定されていないからである。文部科学省に限らず，いかなる公的教育機関であっても，法律に規定されてある以外のことを行う権限は存在しない。これは，日本の教育が**法治主義**の原則に則って運営されていることの証しであるということもできる。

　その法治主義の原則のおおもとをたどれば，日本国憲法第26条の「1　すべて国民は，法律の定めるところにより，その能力に応じて，ひとしく教育を受ける権利を有する。　2　すべて国民は，法律の定めるところにより，その保護

する子女に普通教育を受けさせる義務を負ふ。義務教育は、これを無償とする。」に帰着する。この憲法第26条によって、日本の教育制度の全体が規定されている。その意味で、日本の教育は法治主義の原則とともに、**立憲主義**の原則に則って運営されているということもできる。

このような教育における法治主義、立憲主義の原則は、それによって権力の恣意的な行使を防ぎ、国民の権利を保障するための原則として近代市民革命以降確立してきたものである（→unit 7, unit 26）。

また、権力の恣意的な行使を防ぐという立憲主義の原則を徹底させるために、教育基本法第16条には「教育は、不当な支配に服することなく、この法律及び他の法律の定めるところにより行われるべきもの」と規定されている。そして、この「不当な支配」を防ぐために、unit 20で述べたとおり、教育委員会は首長から独立した合議制委員会として設置されている。これを、「**教育行政の一般行政からの独立**」という。

国民の教育権か国家の教育権か

だが、法治主義、立憲主義の原則を確認したとしても、それをどのように運用するかが問題となる。日本では上述の憲法第26条の解釈をめぐって、大きくは、国民の教育権論と、国家の教育権論が対立してきた。

国民の教育権論は、教育を受ける権利の中心を子どもの学習権にあるととらえ（→unit 26）、子どもの学習権を保障する義務履行の優先的権限が親などの保護者にあると解する。そして、その保護者が自らだけでは果たしえない権限の一部を共同して教師に委託し、その結果創設されるのが、公教育としての学校であるととらえる（親義務の共同化としての公教育）。だから、教育内容を決める権限を有するのは保護者、および保護者によって委託された教師を含む、憲法第26条にいう国民であり、国には、教育内容を決める権限は存在しないとする（堀尾、1971；1991）。国による教科書検定を違憲とする訴訟（教科書裁判）などが、この立場から提起された。

これに対して国家の教育権論は、教育を受ける権利を保障するための国の果たすべき責任の一環に、教育内容の規定も含まれると考える。したがって、国が教育内容を決定する権限をもつことは違憲ではないとする。

1960年代に行われた前の全国学力テストでも、この点が争点となった（学力

テスト事件)。この件に関する最高裁大法廷学力テスト判決 (1976 年 5 月 21 日) では,憲法第 26 条を子どもの学習権を保障したものであるとし,親や教師の教育の自由を認めた一方で,一定の条件で,国が教育内容を決定する権限を否定しなかった。このように,国民の教育権論か,国家の教育権論かをめぐって,憲法解釈が激しく争われてきた。

法に先立つ政治

さてここで,冒頭にあげた全国学力調査の例に立ち戻って考えてみよう。学力調査に参加した自治体,学校のなかで,一部の保護者や教師がそれへの参加を拒否し,国の教育内容への介入の違憲性を訴えたとしよう。これは,上述の国民の教育権論に立つ論として理解できるように思われる。

だが,例えばもし仮に,学力調査に参加しなかった学校や自治体で一部の保護者や教師がそれを不服として,「私たち(の子ども)にも学力調査を受けさせてほしい」と訴えたとしたらどうだろうか。その人々にとっては,対立するのは学校や教育委員会と自治体であり,国ではない。こういった人たちの立場は,国民の教育権論からも,国家の教育権論からも,十分には説明できない。

これに限らず,いじめ,不登校,校則,学校運営の方針をめぐる争点など,「国民」か「国家」かという対立図式では解けない多様な論争が,教育現場では噴出している。これらは,教育における法治主義,立憲主義の原則を確認するだけでは十分に対応できない問題である。

法治主義や立憲主義が依拠する憲法 (constitution) は,政治権力がやっていいこととやってはいけないことを定め,その限界を規定するという点では,意義がある。だが,政治権力が何によってどのように構成 (constitute) されているのかを扱うのは,法ではなく,法をつくる政治,いいかえれば,法に先立つ政治の課題である (長谷部・杉田, 2006)。いま教育現場に噴出している多様な論争は,学校をどうつくるか,公教育をどうつくるかという,教育における政治権力の構成に関わっており,これを「**構成的権力**」と呼ぶ (ネグリ, 1999)。

この点と関わって,H. アレントがアメリカ独立革命を担った人々について語った以下の文章は重要である。

「彼らにとって主要な問題は,権力をどのように制限するかではなく,どのようにして権力を樹立するかであり,政府をどのように制限するかではなく,

> **重要ポイント**
>
> **チャータースクール**
>
> 　チャータースクールは公費によって運営され，教育委員会の規制を受けない公設民営の独立した公立学校である。2016年現在，全米で約6900校が運営されている。
>
> 　チャータースクール法は，1991年にミネソタ州で最初に制定された。チャータースクールの認可や設置の方法は各州法によって異なるが，以下の点ではおおむね共通している。すなわち，教育委員会や大学などが認可機関（スポンサー）となり，各学校は決められた期間（任期）ごとに**アカウンタビリティ**（説明責任）をスポンサーから評価され，認められれば認可が更新される。
>
> 　チャータースクールに対しては，既存の公立学校では認められにくい多様な教育が可能となる，特にマイノリティに手厚い教育が可能になるという評価がある（Abowitz, 2001）。他方で，公立学校の競争をあおり学校間格差をもたらす危険がある等の批判もある（フィンら，2001）。

どのように新しい政府を創設するかということだったのである。」（アレント，1995, 231頁）

　このアレントの文章で，「権力」のところを「教育における政治権力」におきかえてみれば，これはそのまま，教育における政治，すなわち**教育政治**の重要性を指摘した文章としても読むことができる。ここでの教育政治には，地方議会，一般行政，市民活動団体など，従来教育行政の外に位置するものとされてきた諸セクターが，ある種の政治主導がそこに介在する余地を含めて，位置づけられる。例えば，2014年に「地方教育行政の組織及び運営に関する法律の一部を改正する法律」が成立し，これによって，自治体の首長と教育委員会がより一層民意を反映した教育行政を推進するための場として，すべての地方公共団体に総合教育会議を設けることとなった。これによって，選挙で選ばれた首長の政治的な影響力が教育行政に及ぶ可能性が以前よりも高くなったといえる。また，2015年には日本でも18歳選挙権が成立し，高校生が政治の主体として認められるようになった。これを機に，今後さらに，教育と政治の関係が根本から問われることになるだろう。

　私たちは，法治主義と立憲主義の意義を尊重するだけでなく，教育現場に多様に噴出する，法に先立つ教育政治を見据え，それととりくむという課題に直面しているのである。

要　約

　教育における法治主義，立憲主義の原則は，権力の恣意的な行使を防ぎ，国民の権利を保障するための原則として近代市民革命以降確立してきた。また，この立憲主義の原則を徹底させるために，教育委員会は首長から独立した合議制委員会として設置されている。これを，「教育行政の一般行政からの独立」という。しかし，いま教育現場に噴出している多様な論争に対応するためには，法治主義と立憲主義の意義を尊重するだけでなく，法に先立つ教育政治を見据え，それととりくむことも必要となっている。

確 認 問 題

- ☐ *Check 1*　教育における立憲主義の意義はどこにあるか。「教育行政の一般行政からの独立」と関わらせながら考えてみよう。
- ☐ *Check 2*　国民の教育権と国家の教育権をめぐる論点をまとめておこう。
- ☐ *Check 3*　法に先立つ政治とはどういうことか，立憲主義の限界と関わらせながら考えてみよう。

読 書 案 内

広瀬裕子編『カリキュラム・学校・統治の理論』世織書房，近刊
　教育における法と政治の新しい理論を，各領域の専門家が結集して追究した論文集。本 unit で説明した議論を深めるうえで，参考になる。

小玉重夫ほか編『学校のポリティクス』岩波講座 教育 変革への展望第 6 巻，岩波書店，2016 年
　教育行政や学校と社会の関係を教育の政治化という視点から一貫して位置づけ，学校を取り巻く諸問題を扱った代表的な論者による論文が集録されている。

公教育研究会編『教育をひらく――公教育研究会論集』ゆみる出版，2008 年
　教育行政学者持田栄一と関わりをもった教育学者たちによって書かれた論文集。教育を政治や経済と関わらせてとらえる視点が積極的にうちだされている。

第9章

教育の接続

男女共学の始業式に集まった高校生（昭和23年4月）（提供 朝日新聞社）

22　学校接続と中等教育
23　高 等 教 育
24　進路指導／キャリア教育
25　社会教育と生涯学習

Introduction 9

この章の位置づけ

　近代の社会は，人間形成を学校という機関で組織的，計画的に行う社会である。発達の順序を意識して整備されたそれぞれの学校をどのようにつなげるか。さらに，学校と社会との接続をどのようにするか。本章ではこの部分に焦点をあてる。

　初等，中等，高等というふうに分節化し配されたそれぞれの学校はどのような教育を担うのか，またそれぞれの学校がどのような接続関係にあるのかについて理解を深める。そのうえで，それらを接続するための困難と課題について考える。さらに，学校教育以外の大人を対象とする教育のあり方についても，大人の学びをふまえながら知見を得る。第9章では，こうしたことをふまえながら，教育の接続について理解し，そのあり方について考えたい。

この章で学ぶこと

unit 22　学校間の移行関係である学校接続について，中等教育に焦点をあてて学ぶ。進級，進学制度の原理を押さえながら，日本の学校接続の固有性について学び，その改革の方向性を考える。

unit 23　中等後教育のあり方について学ぶ。高等教育のユニバーサル化のなかでの大学に焦点をあてて，その動向と課題について考える。

unit 24　進路指導について学ぶ。学ぶ場と働く場をつなげるための指導はどのような困難と課題をもっているか。キャリア教育が提唱されてきた背景を押さえながら考える。

unit 25　学校教育以外の場で行われる組織的教育活動である社会教育について学ぶ。生涯教育から生涯学習への展開をみながら，大人の学びについて考える。

unit 22

学校接続と中等教育

> **Keywords**
> アーティキュレーション，初等教育，高等教育，中等教育，統一学校運動，6-3-3-4制，履修主義，修得主義，アビトゥア，バカロレア，教育接続

学校システムの逆説

　近代以前には，「就学」は「学問ヲ始ムルコト」という意味で用いられてきたが，近代においては，「就学」は学校システムへの参入をあらわす言葉である。学校システムを支える学校間の移行関係を学校接続（**アーティキュレーション**）と呼ぶ。人々に就学することが定着するに従って，必然的に進級や進学を前提とした行動がとられるようになる。学校システムは，学校接続を考慮に入れながら教育の内容を組織化することで人間形成と社会の成員づくりを担うのであるが，実際には，進学という行為自体が価値とされ，教育の内容がそれによって規定ないしは制約される事態を引き起こしてきた。入学試験（入試）制度の課題やいわゆる学歴主義の問題はその象徴的なものである。

　こうした逆転現象をどのように考えればいいのであろうか。この unit では，入試制度の課題も含めて，学校接続の問題を中等教育に注目しながら考えたい。

学校システムの基本構造——中等教育の位置

　こんにちにおいて，学校教育は，人間の発達段階に対応させて，大きく，初等，中等，高等の3段階に分けてとらえられている。**初等教育**は，社会を生きるための不可欠の教育を担い，**高等教育**は高度の専門教育を目的とする。**中等教育**は，初等と高等の間に位置して，それらをつなぐ役割を歴史的に期待されてきた。このことも含めて，そもそも中等教育は，初等，高等教育に比してその性格が学校階梯のなかで不安定であり続けてきたといえよう。

図 22-1　日本と欧米の学校体系（2016 年）

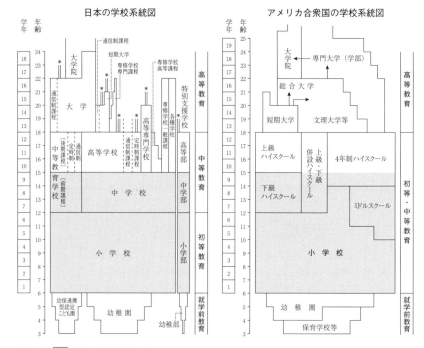

（注）（1）　■部分は義務教育を示す。
　　　（2）　＊印は専攻科を示す。
　　　（3）　日本の場合，高等学校，中等教育学校後期課程，大学，短期大学，特別支援学校高等部には修業年限1年以上の別科を置くことができる。

ヨーロッパの中等教育システムの形成

　ヨーロッパの中等教育は，初等教育としての民衆教育とエリート教育としての大学教育とからなる二元構造をつなぐように形成，確立していく（望田, 1990）。

　最初に登場したのは，大学進学コースとしての中等教育であった。大学は，本来，聖職者，医者，学者など教養エリートを養成する高等教育機関であったが，そこへの進学コースとして中等学校が生みだされた。明確な定めがなかった大学に入学する条件として，中等教育修了資格を獲得することが必要とされるシステムである。

　20世紀初頭までには，初等後の学校は，大学に接続するエリート中等教育と非エリート中等教育そして上級初等教育という三元構造をとるようになる

図 22-1（つづき）
ドイツの学校系統図

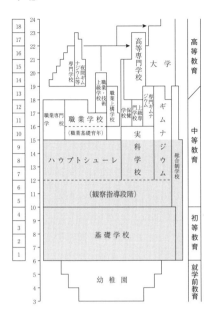

（ミュラーら，1989）が，20世紀に入ると，こうした複線型教育体系の統一を求めた**統一学校運動**が各国で展開された。

日本における中等教育システムの定着――入試選抜による接続

日本の学校の場合も，初等後は，大きくは格差をもった三元構造として整備されていく。

（旧制）中学校は，「国家ノ須要」を原則として非常に高い水準に設定された帝国大学につながる唯一の経路として位置づけられた。このルートを中軸にして，他の中等学校は目的に応じて普通－職業，男－女というように同心円状の格差構造のなかに配された。すなわち，中学校以外に，職業に従事する者のための実業学校，女子の「高等普通教育」を行う高等女学校が中等学校として位置づけられた。さらに，その他大多数の「中等教育」を受けられない者を対象とし，国民形成と初等レベルの職業教育とを内容とする「青年教育」の体系が，並立して設けられていた（寺﨑・佐藤，1994）。中等教育以上の教育を受けようとする場合，学校ごとに募集定員を定めた競争試験である入試を経て，上級学校への接続がなされるシステムをつくりあげたのである。

戦後の接続関係の特徴

戦後導入された学校制度の枠組みは，6-3-3-4制と呼ばれる。中等教育以上に進学するにあたっては，戦前の学校体系が，一部の人にのみ開かれた複線型の学校体系であったのに対して，戦後の学校制度は，誰にでも進学を保障する単線型の体系として構想されたものであった。中等教育は，小学校卒業後進

学する前期の 3 年間の全日制・男女共学である義務制の中学校と，希望者全員を収容することを理想とした後期の高等学校（高校）とに一元化され，これらの学校を通してすべての青年に中等教育を保障しようとした。

　1990 年代以降，6 - 3 - 3 - 4 制の修正が進んでいる。1999 年度から公立中等学校が発足可能となった。このことは，小学校を卒業すると全員が中学校に進学し，義務教育を履修するという枠組みの部分的変更でもあった。2016 年には，小学校課程から中学校課程まで義務教育を一貫して行う義務教育学校が新設された。義務教育という枠組みでの小・中の統一性が強まる一方，「複線」化が小学校段階にまで及ぶことになった。

進級制度からみた日本の教育制度

　日本の進級・進学システムの性格は，義務教育学校（小学校，中学校）においては定められた教育課程の内容を修得することではなく，履修そのもの，つまり学習するということを条件として進級・進学（卒業）を認める**履修主義**（年齢主義）である。高等学校以上は，教育課程の一定基準以上の内容修得を条件に進級・進学（卒業）を認める制度である**修得主義**（課程主義）を採用しており，両者が併存している（山根，2002）。ドイツ，フランスなどヨーロッパ大陸諸国では，東欧・北欧を含めて多くは修得主義型を原則としているのと比較して，日本の進級・進学方式では，入試選抜に基づく学校接続と履修主義の原則とを組み合わせて構成されている点に特徴がある。実態的にみると，公立小中学校の場合，学校に通学している限りは実質的には落第がなく，求められた学習が修得されていなくても次学年に進級するという状況にある。こんにち，子ども 1 人ひとりに応じた学習への関心が高まる傾向があり，学校現場への ICT（情報通信技術）などの導入によって，子どもの個別な習熟状況をデータとして残して指導に生かそうとする取り組みも構想されている。

新しい接続関係に向けての課題

　入学試験は，本来学校接続の方法の 1 つとして存在するにもかかわらず，日本においては，入試制度が唯一の接続方式としてとらえられてきた。履修主義を基本とする日本の学校制度の 1 つの帰結としてもみることができる。しかし，こんにちにおいては，少子化などの影響によって入試制度の多様化がすすみ，

> **重要ポイント**
>
> **中等教育修了資格試験制度**
>   中等教育から大学などの高等教育への学校接続は，中等教育の卒業資格を重視するものと高等教育機関の入学選抜に重きをおくものとに分けてとらえられる。ヨーロッパの大陸諸国の接続は前者を原則としてきた。ドイツは**アビトゥア**，フランスは**バカロレア**，フィンランドはマトリキュレーションというふうに中等教育修了資格試験とそれに伴う資格が設けられ，その取得がそのまま大学入学資格につながる。ただしそれは大学に進む一部の子どもを対象としてきた。中等教育修了資格試験が実質上の大学への接続を担っていたのであり，結果的にこれらが大学の大衆化に一定の緩衝的な機能を果たしていたともいえる。ちなみに，イギリスのGCSEは，中等教育「修了」試験ではない。イギリスの場合，統一的なカリキュラムが1980年代後半まで存在せず，試験の内容を定めた試験要目（スペシフィケーション）が中等教育内容を実質的に規定してきたのである（山村，1988）。

　全般的に入試（学力試験）が機能しなくなっている状況が生まれており，高校と大学（中学校と高校も含めて）双方の教育内容の明確化と連続性を考慮した接続が課題とされている。こうした接続の方式を**教育接続**としてとらえておきたい（荒井・橋本，2005）。教育接続を考えるうえで，ヨーロッパ諸国で行われている中等教育修了資格試験は参考となる。これは選抜接続という原則でなく，大学入学の資格の取得であると同時に中等教育での学習の達成を証明するものだからである（→重要ポイント）。教育接続の実現にあたっては，公で保障される学力とはどのようなものであるか，またそれが変動する社会のなかでどのような評価基準に基づいて行われていくかが，ポイントとなるであろう。

　こんにち，入試の英語に関して，スピーキングや民間委託試験が導入されようとするなど，高大接続が大きな問題となっている。その土台には大学入試のみに高大接続問題を背負わせてきたこれまでの構造があり，こうした構造からの脱却を図りながら教育課程の問題のなかで高大接続をとらえる認識の転換が課題とされている（荒井，2018）。

要　約

　学校システムは子どもの成長，発達と社会が要請する選別・配分機能との間で

深刻な葛藤を内包する。とりわけ中等学校は，この葛藤に正面から向かい合ってきた。

　日本における入試による接続方式は，修得主義を原則にした大学までの学校接続をつくりあげているヨーロッパ大陸諸国との比較からもわかるように，社会的，文化的な産物であるといえる。今日，少子化を背景に，「選抜から選択へ」学校接続のあり方が移行するなかで，入試という通過点だけでなく，双方の学校の教育内容の明確化と連続性を考慮した接続が改めて課題となっている。

確認問題

- □ *Check 1* 　履修主義と修得主義とはどう違うか説明してみよう。
- □ *Check 2* 　日本の学校接続の特徴は何か。その経緯をさかのぼりながら整理してみよう。
- □ *Check 3* 　教育接続とは何か。なぜドイツやフランスの接続方式がそれを理解するうえで参考となるのかを考えてみよう。

読書案内

荒井克弘・橋本昭彦編『高校と大学の接続――入試選抜から教育接続へ』玉川大学出版部，2005 年
　アメリカの事例を中心に世界のアーティキュレーション改革の動向を分析しながら教育接続への展望を考察している著書。

天野郁夫『増補 試験の社会史――近代日本の試験・教育・社会』平凡社，2007 年
　日本の学校接続関係の成立を試験と選抜という角度から描きだしている著書。著者は高等教育への接続や学歴主義などに多くの著書を示しており，合わせて参考にしたい。

小玉亮子『幼小接続期の家族・園・学校』東洋館出版社，2017 年
　幼稚園・保育所から小学校への移行期の子どもたちをもつ親たちと教師に注目しながら「接続期」を考えようとした著書。

unit 23

高等教育

> **Keywords**
> 中等後教育，エリート型，マス型，ユニバーサル型，教養主義，高大接続，フンボルト理念

大学進学率の変化

高等学校までを中等教育と呼び，大学や短大などを高等教育と呼ぶ（→unit 22）。また，中等教育卒業後の教育機会は，狭義の高等教育に限らず，専修学校などの職業教育機関にも拡大し，また，何歳になっても入学可能な生涯学習的な意味も含むようになってきている（→unit 25）。これらを包括して，中等

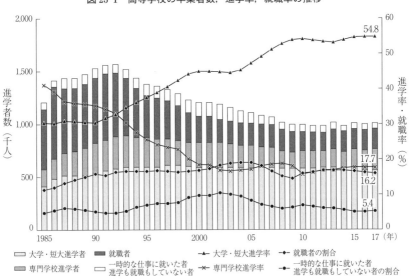

図 23-1　高等学校の卒業者数，進学率，就職率の推移

（出所）　文部科学省，2017。

教育卒業後の教育を**中等後教育**（postsecondary education）と総称することもある（喜多村，1986）。

　図 23-1 を見てほしい。これは，高等学校卒業後の進学率，就職率がどのように変化しているかを示す図である。

　ここで特に注目されるのは，大学（短大を含む）進学率が 2007 年度に 50% を超え，2017 年度には 54.8% を記録している点である。高校進学率が 98.8% を超えていることと合わせて考えれば，18 歳人口の半数以上が大学に進学していることになる。

　大学進学率が 50% を超えたということは，大学を中心とする日本の高等教育にとってどのような意味をもつのか，考えてみたい。

高等教育のユニバーサル化

　アメリカの社会学者である M. トロウは，高等教育の発展段階を，進学率の上昇に応じて，次の 3 つに区分した。高等教育の最初の段階は，限られた少数のエリートを対象とする**エリート型**で，該当年齢人口の 15% までの在籍がそれに該当する。第 2 段階は，15% から 50% が高等教育に在籍する段階で，高等教育が大衆（マス）化したという意味で，**マス型**と呼ぶ。第 3 段階は，高等教育への進学率がさらに上昇して在籍率が該当年齢人口の 50% を超える段階で，高等教育がほぼ万人に開かれるようになったという意味で，**ユニバーサル型**と呼ぶ（トロウ，1976）。

　このトロウの図式を日本の高等教育に当てはめるとどうなるだろうか。日本では，1967 年に高等教育進学率が 15% を超え，エリート型からマス型へ転換した（天野，1980, 249 頁）。そして上述のとおり，2007 年度には進学率が 50% を超えて，ユニバーサル型に到達した。つまり，高等教育が万人に開かれている状態に到達したのである。

　このことは，高等教育に大きな変容をもたらさずにはいられない。以下ではその点をみていこう。

高大接続改革

　高等教育のユニバーサル化がもたらした大きな変容は，大学や短大が，学生を選ぶ側ではなく学生から選ばれる側になったという点である（→unit 22）。

> **重要ポイント**
>
> **教養主義のゆくえ**
>
> 　大学のカリキュラムには，大きく分けると，専門にとらわれずに広く教養を学ぶ一般教養の課程と，専門的な教育研究を行う専門教育の課程とがある。後者の専門教育は大学教育の中心であり，卒業論文などがあって学生もそれなりに熱心にとりくむが，前者の一般教養の課程は近年，ともすれば形骸化しがちである。一般教養といえば，単位をいかにして楽にとることができるかという観点からのみ履修される，という傾向も根強い。
>
> 　だが実は，1970年前後までは，**教養主義**こそが，大学のキャンパスの中心をなす規範文化であった（竹内，2003）。この教養主義は，トロウのいうエリート型の段階に適合した学歴エリート文化にほかならなかった。それが，1960年代の末以降，マス型への転換，つまり高等教育の大衆化によって急速に没落し，形骸化していったのである。教養主義の没落と形骸化は，日本だけでなく，アメリカをはじめ，大衆化した大学に共通の現象となっている（ブルーム，1988）。
>
> 　そうだとすれば，教養主義はこんにちの大学にとって時代遅れの遺物なのだろうか。たしかに，かつての学歴エリート文化としての教養主義を復権させることは時代錯誤かもしれない。しかし，大学が自由で解放的なアジール（避難所）になるためには，学生が多様な可能性を試行錯誤できる新しい意味でのリベラル・アーツとしての教養が求められているともいえる（寺﨑，2007）。実際，そのような試行錯誤によって政治や社会へのアクティブな参加を可能にするような「新教養主義」の提唱が，近年なされている（山形，2007；宇野，2008）。今後，注目していきたい動きである。

　むろん，一部の大学や学部では，依然として厳しい受験競争が続いている。だが，全体として見れば，受験競争は1980年代までと比較すると，緩和された。

　この受験競争の緩和と関わって注目されるのは，近年進みつつある**高大接続**改革の動きである。中教審答申「新しい時代にふさわしい高大接続の実現に向けた高等学校教育，大学教育，大学入学者選抜の一体的改革について」（2014年12月22日）では，「高等学校教育については，生徒が，国家と社会の形成者となるための教養と行動規範を身に付けるとともに，自分の夢や目標を持って主体的に学ぶことのできる環境を整備する。そのために，高大接続改革と歩調を合わせて学習指導要領を抜本的に見直し，育成すべき資質・能力の観点からその構造，目標や内容を見直すとともに，課題の発見と解決に向けた主体的・協働的な学習・指導方法であるアクティブ・ラーニングへの飛躍的充実を図

る」と述べられている。

　この中教審答申のポイントは2つある。1つは高校教育を受験準備教育の場ではなく，「国家と社会の形成者となるための教養と行動規範を身に付ける」場とすること，すなわち市民形成の場とすることである。もう1つは，高校教育と大学教育の接続を促すための対話的で深い探究的な学びの様式であるアクティブラーニングを高校と大学の双方で飛躍的に充実させていこうという点である。そしてこの方針に基づいてアクティブラーニングを重視した高校学習指導要領の改訂が2018年の3月に公示された。さらに，2020年度からは，現行の大学入試センター試験が廃止されて新しい大学入学共通テストが導入される予定である。

　かつての大学は，教育よりも研究重視であるといわれてきた。このような研究を重視し学問の自由に価値をおく考え方を，ベルリン大学（現フンボルト大学）創設に影響力を発揮した哲学者 W. F. フンボルト（1767-1835）の名前をとって，**フンボルト理念**と呼ぶことがある（潮木, 2008）。だが，このフンボルト理念はトロウのいうエリート型の段階では通用しえても，ユニバーサル型に到達した日本の大学全般にそのままの形で通用することは困難になっている。日本の大学は高大接続改革によって，これからますます，教育重視の機関へと転換する形を模索していくことになるだろう。

知の解放

　高等教育のユニバーサル化が進むなかで，大学が教育を重視していく趨勢はこれからも続いていくだろう。その際，考えてみたいのは，教育重視になったからといって，大学が高等学校までの教育機関と同じような存在になることは考えにくいという点である。

　むしろ，近年高等学校の現場で，さまざまな形で取り組まれ始めている探究的学習が，大学での研究に新しい視点を持ち込み，制度化され専門分化した学問の枠組みやディシプリンを揺さぶり，既存の知を問い直すポテンシャルを秘めていることに注目することが重要である。

　フランスの哲学者 J. ランシエールは，知を生産する者と知を受け取る者との間，あるいは，知を説明する者と知を説明される者との間の序列を前提とした前者から後者への特権的，階層的な知の伝達を「説明体制」による「愚鈍

化」の構造であると批判し、そうした序列化を廃して、学ぶ者の主体性、自律性を快復する営みを、「知性の解放」と呼んだ（ランシェール、2011）。いま求められているのは、まさにここでランシェールがいうような「知性の解放」への回路を、近年の高大接続改革の動向のなかに探りあて、「大学＝知を生産する場、高校＝大学で生産された知を伝達する場」という従来型の高大接続の構造を転換させていくことなのではないだろうか。

要　約

　日本では、1960年代の後半に高等教育進学率が15％を超え、エリート型からマス型へ転換した。そして2007年度には進学率が50％を超えて、ユニバーサル型に到達した。それによって、多くの大学はかつての研究中心から教育中心へとその役割を変えつつある。その際、「大学＝知を生産する場、高校＝大学で生産された知を伝達する場」という従来型の高大接続の構造を転換させていくことが重要となる。

確認問題

- ☐ **Check 1** 大学教育におけるフンボルト理念とは何か。その意味と歴史的役割についてまとめてみよう。
- ☐ **Check 2** ユニバーサル化した大学に求められるものは何か、考えられる論点を整理し、まとめてみよう。
- ☐ **Check 3** 高大接続改革の特徴にふれつつ、知の解放について整理しておこう。

読書案内

潮木守一『フンボルト理念の終焉？──現代大学の新次元』東信堂、2008年
　ベルリン大学においてフンボルト理念の実際がどのようなものであったか、また、それが外国にどのように移入され、展開したのかを歴史的に解明した本。こんにちの大学のあり方を考えるうえでも重要な示唆を与えてくれる。

吉田文『大学と教養教育──戦後日本における模索』岩波書店、2013年
　戦後の日本の大学の中で教養教育のカリキュラムがどのように模索されてきた

のかを，外国との比較や，市民性の視点などを視野に入れながら論じた包括的な研究書である。重厚な研究書でありながらも，この分野の入門として読んでも有益である。

宇野常寛『ゼロ年代の想像力』ハヤカワ文庫，2011 年
　1990 年代とゼロ年代（2000 年代）のサブカルチャーを比較し，後者の可能性を追求した本。新しい教養について考える際に示唆的である。

unit 24

進路指導／キャリア教育

Keywords
進路指導，キャリア教育，トランジッション，新規学校卒業者の一括採用，OJT，企業内教育，就職指導，進学指導，ボケーショナル・ガイダンス

「学ぶ」ことと「働く」ことの接続

　学校は，子どもの側からみると，「学び」が組織された機関であり，「働く」ということから切り離されて存在する。そもそも，「学び」の場と「働く」場は，学校ができる以前は一般には渾然として存在していた。unit 2 でみたように，成長のそれぞれの段階で学ぶことと働くことが分離されることなく，生業をもつ大人に移行していったともいえる。

　それに対して，学校制度の成立は，「働く」場とは別に特別な「学ぶ」場を子どもに提供し，社会から切り離しながら子どもを育てる期間を設けたのである。その期間を終える，すなわち学校を出る地点が社会（職業）との接点であった。そのことは，必然的に社会への「出口指導」を要請する。

　進路指導は，そうした要請を受けたものであり，「生徒の将来の進路の選択に関わって学校で行われる」「社会生活の中での生き方の選択を助ける指導を意味する」（『岩波教育小事典』1982 年）と定義され，単なるあっせん指導にとどまらず，学校教育の目的，目標と深い関わりをもって位置づけられている。現行の学校教育法では，進路指導は「職業についての基礎的な知識と技能，勤労を重んずる態度及び個性に応じて将来の進路を選択する能力を養うこと」（第 21 条 10，義務教育の目標），「社会において果たさなければならない使命の自覚に基づき，個性に応じて将来の進路を決定させ，一般的な教養を高め，専門的な知識，技術及び技能を習得させること」（第 51 条 2，高等学校教育目標）とある。

21世紀を迎えて，高等学校以下の学校においても，**キャリア教育**がしきりにいわれている。キャリア（career）＝「人生における軌跡」というもともとの語の意味から考えると，生き方全体のなかに働くということを位置づけて教育をとらえる進路指導（教育）とほぼ同義としてとらえられよう。しかし，あえてこんにちキャリア教育がいわれるのはなぜだろうか。背景には，学校から社会（職業）への移行関係（**トランジッション**）が大きく変動しているという状況がある。この unit では，こうした日本の学校‐職業関係の変化に焦点をあてて進路指導／キャリア教育について考えてみたい。

「学校経由の就職」の起動──学校と職業社会をつなぐシステムの特徴

日本において，学校を介することが社会への移行に欠かせないと広く受け入れられたのはそう古いことではない。「学校経由の就職」が安定的に機能したのは1960年代から80年代にかけてである。unit 6 でふれたように，高度成長期に，企業社会のシステムとして学校と職業が間断なく接続する日本独特のシステム，すなわち大企業を中心とした**新規学校卒業者の一括採用**の慣行のもとで職業社会へ移行させるシステムが構築された。

学校経由の就職は，高卒であれば，就職協定などで高校と企業との特定の関係が結ばれ，「一人一社」を前提にした学校紹介のあっせんシステムを通じて就職を果たす（苅谷，1991）。そこでは，学校で獲得された職業能力ではなく，学業成績が決め手となるところに特徴があった。また，大学卒では，受験学力によって序列化された大学のステータスを前提とし，一般労働市場とは相対的独自に成立する新規学校卒業者の特別な労働市場を通してその多くが就職する。どの段階にせよ学校を出たのちに，企業の**OJT**（オン・ザ・ジョブ・トレーニング：仕事を通じた職場での教育訓練）を中心とする**企業内教育**を通して職業人をつくりあげていくシステムであった。青年にとっては，職業についたというよりも，どういう会社（企業）に入ったかが重要で，その意味で就職というよりも「就社」という性格をもつものであった。

「進学（受験）指導」と「就職指導（あっせん）」による進路指導

学校の動向をみると，unit 6（図6-1）で示したように，高度成長期は義務教育後の高校への進学率が伸び続け，さらに大学を前提とする進学行動がしだい

に大きな流れになっていく時期であった。

　中学校の進路指導は，高度成長期以前は，教科（「職業・家庭科」など）と一体化してなされていたが，それ以降は，特別教育活動の学級活動のなかに移行し，内容も高校への進学（受験）指導が中心となる。進学指導は，実質的には，普通／工業／商業／農業などの教育課程（コース）別に，また，同一課程でも，偏差値によって階層化された学校への選別指導という側面をもって機能していた。

　高校においても，大学進学希望者に対しては，学力偏差値で示される威信に基づいて配列された大学への進学指導がなされた。就職を希望するものに対しては，**就職指導**として生徒自身の自己診断，個性の調査，職業相談などが施されたが，実際には，就職においてすら労働能力ではなく学業成績を重視したあっせんがなされていた（苅谷，1991）。

　高度成長期においては，進路指導は，学業成績を価値とした一元的な「競争の教育」に組み込まれており（→unit 6），その内実は，**進学（受験）指導**と「就職指導（あっせん）」であった。子どもの将来を見通した進路指導を実施するという発想は阻害されがちになっていたのである。

大人になるプロセスの動揺──21 世紀を迎えた労働市場の状況

　進路指導の実際を広く子どもが大人になるプロセスのなかにおいてみると，その役割の位置づけがよりはっきりする。

　第 2 次世界大戦後のヨーロッパの福祉国家では，青年の自立をはかるために住宅給付，奨学金，失業手当などの制度を整えるなど雇用と公的な保障を充実させ，学校から社会への移行関係をつくりあげた（ジョーンズ・ウォーレス，1996）。それに対して，日本では，家族－学校－企業で子ども・青年を庇護しながら移行関係のシステムをつくりあげた（乾，2000）。学校時代は，家族の支援のもとで「競争の教育」を過ごし，学歴などであらわされる成果に応じてさまざまな職業のコースが準備された。そこでは，自立を援助する制度的な保障は希薄ではあったが，それに代わるように終身雇用と年功型賃金を支柱とするいわゆる日本的雇用慣行に根ざした企業社会が存在していた。そこで準備された独特なルートを歩むことで，一人前の大人としての長期安定を手に入れるシステムが築かれていたのである。青年の側からみると，こうした現実のなかで，

> **重要ポイント**
>
> **シューカツ**
> 戦後の学校から社会への移行は1960年代前半に，高校を卒業して社会に出る人の割合が，中学校から社会に出る人の割合を上回った。さらに，90年代前半には大学卒業後に社会に出る人が同一学年のなかで半数を超えている（木村，2015）。戦後，中学校や高校の新卒者の職業先の決定に，学校や行政が深く関与してきたところに日本の特徴があった。こんにち，大学においても，学生のために就職指導室を設けたり，キャリア教育の授業科目を開講したりするといったように，就職支援に大きく乗り出している。これは，18歳人口が急激に減少する状況において，学生や保護者からの要望に対応することで学生を確保していこうという大学の側の事情も背景にある。
>
> 求人広告や大学のOBなどから情報を得ていた時代から，インターネット環境の普及によって就職情報の入手や企業へのアクセスが飛躍的に容易になった。一方で，それに伴い就職希望の学生と企業などとのミスマッチも増大した。その対策の1つとして，21世紀に入って，長期，短期あるいは内容はさまざまであるが一定期間企業で働く「就業体験」であるインターンシップが急激に広がった。
>
> 転職や中途採用が増えつつあるとはいえ，4月1日に一斉に学校から職業へと移行するという基本形は維持されたままであり，就職活動（シューカツ（就活））は学生生活に大きな影響を与えている。就学しながら限られた期間に就職先を定めねばならない学生にとって，コミュニケーションツールとしてのSNSの普及は，就職へのアクセスの選択肢を広げた。他方，学生は，企業等からの連絡が入るのを待ち続けるという日常的な緊張を背負うことにもなり，不採用を知らせる企業からのいわゆる「お祈りメール」を何十通も受け取ることで，自己否定に追い込まれる多くの学生を生むという現実を作り出した。朝井リョウの原作小説・映画『何者』には，企業などから何が望まれているかや他者からどう評価されているかに過剰に敏感で，結局は自分が何者かを見失いそうになる若者の姿が描き出されている。大学まで学校の価値のなかで過ごし，広く自分を問う経験が少なくなった若者にとって，シューカツが正面からその問題に向き合う期間となっているともいえる。

進路選択の意味自体を考えたり，個々に応じ将来を見通したりするような指導が受け入れられる基盤は脆弱であったともいえる。

しかし，1990年代以降，非正規雇用の増大など産業構造と雇用関係の再編が大きく進み，上記のシステムが動揺することになった（本田，2014）。その背景には，日本の産業界が有した日本的雇用慣行からの転換と，それに伴う雇用の流動化ならびに柔軟化の促進があった（新・日本的経営システム等研究プロジェ

クト, 1995)。労働の現場では, 経済のグローバル競争のもとで, 製造業などの減少に伴い, 社会の中位層の安定的な雇用が激減した。その結果正社員の数が絞り込まれ, 販売, 技能部門などで大量の有期の不安定雇用を配した労働市場がつくりあげられた。労働市場の変化は, 学校から職業への移行関係の複雑化, 不安定化を生みだした。これまで存在していた青年の経済的, 社会的自立のための標準が失われていく状況が起こったのである (乾, 2000)。こうした将来の視界が定まらぬ状況の拡大のなかで, 職業を個人の生き方全体のなかに位置づける進路指導が要請される現状が生まれたともいえる (→**重要ポイント**)。

「キャリア教育」の提唱と内容

「キャリア教育」が政策段階の用語としてはじめて用いられたのは, 1999年の中教審答申 (「初等中等教育と高等教育との接続の改善について」) においてである。文部科学省のみならず厚生労働省や経済産業省の連携のもと, 政策主導で先述の労働状況への対応策として登場してきたといっていい。ここでのキャリア教育は, 70年代のアメリカでのキャリア・ガイダンス運動の展開から示唆を受けている。キャリア・ガイダンスにおいては, 人間の心理的, 社会的発達を見据えた援助という視点から, 子どもの生涯を見通したキャリア発達をふまえた指導が求められた (野淵, 1983-86)。それは, アメリカ社会において, 産業構造の転換により, 学校と社会の接続のあり方の根本的な見直しが課題とされていたことが背景としてあった。

日本においては, 若年層の高離職率, 「低い」就業意欲, 「未成熟」な職業観などへの対処が課題とされ, 「勤労観・職業観の育成」を軸にした「小・中・高の学校教育を通じたキャリア教育の推進」がうちだされている。実際には, ①生徒理解・自己理解に関する活動, ②進路情報資料の収集と活用に関する活動, ③啓発的な経験に関する活動, ④進路相談に関する活動, ⑤就職・進学などへの指導・援助に関する活動, ⑥追指導に関する活動などから構成される (吉田ら, 2001) ととらえられている。なかでも, 職場体験を通した学習活動のいっそうの推進をはかることが示されているところに特徴がある。

現行の枠組みに対して, 現存する労働市場のありようを問題にすることなくもっぱら若者の適応能力や意欲・態度へのアプローチのみによって状況が改善されるのかという疑問と, それによって若者をさらに追いつめることにもつな

がりかねないとする危惧が存在している（中西, 2007）。

「権利としてのキャリア教育」の提示

働き方と関連づけながら生き方を学ぶことをキャリアとしてとらえるならば、先述したような1990年代以来の学校から社会への移行（トランジッション）問題に対応して導入されたキャリア教育は、より普遍的な内容をもつものとしてもとらえられる。こうしたとらえ方は、「労働や職業の教育」「働くことの教育」さらに「労働者としての教育」などの形でこれまでも提案され実践されてきた。古くは30年代の生活綴方教師の実践（→unit 16）のなかの「生き方の指導」として、さらに、戦後、現場の教師たちが担った進路指導（教育）実践のなかにうかがうことができる（全国進路指導研究会, 2006）。

そうした民間の教育実践研究の蓄積のうえで、「勤労権を行使する主体」という憲法上の権利としてキャリア権を主張する議論もでてきている（児美川, 2007）。そこでは、学校の教育課程における教科も教育活動もすべてがいずれは社会人となっていくための広い意味でのキャリア教育であるという次元と、生き方・働き方の学習に焦点をあてた教育活動という次元との2つの層で構成され、後者においては、次の6つの柱を設けている。

①人間存在にとっての労働の意味や現代社会における労働の実態など「労働についての学習」、②現代社会における職業の実態や働く場や働き方など「職業についての学習」、③労働三権など「労働者の権利についての学習」、④生き方、働き方の探求や具体的な進路についての情報収集・探索など「自己の生き方を設計し、わがものとするための学習」。こうしたこれまでに蓄積された議論に加えて、⑤市民性を育て、主権者になるための力量形成を目指す「シティズンシップの教育」（→unit 30）、さらに、一定の専門性をもつ職業上の知識や技術の習得がなければ実際の労働市場のなかで生きることが困難である状況をふまえ、⑥「専門的な知識や技術の基礎の獲得」があげられている。

学校教育における進路指導の固有性

ここであらためて学校における進路指導の意味について考えてみよう。

進路指導は、20世紀初頭のキャリア・カウンセリングの創始者としても知られるF. パーソンズによる**ボケーショナル・ガイダンス**（vocational guidance）

が起源とされている。自らの個性（能力，適性，興味など）を知り，一方で，さまざまな職業の一般的条件や必要な能力を理解し，その関係を正しく推論することで職業選択をするというものであった（吉田ら，2001）。日本においては，1920年代に，文部省によって「職業指導」として学校制度に導入され，戦後，進学指導の比重が高まるなかで「進路指導」に改められる（1961年）。ただし，このように制度化されて進められてきた進路指導においては，その後も含めて一貫して，労働市場への順応と勤労への心構えや忍耐力を説く適応主義的な職業観・勤労観が強調されてきたという指摘があり（清原，1991），進路指導の制度化のなかに貫かれた特徴としてもとらえられよう。

このような批判をふまえながら，前述の「権利としてのキャリア教育」が提唱された。そこでの重要なポイントの1つは，日本の教師たちが不安定な状況におかれていた生徒たちを目の前にして，現場で蓄積したこれまでの進路指導の実践からアイデアを得て，制度化されてきた進路指導をとらえ直そうとしている点である。こうしたキャリア教育の提唱に意味と意義を認めながらも，一方で学校という場で行う進路指導の固有性に留意する必要があるとする。

そもそも進路指導（教育）は，子どもの自己実現への支援と同時に，社会的な配分と調整を担う役割を社会の側から要請されたものである。いわば，子どもの発達と分業化された社会との間をつなぐ役割を果たすものであり，教育の枠だけでは対応できない側面をもつ。進路指導に精力的にとりくんだ綴方教師の1人は，結局教師をやめて職業紹介行政に携わることにもなった。このことからもわかるように，学校での進路指導は，学校と社会を直接結ぶものではない。むしろそこにおける媒介性が重要である。こんにちでも，例えば，専門高等学校（職業高校）が，大学，短大，専門学校などへの進学者を多く輩出する「進路多様校」化している現実があり，職業を見据えながらも進学指導の果たす役割は大きい（酒井，2007）。

学校教育が子どもたちの進路を広く開いていくものであるのに対して，進路指導はそれを狭め将来を限定づけていくような役割を担っているところに原理的な特殊性がうかがえる。進路指導は，そこから派生する緊張関係を内包しながら，実際の要請に基づいてなされるものであるといってもよいだろう。したがって，限界を自覚したうえで進路指導を行うことが必要となる。

要　約

　学校を設けて「学び」の場と「働く」場を分けた近代社会では，その接点が重要な意味をもつ。学校においてその接点を担うのが進路指導である。進路指導の難しさは，学校教育の周縁に位置し，将来を見据えて子どもの自己実現を支援するのと同時に，社会的な配分を行ういわば最前線にあるという点にある。日本においては，高度成長期に企業社会のシステムのもとで学校と職業が連続的に接続していたこともあり，生き方全体のなかで職業を考えるような進路指導は発想しにくかった。こんにちのキャリア教育は，企業の採用行動の変化，労働力の流動化政策のもとにおける連続的な移行システムの動揺のなかで提唱されている。そのなかには，権利としてキャリア教育をとらえる動きも生まれている。

確認問題

- [ ] *Check 1*　日本の進路指導の展開の特徴を整理してみよう。
- [ ] *Check 2*　キャリア教育とは何か。キャリア教育が提唱される背景を考えながら整理してみよう。
- [ ] *Check 3*　学校教育が果たす進路指導で留意しなければならない点について考えてみよう。

読書案内

児美川孝一郎『権利としてのキャリア教育』明石書店，2007 年
　子ども・青年に保障されるべき権利としてとらえる観点からキャリア教育を論じた著書。キャリア教育の創造を理論・政策，実践のレベルで考察している。

全国進路指導研究会『働くことを学ぶ』明石書店，2006 年
　半世紀にもわたる民間の教師たちの自発的な教育研究団体の著書。実践のレベルでの「働く」ということを学ぶ進路指導の成果を示している。

本田由紀『教育の職業的意義──若者，学校，社会をつなぐ』ちくま新書，2009 年
　「柔軟な専門性」をキーワードに「教育の職業的意義」の回復が指摘されている。現在のキャリア教育は，選択のための手がかりがないまま選択を強いていると批判する。

unit 25

社会教育と生涯学習

Keywords
社会教育，公民館，成人教育学，生涯学習，アンドラゴジー，成人教育，ポスト・アンドラゴジー，プレカリアート

社会教育と学校教育

　公的な教育が行われる場には，大きく分けると，学校教育法に規定されている学校教育と，社会教育法に規定されている**社会教育**がある。この unit で扱うのは，後者の社会教育である。

　なお，学校教育法にも社会教育法にも規定されていない教育機関としては，児童福祉法に定められている保育所（保育園）がある。日本の就学前教育はこれまで，学校教育法で定められている幼稚園と上記の保育所とに二元化され，制度上，前者は学校，後者は児童福祉施設とされてきた。しかし近年，両者を統合する動きが強まり，2006年10月には幼稚園と保育所を一体的に運営する「認定こども園」が誕生するなど，幼稚園と保育所を一元化する幼保一元化が模索されている。幼保一元化の背景には，ジェンダーの平等を求める動き（→unit 8）や，福祉と教育の関係のとらえ直しがある。

　また，旧教育基本法では社会教育を定めた条文に「家庭教育」が含まれていたが，2006年に改正された現行教育基本法では社会教育の条文（第12条）と家庭教育の条文（第10条）は別々になった。

　さて，本題に戻ろう。社会教育法の第2条では，「この法律で『社会教育』とは，学校教育法（昭和22年法律第26号）に基づき，学校の教育課程として行われる教育活動を除き，主として青少年及び成人に対して行われる組織的な教育活動（体育及びレクリエーションの活動を含む。）をいう。」と定義されている。

　つまり，学校教育以外の場で行われる組織的教育活動が社会教育である。具

体的には，**公民館**や博物館，図書館などが中心となって行う教育を指す。これらの社会教育施設は地域住民や働く青年たちの学習サークルの拠点となるなど，戦後の民主主義社会をつくりあげていくうえで大きな役割を果たしてきた。

しかし他方で，1980年代以降になると，自発的な市民活動の活発化を背景に，「成人市民が行政による教育の対象になる」ことへの疑問から，「市民文化活動の成熟にともなって，成人市民を教育対象とする社会教育行政は終わり」を迎えるという「社会教育の終焉」論も提起されるようになる（松下，1986）。

この「社会教育の終焉」論は，政治学者の松下圭一によって教育学の外側から提起されたものであったが，成人の教育を対象とする**成人教育学**の内部からも，これに呼応する動きが出てくる。それが，次に述べる生涯学習論の台頭である。

生涯教育から生涯学習へ

生涯学習論が登場する前提に生涯教育論があるので，まずそれからみておきたい。1965年，パリで開催されたユネスコの成人教育推進国際委員会で，P. ラングランが「生涯教育」(life-long integrated education) という考えを提唱した。ラングランの問題提起は，従来の学校教育，社会教育という領域を超えて，全生涯を通じての教育の重要性を主張したものである。これがもととなって，日本でも1970年代以降，教育行政の審議会などで生涯教育の用語が用いられるようになっていく。

これに対して，1980年代になると，成人を「教育」の対象とする考え方への上述の松下のような批判も背景にしながら，「生涯教育」ではなく「**生涯学習**」という用語が用いられるようになる。

その背景にあるのは，ユネスコの動きである。例えば，ユネスコでラングランのあとを継いで生涯教育の責任者として活躍したE. ジェルピは，著書『生涯教育――抑圧と解放の弁証法』で，国家や行政が主導する生涯教育のあり方を批判し，学習者の自己決定という視点を強く打ち出した。ジェルピがそこで主張するのは，生涯教育という言葉がともすれば，時の支配的な権力の支配の道具に転化しかねない政治性を批判的に見すえるべきであるという点，そして，抑圧されている人々を解放し，社会変革をしていく主体形成として生涯学習を進めるべきであるという点であった（ジェルピ，1983）。このようなジェルピの

問題提起は，パウロ・フレイレらが提起している被抑圧者の意識を覚醒させる教育の提起とも共鳴しつつ，被抑圧者の解放を目指す国際的な潮流を形成した（フレイレ，2011）。そうした流れは，ユネスコの第4回国際成人教育会議における「学習権宣言」(1985年) へと結実していく。

日本でも，1980年代の首相直属の諮問機関である臨時教育審議会（臨教審）では「生涯学習社会の建設」がうちだされた。それを受けて，文部大臣（当時）の諮問機関である中央教育審議会は1990年に「生涯学習の基盤整備について」と題する答申を出した。

ただし，言葉づかいが「教育」から「学習」に変わったからといって，成人を教育の対象とするという考えが変わったという保証はない。「学習」概念それ自体のなかに教育者の意図が潜んでいる可能性もあり，その意味で「教育の論理を学習の論理によってのりこえることができるかのごとき幻想」は結果的に成人を教育の対象とするという考えを強化しかねないという批判もある（後藤，1988）。

成人教育学の分野では，このような批判も念頭におきつつ，特に成人の学習についての理論的な検討が，アンドラゴジーからポスト・アンドラゴジーへの展開という形で進行している。

アンドラゴジーからポスト・アンドラゴジーへ

まず，**アンドラゴジー**についてみておこう。アンドラゴジーとは，ノールズによって唱えられた成人学習についての概念である。ノールズによれば，子どもを対象とした学校教育におけるペダゴジーは学習についての決定を行うのが教師であるのに対して，成人は自身の学習についてより自己決定的であるという。すなわち成人は，自分にとってのニーズ（必要）があって学習を行う。ノールズは，この「成人学習者の学習ニーズやこれまでの人生経験をあくまで尊重し，経験を学習資源とする学習者中心の**成人教育**のあり方」を追求し，それをペダゴジーとは区別してアンドラゴジーとして定義している（ノールズ，2002）。

しかし，このアンドラゴジーは，学習者である成人にとって，本当に自己決定的であるといえるのだろうか？ この点を問題にして議論をさらに掘り下げたのが，**ポスト・アンドラゴジー**の議論である。

> **重要ポイント**
>
> **プレカリアート**
> **プレカリアート**とは，現代社会で非正規雇用や失業などにより不安定な生活を強いられている人々を総称する言葉である。「不安定な」(precarious) を意味する形容詞を，労働者階級を意味する「プロレタリアート」(proletariat) と合わせた造語で，2003 年にイタリアの路上に落書きされ，以後世界中に広まったといわれている（雨宮，2007）。
>
> 貧困や不平等はそれ以前にも存在していたが，経済成長や福祉国家による社会保障政策によって対処が可能なものとされていた。しかし，2000 年代以降のグローバリゼーションや金融・財政危機のなかで，働いているにもかかわらず収入の上がらない貧困層（ワーキングプア）が増加し，不平等は解決されるどころかますます拡大し，格差社会を生みだすようになっている。このような格差社会の構造が，プレカリアートが登場する背景にある。
>
> プレカリアートがおかれている問題は，単なる経済的な貧困だけにとどまるものではない。社会から「弾かれてしまった」こと（つまり，社会的に排除されていること），そしてそれに伴う「絶えまないバッシング」，そうした不安定さがもたらす「生きづらさ」の総体が，こんにちの格差社会の核心にある（雨宮，2007）。
>
> したがって，格差社会に対しては従来の福祉国家が行ってきたような単なる経済的対処だけではなく（それは絶対的に必要な条件ではあるが），例えばシティズンシップ教育（小玉，2003）のように，だれもが社会のなかで自分が認められていると実感できるような環境づくり，そのための教育支援が重要である（→unit 30）。

ポスト・アンドラゴジーの論者たちによれば，成人の学習は一見自己決定的であるようで，実は，本人たちが気づかぬうちに，学習へのニーズ（必要）自体が，個々人の社会的背景や社会階層などに影響をうけてつくられてしまっている可能性があるという。そこで，アンドラゴジーのように「成人学習者のニーズに対応するだけで良しとする」のではなく，そこからさらに進んで，「ニーズの背後にある社会状況や社会的な歪みにまで目を光らせようとする」点が強調される（三輪，2004；クラントン，1999）。

このポスト・アンドラゴジーの議論にみられる特徴は，学習ニーズの背後にある社会状況に焦点をあてることで，生涯学習の課題を学習者がおかれている社会構造全体の改革と結びつけていくという点である。これは，格差社会の構造改革（→重要ポイント）にもつながる視点である。社会を変革していく主体形成としての生涯学習というジェルピらの提起は，このような形で受け継がれて

いるといえる。

要　約

　成人の教育は公民館など，社会教育施設を中心に行われてきた。それに対して，生涯学習論の高まりを背景に，成人を教育の対象としてではなく自己決定を行う学習の主体としてとらえるアンドラゴジー論が提起されている。だが，成人の学習は一見自己決定的であるようで，気づかぬうちに，学習へのニーズ（必要）自体が，個々人の社会的背景に規定されている可能性がある。そこで，ただ成人学習者のニーズに対応するだけではなく，学習ニーズの背後にある社会構造を意識化することを指摘するポスト・アンドラゴジー論が台頭している。

確認問題

- ☐ *Check 1*　社会教育の定義を，学校教育との違いをふまえておさえておこう。
- ☐ *Check 2*　生涯学習論が台頭する社会的背景を，生涯教育論や社会教育終焉論との関係をふまえて整理しておこう。
- ☐ *Check 3*　ポスト・アンドラゴジーとはどのような考え方か。アンドラゴジーとの違いをふまえて確認し，その意義を考えてみよう。

読書案内

クラントン，P. A.（入江直子・豊田千代子・三輪建二訳）『おとなの学びを拓く──自己決定と意識変容をめざして』鳳書房，1999年
　アンドラゴジーからポスト・アンドラゴジーへの展開をふまえて，成人学習の理論を展開した古典的著作。

赤尾勝己編『生涯学習社会の諸相──その理論・制度・実践』現代のエスプリ466，至文堂，2006年
　生涯学習の理論と実践の最新動向が網羅されている。そこにある論争を含めて，コンパクトに知ることができる。

雨宮処凛『生きさせろ！──難民化する若者たち』太田出版，2007年
　現代の格差社会におけるワーキングプアや社会的排除の実態を，「プレカリアート」をキーワードとしながら事例やインタビューをもとに追求している。

第10章

共生の教育

26　子どもの学習と参加の権利
27　多文化教育
28　特別ニーズ教育／インクルーシブ教育
29　グローバリゼーションと教育開発
30　シティズンシップ

Introduction 10

この章の位置づけ

　共生とは，異質で多様なもの同士の間の対立や緊張をはらんだ関係を生きることである。新しい教育を模索していくうえで，近年この共生という語はキーワードの1つになっている。しかし共生という語には，社会に存在する差別や不平等を容認する危険性もはらまれており，その使用には注意が必要である。

　この章では，このような共生概念の両義性に留意しながら，異質で多様なもの同士の間の対立や緊張が教育の場面に現れる4つの場面をとりあげる。すなわち，子どもの権利問題（unit 26），多文化教育（unit 27），特別ニーズ教育（unit 28），教育開発（unit 29）である。それをふまえて最後に，共生の教育を実現していく1つの方向としてシティズンシップ教育をとりあげる（unit 30）。

この章で学ぶこと

unit 26　子どもの権利の問題を，子どもが保護の客体から権利の主体へと転換していく過程に注目して考える。

unit 27　マイノリティの権利擁護と多文化主義の思想をふまえ，多文化教育について学ぶ。

unit 28　特別ニーズ教育の新しい動きを，そこに含まれている論争とともに考え，学んでいく。

unit 29　グローバリゼーション下での教育開発の課題と動向を学ぶ。

unit 30　近年話題になっているシティズンシップ（市民性）教育とは何かについて学び，その課題と展望を考える。

unit 26

子どもの学習と参加の権利

> **Keywords**
> 学習権宣言，学習権，新しい世代の権利，子どもの権利に関する条約，意見表明権，参加権，人権教育，参加のはしご，参加民主主義

権利としての教育

現代の教育は「権利としての教育」の要求とその実現を軸に発展してきている。この unit では，まず権利としての教育の中核に位置づく学習権の意義を確認していく。そのうえで，発達しつつある次世代としての子どもの学習権および子どもの権利条約を機に提起されてきている子どもの参加権をめぐる諸問題について学んでいくことにする。

学習権の思想

学習は，人間にとって幸福追求のために必要不可欠なものである（→unit 10）。そのことを権利として明言した文書にユネスコの「**学習権宣言**」がある（1985年第4回国際成人教育会議で採択）。そこには学習権が次のように定義されている。「学習権とは，読み書きの権利であり，問い続け，深く考える権利であり，想像し，創造する権利であり，自分自身の世界を読み解き，歴史を綴る権利であり，あらゆる教育の手立てを得る権利であり，個人的・集団的力量を発達させる権利である。」「学習権はたんなる経済発展の手段ではない。それは基本的権利の1つとしてとらえられなければならない。学習活動はあらゆる教育活動の中心に位置づけられ，人々を，なりゆきまかせの客体から，自らの歴史を創る主体へと変えていくものである。」

人々の基本的人権の行使に基づく自由の享受と幸福の追求，物的・精神的豊かさの享受，アイデンティティの探求といったことはすべて，そのための学習

を十全に保障されることによってのみ可能となる。さまざまな権利侵害の状況に直面したときに,「異議申し立て」のアクションを起こしていく力もまた,学習を通じて獲得される。人々が自己自身と社会を創造する主体になっていくプロセスには,必ず豊かで意義深い学習が存在する。その意味で,学習権はさまざまな人権のカタログのなかでも最も基底的な権利の1つであるとみていい。「学習権宣言」は,そうしたことの重要性について集約的に表現している。

次世代の権利としての学習権

ここで,人間一般ではなく育ちつつある次世代であることの固有性に根ざす子どもの**学習権**というものについて考えてみよう。

近代の黎明ともいうべきフランス革命期に,「進歩」の観念を現実のものにしていくのは次世代の者たる子どもたちであると述べたM. J. A. C. コンドルセ(1743-94)は,このことに関連して**新しい世代の権利**を主張した(→unit 7)。彼は,既存の真理は次世代の自由な吟味を通じてこそ発展させられると考え,それを可能にしていく次世代の不断の学習と,それを保障していく公教育こそが社会進歩の鍵をにぎるととらえたのであった。

子どもの学習と社会進歩を不可分のものととらえるこうした考えは,20世紀の子ども中心主義の思想や,教育機会の拡充をはかる制度改革に継承されていった(堀尾,1979)。その間,教育・発達・学習をめぐる諸権利は「与えられる権利から要求する権利へ」と,権利主体の能動性が強調される方向で理解が深められていった。日本国憲法第26条,また国連の世界人権宣言第26条も,現代では「教育を受ける権利」から「教育への権利」(right to education)へと,その解釈のされ方はシフトしてきている。子どもの学習権はこうした文脈のなかで,発達をめぐる科学的研究や教育実践の事実を通じた発達可能性への信頼にも裏づけられながら主張されるようになってきたものである。現行の憲法および教育基本法の条文には学習権は明記されていない。しかし,条文を発達と教育という事柄の本質に基づいて「条理解釈」していった結果,論理必然的に導き出されたものが学習権なのである(堀尾,1991)。

子どもの権利条約

1989年の国連総会で「**子どもの権利に関する条約**」(convention on the rights

of the child）が採択された。生存と保護に始まり，学習と発達への要求に応じる形で，近代を通じて発展させられてきた子どもの権利思想を21世紀に向けてどう発展させていくかという点で画期的といえるものである。というのも，この条約は近代を通じて承認されてきた子どもの諸権利の集大成であり，さらにそれをこえるいくつかの新しい権利保障の視点をもりこんでいるからである。

その画期性として具体的には次の点があげられる。まず，①「条約」として法的効力を有するものとなっている点である。従来の宣言や決議は，各国政府に権利保障の道義的責任を求めるものにとどまっていた。これに対し，子どもの権利条約は国際条約としての法的効力をもって，批准各国の国内法の整備や見直しを求めるものとなっている。ついで，②これまでの宣言に比べてみたとき，開発途上国の子どもたちの現状やニーズ，またマイノリティなど特別なニーズをもつ子どもたちの存在に格別の考慮を示している点があげられる。さらにこの条約が示す最も大きな画期性として，③権利行使の主体としての子どもという子ども観を強くうちだしている点があげられる。

この条約の条文に示された権利の内容は，おおよそ生存・保護・発達・参加の4つのカテゴリーに分類できる。このなかで画期的なのは，4つめの参加（participation）のカテゴリーに属す権利である。ここには，重要な子ども観の変化がみてとれる。近代という時代が「子どもの発見」以来承認してきた「保護の客体としての子ども」，20世紀に入ってから承認され始めていった「権利を享有する主体としての子ども」という子ども観をふまえながらも，さらにそのうえに「権利行使の主体としての子ども」というヴィジョンを提起している。つまり，大人や社会の助成的な支援や適切な指導のもと，自己決定や市民的参加といった類の権利行使を子どもにも承認していこうとしているのである。

意見表明権と参加の権利

子どもの権利条約のなかで，子どもがみずからの意志で主体的に社会に参加していくことを積極的に承認し奨励しようとする，その意味で子ども観の新しさを象徴する条文は，第12条の**意見表明権**（the right to express his or her views）である。これは，成長過程にある特殊性を考慮しつつも，子どもなりの自己決定権や人格的自立権につながっていく権利を明言したものである。

この条文は，「自己の意見をまとめる能力のある子どもに対し，その子ども

に影響を与えるすべての事柄について自由に自己の意見を表明する権利を保障する」と述べると同時に，続けて「そのさい，子どもの意見はその年齢および成熟度に応じて正当に重視される」と述べている。子どもの意見表明と大人の聴聞の義務をセットで明記しているわけである。子どもの側からみれば，意見表明をするという形で，自分たちの処遇に関わるさまざまな決定への関与が権利として認められるとともに，いかなる意見にも大人たちに耳を傾けてもらえるという「聴聞権」も保障されるのである。

ユニセフも強調しているが，この権利は続く第13条「表現・情報の自由」，第15条「集会・結社の自由」，第17条「適切な情報へのアクセス」などに関連づけた複合的権利として保障されるべきものである。これらが，自分たちの世代全体の処遇に関わることがらが策定されていくプロセスに，子どもなりに積極的に発言し関与していこうとする**参加権**を形づくるのである。

現在，意見表明権を中心にする一連の権利に関わる子どもの参加権は，2つに大別されて深められつつある。1つは，精神的自由や表現の自由とともに，自己に影響を及ぼすことがらに対し自由に意見を表明しそれが尊重される「自己決定的参加権」である。もう1つは，集会・結社の自由やそれに基づく具体的な活動を通じて，コミュニティおよび社会において積極的な関与や役割遂行を果たす「社会形成的参加権」である。そして，この両者は次のような視点のもとで統合的にとらえられ，発展させられていく必要があるといえる。①権利行使の主体である子どもに自己の尊厳の認識や自己決定・共同決定の能力を育てていく**人権教育**の徹底。②子ども世代の意思や要求が適切に扱われていく制度のあり方の検討。例えば，参加に必要な情報が十分に提供されうる環境づくり，子ども世代の意志や要求に対する大人や社会のとりくみの報告義務，権利侵害や危険な状況を監督し回避させるための制度（「子どもの人権オンブズパーソン」など）といったものの整備である（喜多ら，1996）。

参加の実践

このように，子どもの参加権は21世紀的な新しい子どもの人権として，いわば形成途上の権利として存在している。それに対応した教育実践のありようも，学校とコミュニティの多様な領域でさまざまに模索されつつある。ここでは，そのなかから，参加の実践に先鞭をつけたといえるR. ハートの「参加の

はしご」(the ladder of participation) を紹介しよう。

ハートはコミュニティや学校への子どもの「参加のはしご」を次の8段階に分けて呈示した。①あやつり (manipulation)，②お飾り (decoration)，③名目のみ (tokenism)，④大人から役割を与えられ，情報を与えられる (assigned, but informed)，⑤大人から相談され，情報を与えられる (consulted and informed)，⑥大人が主導し，子どもと共同決定する (adult initiated, shared decisions with children)，⑦子どもが主導し，大人に指導される (child initiated and directed)，⑧子どもが主導し，大人と共同決定する (children initiated, shared decisions with adult) である（ハート，2000）。

図26-1 参加のはしご

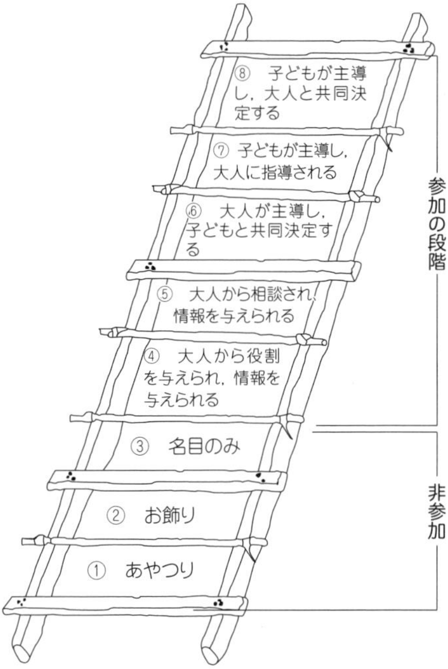

⑧ 子どもが主導し，大人と共同決定する
⑦ 子どもが主導し，大人に指導される
⑥ 大人が主導し，子どもと共同決定する
⑤ 大人から相談され，情報を与えられる
④ 大人から役割を与えられ，情報を与えられる
③ 名目のみ
② お飾り
① あやつり

参加の段階

非参加

（出所） ハート，2000，42頁を改変。

ハートは，このうち①〜③は，既存のコミュニティや学校でよくみられるものだが真の参加とは呼びがたいものであるとしている。そして，提案と決定への主体的関与の質量がともに拡大されていく④〜⑧こそが，真の参加のモデルに値するものだとしている。ただし，このはしご理論には，参加の実践をカリキュラム化するための順次性をあらわそうとしたり，評価の指標にしようとしたりする意図を含めていないとしている点にも留意しておきたい。これはあくまでも，子どもの要求や能力，状況に応じ，臨機応変にさまざまな活動をつくりだすためのモデルである。

今後の展望

ハートによる「参加のはしご」の提出は，その後さまざまな批判的検討を経ながら，**参加民主主義**の方向で次世代のシティズンシップを育成しようとする

> **重要ポイント**
>
> **「ハラスメント」と「指導死」が投げかけるもの**
>
> 子どもの権利の保障を中心に置いて教育のあり方を考えていく場合，教育が子どもの権利の侵害であるようなことはあってはならない。子どもの権利条約を画期とする教育の場における人権意識の進化は，これまで以上に，「校則」や「体罰」がもつ問題性への認識を促すと同時に，教育的指導や教師—子どもの関係をめぐる，学校に根づいた明文化されていない「慣行」も問い直していく契機にもなった。
>
> にもかかわらず，現代に至ってにわかにクローズアップされてきている重大な子どもの権利侵害にあたる問題がいくつかある。
>
> 1つは，セクシュアル・ハラスメントやアカデミック・ハラスメントなどのハラスメント問題である。大学においては，被害に遭う可能性をもつ学生に対する啓発活動を行うことは常識となり，何が「アカハラ」「セクハラ」に相当するのか，いかに防止するのか，また被害の事実が生じたときにはどうやって救済を求めるのか，といったことがらについての意識を高めていく動きはみられる。だが，被害に遭ったとき，自身の力での対処がより困難な高校生・中学生さらに小学生を相手にした学校における啓発活動は，まったく不十分であるというしかない。
>
> 指導がハラスメントに転化していくのは，指導する側に，指導と一体化した「支配」の観念が暗黙裡に存在するためである。それが，指導する側とされる側の関係を「支配と従属」の関係にしてしまうのである。そして，そのような関係は，教師と子どもだけでなく，部活動内などでは先輩と後輩の関係でもつくりだされていくことになる。こうしたことが，子どもの権利という観点から根本的に問い直されるべき問題であることはいうまでもない。
>
> 一方，「指導死」とは，教師に必要な限り認められてきている権限の1つである「懲戒」から生ずるものである。それは「体罰」のみならず，言葉による子どもへの強度の精神的圧迫により，耐えがたい屈辱感を与えたり，極度の自己否定の精神状況へ追い込んだりすることによって，自死に至らしめる事態をさすものである。近年の生徒指導のあり方をめぐって推奨されている「強い指導」「厳しい指導」がそれに拍車をかけているとする見方もあるが，やはりここにも，教師が「問答無用」に子どもたちを指導の名目で「支配」する事実が見出せる（大貫，2013）。
>
> 懲戒を含む教育的な指導が子どもの死に帰結したり，そこにいかないまでも不登校に至らしめたり，心的外傷（トラウマ）をはじめ後々にまで残る精神的・身体的傷痕をつくりだすような指導のあり方は，子どもの学びと発達の権利保障の対極に位置し，存在してはならないものである。これらを，子どもの権利の侵害というかたちでしっかり認識し，懲戒行為をはじめとする日本の学校の教育的指導には，子どもの権利条約によって根本から問い直されていくべき部分があるという認識を深めていかなければならない。

多様な実践モデルを生みだす契機となった。

　今後，学校においては，日常的な規則や規律，学校行事や授業内容の決定，教師と生徒のパートナーシップのありよう，評価など，生徒自治と学校運営における民主主義的な諸関係と原則の再構築が「参加」をキーワードに進められていくに違いない（宮下，2004；喜多，1995）。また，コミュニティの生活における子どもたちの処遇や役割遂行と貢献，遊び・暮らす生活環境の改善に向けた提案のありようなどをめぐって，新しい社会的実践と制度の構築も多様に試みられていくだろう（増山，2004）。その際，それが真に「参加」の名に値するものになるかどうかは，現在広範に行われている順応的な発想に基づく奉仕・動員型の実践を，創造的で変革的な発想をもつものへと変えていくことが1つのポイントとなる。「参加」の実践は，未来を創る次世代の者たちの政治的エンパワメントなのである。

要　約

　近代の子どもの発見と保護の必要から出発した子どもの権利の思想は，時代の進展とともに，子どものとらえ方を，保護の客体から権利を行使し積極的に社会に関与し，参加していく主体へと変えていった。子どもの権利条約は，参加の主体としての子どもをエンパワーし，多様な参加の実践の創造を促している。21世紀は子どもの参加の世紀になるだろう。

確認問題

- [ ] *Check 1*　人々の学習の権利が保障されていない社会はどのような社会となるだろうか。過去や現在に実際に起こったことなどを想起しつつ考えてみよう。
- [ ] *Check 2*　子どもの権利条約が示した子どもの参加の権利は，どのような点が画期的であるといえるか。
- [ ] *Check 3*　子ども世代の社会形成的な参加権の行使として，身近な学校やコミュニティのなかでどのようなとりくみが具体的に考えられるだろうか。

読 書 案 内

喜多明人ら編『子どもの参加の権利――〈市民としての子ども〉と権利条約』三省堂，1996 年

　子どもの参加権の理解を深めていくことによって，日本の子どもたちの学校や地域社会での位置や役割はどう変わっていくのかを多面的に論じている。

ハート，R. A.（木下勇ら監修／IPA 日本支部訳）『子どもの参画――コミュニティづくりと身近な環境ケアへの参画のための理論と実際』萌文社，2000 年

　本文でとりあげた「参加のはしご」を提起している著書。発達途上でありながらも，子どもがコミュニティで価値ある役割を果たしうることを論じている。

ノーマン,C.（川名はつ子監修）『はじめまして，子どもの権利条約』東海教育研究所，2017 年

　子どもの権利条約は，大人と子どもがともに学び合うことが望ましいといえるかもしれない。そうした観点から扱えるものとして，このスウェーデンのテキストは秀逸である。

unit 27

多文化教育

Keywords
多文化教育，同化，公民権運動，教育的平等，教育的公正，民族学習，多民族学習，多民族教育，バイリンガル教育

多文化教育とは

1つの社会のなかに複数の文化が対等な関係のもとに共存し，文化同士の交わりから新たな文化が創造されていく。そのような社会を多文化共生社会といい，その実現を志向する思想を**多文化主義**（multiculturalism）という。この多文化共生社会に向けて，多文化主義の思想に基づいてとりくまれる教育が**多文化教育**（multicultural education）である。

近代の公教育は国民国家による「国民教育」として展開されてきている（→ unit 5）。その目的は，特定の言語（国語）や歴史的記憶を共有する「国民という同一性」（national identity）で結びあわされた人々をつくりだすことにあった。その過程のなかで，本来「国民」には包摂されえぬ属性をもつさまざまな人々，例えば国内の周縁部に居住している少数民族，植民地からやってきた移民とその末裔，同じ民族であっても少数派に属する宗教を信仰する人々，あるいはカースト的に位置づけられ差別されてきた人々などを，**同化**（assimilation）の対象にしてきた。彼ら固有の文化は，国民国家による文化統合の政治力学のなかで，同一性を阻害するものとみなされ，放棄を迫られたり，公認されることのない下位文化におとしめられたりしていった。しかし，近年の社会諸科学によって「国民国家」という「想像の共同体」（アンダーソン，2007）の虚構性がしだいに暴かれていくなかで，「ポスト国民国家」の展望が語られる時代が到来している。

それと軌を一にして発展してきた現代の多元的民主主義の政治思想は，人々

の生活の公共的次元における複数性（plurality）の承認を積極的に志向し，その結果次のような「承認の政治」を行ってきている。国民の歴史的記憶の複数性の承認，マイノリティの社会的権利の承認，彼らが保有してきた固有の言語や生活習慣の正当な価値（文化的アイデンティティ）の承認，さらに性（セクシュアリティ）をめぐる解釈の多様性の承認といったことである。このプロセスのなかで，「国民教育」は，それに根拠を与えてきたエスニシティ（ある民族への帰属意識）やジェンダーの観念とともに再審にかけられている状況にある。多文化教育は，こうした政治的プロセスのなかで，ポスト国民国家時代の新しい教育のあり方をさし示す教育概念である。

この unit では，こうした多文化教育が発展してきた筋道と，現在展開されている教育実践の諸形態をみていこう。

教育的平等から教育的公正へ

多文化教育は何を基盤に提起されてきたものなのだろうか。その出発点には，人種的・民族的諸集団間の教育機会配分の不平等，マイノリティの文化への偏見と差別といった問題の解決という政治的な問題意識があったことをまず認識しておこう。多文化教育は，こうした差別や不平等の是正に向けた政治運動のなかから生みだされてきたのである。以下，そのことが典型的にみられたアメリカを例にとって確かめてみたい。

アメリカの国民統合は，開拓者である WASP（白人・アングロ＝サクソン系・ピューリタン）の倫理と世界観への同化主義から出発し，非 WASP 系移民の増加という事態に直面するといわゆる「るつぼ理論」（melting pot theory）に基づく融合主義を説くという形で展開していった。「るつぼ理論」とは，アメリカという国自体を多様な文化的背景を背負ってやってくる諸民族を溶かす「るつぼ」に見立て，そこでアメリカ人という新しい人種が造形されていく（移民のアメリカ人化）という「理想」を説いたものであった。だが，この融合主義は，せいぜい西欧世界にルーツをもつ白人間の融合（プロテスタント・カトリック・ユダヤ）をもたらしたにとどまった。現実につくりだされた世界は，エスニックなルーツや宗教を同じくする移民同士の結合による多様な集団の分立と，WASP を頂点とした集団間の序列化であった。

こうした現実のなかで，一貫してカースト的ともいえるほどのあからさま

蔑視を受け劣位におかれ続けたのが、アフリカ系アメリカ人であった。そうした彼らの政治的覚醒と差別撤廃要求として展開されたものが、1960年代の**公民権運動**である。その成果は、社会的な自立や成功のための資源の配分の平等化を目指す「適正配分計画」（affirmative action program, 1965年）などの策定に結実し、教育の面でも、**教育的平等**（educational equality）の実現を目指す一連の補償的措置が策定されていった。これらは、いずれもWASPの支配的文化と教育のモデルを堅持し、非WASP系の子どもたちがWASPの文化と社会に適応していく際の障害を除去していくといった性格のものであり、あくまでも同化主義の枠内にとどまるものであった。しかし、これを機にアフリカ系アメリカ人のみならずヒスパニック系、アジア系、先住民系など、多様なアメリカ人の権利の覚醒が促されていく結果がもたらされた点は重要であった。

多文化教育は、このような反差別と教育的平等の追求を起点にしながら、さらに発せられた次の問いによって本格的に開始されていく。すなわち、多様な条件とニーズをもつ子ども（集団）にとって、彼らの眠らされた潜在能力の開花を保障する教育とはどのようなものなのか。学習者の実情への配慮と、それに基づく教育の「実質」への問いである。そこから強調され始めていったものが**教育的公正**（educational equity）という観点であった。条件整備や教育機会の量的で形式的な配分にとどまり、ときに画一化と標準化に帰して同化主義の枠を破れない教育平等の観点が反省され、質的な面での教育における社会的正義と公平の実現を追求しうる非同化主義的な教育が求められていくようになったのである。多文化教育の本格的展開はここから始まっていく。

多文化教育の展開の諸相

では、多文化教育は具体的にどのような教育実践として展開されてきているのだろうか。アメリカの多文化教育研究の第一人者であるJ.バンクスは、その展開を、①単一民族学習、②多民族学習、③多民族教育、④多文化教育、⑤制度化という5つのステージに分けている（バンクス，1999）。

多文化教育としてまずとりくまれた実践は、「黒人研究」（black studies）といった形でなされる**民族学習**（ethnic studies）である。これはアフリカ系アメリカ人の子どもたちに、彼らの生活文化やそのルーツを宗教や音楽や歴史などの学習を通じて再認識させていく実践である。その目的は、この学習を通じ、

それまで偏見と蔑視のなかで自己否定的にとらえざるをえなくさせられてきた自己の人種性や文化を肯定的にとらえ直させ、自己のエスニック・アイデンティティをめぐる自尊感情をとり戻させていくことにある。同様の実践はヒスパニック系、原住民系の人々の間でもとりくまれている。

　この民族学習の試みは、さらに**多民族学習**（multi-ethnic studies）へと発展していく。多人種・多民族・多文化によって構成されているアメリカ社会の現実をふまえ、ユダヤ系や東欧系、アジア系も含めたあらゆる民族集団についての歴史や文学についての学習コースをカリキュラムに組み入れ、多様な文化を学ぶ機会を保障していこうとするものである。

　そして、この多民族学習の展開が**多民族教育**（multi-ethnic education）に発展していく。多様な民族学習のコースを設定するだけではマイノリティの発達可能性の制約はなくならない。カリキュラム全体や生活指導を含む学校文化そのものを問い直し、それをWASP的なものから多文化的なものへと変えていかなければならない。多民族教育とは、こうした観点をもつ学校改革のヴィジョンをあらわすものである。そこには、マイノリティの母語保障の教育やバイリンガル教育の実施、教師の人種的・民族的偏見を是正するための教師教育の実施も含まれている。この段階において、多文化教育は新しい時代の民主主義教育として、その全体的性格をアピールしていくことになった。

　そしてこの発展上に試みられていくものが、多文化教育の全面的な展開と、その制度化である。ここでは文化というものをとらえる観点が、エスニシティだけでなく、ジェンダーとセクシュアリティ、障害、孤立させられがちな特殊な宗教なども対象にしたものへと拡張され、あらゆる差異と多様性の承認と、それらに対する寛容を基調にした多文化共生社会のシティズンシップの育成が展望されていくことになる。制度化とは、こうした多文化教育の視座をもつ教科書の編集や教材の開発、多文化主義の観点で教育実践を省察していくためのチェックシートの作成やモニターシステムの導入などをさす。

多文化教育の全体像

　バンクスは、上述の展開をふまえながら、現代の多文化教育が視野におさめ、肯定的に配慮しエンパワーすべき多様性を次のように図式化している（バンクスら、2006）。

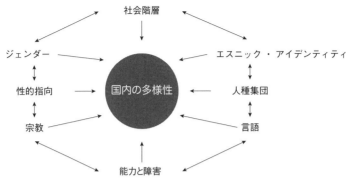

図 27-1 多様性の要素

(出所) バンクスら, 2006, 45 頁。
(元資料) Banks, J. A. (2001). *Cultural Diversity and Education: Foundations, Curriculum, and Teaching* (4th Ed.), Allyn and Bacon, p. 76.

現代の多文化教育は，図 27-1 のような人々が示す多面的な多様性とその複合を視野に収めてとりくまれていく必要がある。その目的は，あらゆる差異を尊重し，多様性を承認していける市民を育てることにある。

こうした点からみて，私たちにとってここであらためて知っておく価値がある身近なものに，「在日朝鮮人」の民族教育の戦後史があることにふれておきたい。そこには，バンクスが述べたアメリカの多文化教育の展開の筋道と基本的に重なる事実がみられる。彼らの民族教育は，マイノリティとして自己の民族的アイデンティティと尊厳を回復し，それを次世代に伝え，同時に差別や不平等を是正する社会運動とも結び合いながら展開されてきた。そして現在，そうした民族教育の蓄積の厚いコミュニティでは，朝鮮民族だけでなく，アジア系・南米系ニューカマーズの権利の擁護などにまで視野を拡げた多文化コミュニティづくりがとりくまれ始めている。それらは，日本における本格的な多文化教育の先駆けとしての役割を果たしているといっていい（沼尾，1996；韓，2008；金，2007）。

多文化教育の実践①──取り出し型アプローチ

現在とりくまれている多文化教育の実践にはさまざまなタイプのものがあり，内容的にも方法的にもいくつかの異なる枠組みのもとで実践されている。ここで，前々項でふれた民族学習，多民族学習のほかにみられる代表的なアプロー

> **重要ポイント**
>
> **戦後日本社会と朝鮮学校**
>
> かつての日本の植民地支配とそれに由来する移民，その子弟たちの教育要求によって誕生し，長い歴史を重ねてきていながら，時々の政治状況のなかで北朝鮮国家との関わりゆえに誤解と非難の対象にされてきた「民族学校」である朝鮮学校。今日なお，高校無償化の対象とするか否かをめぐり，その存在は政治問題化され議論され続けている。
>
> この長い歴史と多くの問題を投げかけてきている朝鮮学校の存在意味や実態を，今日の多文化主義をめぐる議論のなかで再認識していくことは，多文化共生に向けた日本社会の来し方と行く末をみていくうえで欠かせない作業だろう。その点で，本質主義的な志向を掲げる民族運動や朝鮮学校の表層にとらわれず，その内側に分け入り，新しい世代も含めた「在日コリアン」の生活実践を観察し，日本社会における彼（女）らの人間形成の実態に迫る研究や，それが遂行される場としての朝鮮学校のすがたをありのままにとらえ，その存在意味に迫ろうとする研究がなされるようになってきていることには注目したい（リャン，2005，宋，2012）。
>
> 朝鮮学校は，マイノリティとしての民族文化を次世代へ受け渡していく場として機能しているだけではない。同窓ネットワークを通じて，経済活動をはじめとする社会活動全般の資源となる社会関係資本を再生産していく機能も果たしているし，朝鮮と日本という2つの社会と文化を往来しながら，アイデンティティ・ポリティクスを経験する者たちの共同体としても機能している。そうした生々しい経験のなかで，スポーツ選手としてあえて帰化という選択をしたり，北朝鮮の代表選手となるという選択をしたりした経緯を綴った本も出版され，若い世代に広く読まれる時代になっている（吉田・姜，2011）。
>
> 2つの言語と文化，そのなかで積み重ねられていく生活実践，アイデンティティ・ポリティクスからフレキシブルなアイデンティティ・マネジメントへの移行，こうした様相を呈する現代の在日コリアンの教育要求は，今後どう変化していくのだろうか。また，日本社会はそれをどう受け止めていくのだろうか。日本における多文化主義の発展を展望していくうえで重要な問題となるだろう。

チのあり方をみておこう。

最もよくみられるものに「取り出し型アプローチ」がある。これは，もともと「メインストリームからはずれた文化をもつ者たちへの教育」と呼ばれてきたもので，いわゆる「適応教育」のことをさす。その対象は，公用語を母語にしない子どもたち，マジョリティ文化とは異なる文化をもつコミュニティに暮らす子どもたちであり，その目的は，ひとまず彼らを現在暮らしている公共社

会や学校の子ども集団に適応させ，そのことによって積極的な社会参加への意欲を促す点におかれる。内容的には公用語の補償教育が中心になる。これは，急増したアジア系および南米系の子どもたちを迎え入れた日本の教育現場においても，切実な教育課題をなすものとなってきている。

ただし，このアプローチは，その目的と内容の双方において，「適応」という形で従来の同化主義の枠内にとどまるものであると批判されることも多い。確かにそのとおりで，厳密な意味では多文化教育ではないといわざるをえない。しかし，当面する社会のなかで，マイノリティの子どもたちの発達と社会参加の可能性を追求していく際，その必要は認めざるをえない面もある。要は，それを同化主義的な適応教育から多文化教育のほうへとシフトさせていく展望をもつことであろう。適応を促すだけでなく，彼らの母語使用や文化的背景に対する適切な配慮がなされること，公用語教育とともに母語教育（ないし継承語教育）も保障していく**バイリンガル教育**の実施によって，同化主義からの脱却をはかっていくことである。このアプローチに基づく教育を受けることは，マイノリティの正当な権利であり，「特別ニーズ教育」（→unit 28）の一環をなすべきものであるという認識もしっかりもっておきたい。

多文化教育の実践②——人間関係的アプローチ

次に，「人間関係的アプローチ」と呼ばれる教育実践にふれておきたい。これは，異文化に対する寛容さを育てたり，文化的な背景の異なる者たち同士がお互いを受容し合える対話的なコミュニケーションの能力を獲得させたりしていくために開発された実践様式である。社会心理学に基礎づけられて開発されたロールプレイやブレーンストーミングなどのカリキュラムが用意され，子どもたちはそれらの活動（activity）を通じて偏見やステレオタイプな思考に気づかされ，それらから解放されていくことになる。

このタイプの実践に対しては，個人（心理）間の関係という次元で相互の理解と尊重が実現されれば，あたかも社会的な葛藤や問題はおのずと解消されるかのような謬見を生みだしていくといった批判もしばしばなされる。また，安易なマニュアルに基づいて実践され，リアルさを欠いた主題の追求に終始しがちであるといった批判をされることもある。しかしその一方で，このようなアプローチは，差別の実態やそれをのりこえる思想を教え込むだけの講義型の学

習に代わり，人権学習や開発学習などに関連づけた参加型学習の実践として充実していく可能性もみせている。

🔲 多文化教育の実践③——多文化的・社会構築主義的アプローチ

最後にふれておきたいのは，「多文化的で社会構築主義的なアプローチ」と呼ばれるものである。このアプローチは，「知識の社会的構成」の観点を念頭におきながら，既存の知識体系にしばられずに子どもたちの批判的思考を活性化させる方向で，調査や討論を軸に学習を組織していくものである。

社会科などの知的ジャンルや文学・音楽などの芸術ジャンルの多文化学習の実践として，現在このアプローチが多文化教育の実践の主流をなしつつある。このアプローチは，人種・階級・ジェンダー・障害・性的指向などの点でマジョリティの枠内にある人々の視点で形成されてきた公定の知識体系や常識を，批判的にとり扱うことを可能にしている。また，学習者の生活経験に基づく個々のパースペクティブを交換することも，ディベートなどを通じて可能にする。あるいは，コミュニティでのボランティア活動といった実際の社会参加と切り結びながら，そこでふれた人々の固有の経験と「声」を反映させていくことも可能にしている。内容的にも，方法的にも，学習のプロセス自体を多文化的なものにしていく可能性を追求するアプローチであるといえる。フレイレの課題提起型教育と批判的意識化のテーゼ（→unit 10）などが，このアプローチの理論的な基礎づけに貢献してきている。

以上のような多文化学習は，人権学習・環境学習・ジェンダーとセクシュアリティの学習といった，関連するさまざまなジャンルの学習と重なり合いながら展開されていく。多文化教育が提起され展開されてきた筋道を正しく理解し，現代のシティズンシップ教育（→unit 30）の一環をなすものとして発展させていかなくてはならない。

要　約

20世紀後半に，差別と不平等の撤廃やマイノリティの権利の擁護を起点に，文化の多様性の承認という多文化主義思想が生まれ，それに基づく多文化教育が提起されてきた。現在，さまざまな実践様式が開発され，ポスト国民国家時代の

シティズンシップ教育としてその発展が期待されている。国民教育への回帰か，多文化教育への転換かは，現代の公教育の1つの重要な分岐をあらわしている。

確認問題

- **Check 1** 多文化教育は何に支えられて発展してきたのだろうか。
- **Check 2** 多文化教育は何のためにマイノリティの文化を擁護したり，文化の差異の尊重と多様性の承認を求めたりしているのだろうか。
- **Check 3** 多文化教育が子どもたちのなかに形成しようとする能力や資質はどのようなものだろうか。
- **Check 4** 多文化教育を，ポスト「国民教育」として，また21世紀の新しいシティズンシップ教育の一環としてとらえた場合，これまでの教育の何がのりこえられていかなくてはならないのだろうか。unit 5 や unit 30 も参照しながら考えてみよう。

読書案内

バンクス，J. A. ら（平沢安政訳）『民主主義と多文化教育——グローバル化時代における市民性教育のための原則と概念』明石書店，2006年

民主主義と多様性の原則を確認しあった2002年の国際会議の成果をふまえ，多文化教育のキーワードを平易な文体で解説している最も標準的な概説書である。

松尾知明『多文化教育をデザインする——移民時代のモデル構築』勁草書房，2013年

移民時代の到来が現実味を帯び始める日本社会において，外国人の子どもの教育課題や異なる文化同士の共生という実践的課題を，グローバルな文化教育の進展のなかで検討している。

unit 28

特別ニーズ教育／インクルーシブ教育

> **Keywords**
> 特別支援教育，障害児教育，特殊教育，発達保障論，総合教育（インテグレーション教育），サラマンカ宣言，特別ニーズ教育，インクルーシブ教育，ノーマライゼーション，社会的インクルージョン，合理的配慮，障害者差別解消法

「特殊教育」としての障害児教育からの転換

　障害をもつ者は，近代以前においては，追放，虐待，さらには，収容，保護などの対象であった（梅根，1974）。公教育制度が確立していくなかで，障害をもつ子どもも教育の対象とされたが，これらの子どもに対する教育は，義務教育に組み込まれてからも一貫して普通教育とは別系統の「特殊教育」として位置づけられてきた。それを転換させた枠組みが特別ニーズ教育である。日本においては，2006年の「障害者の権利や尊厳を大切にしつつ社会のあらゆる分野への参加を促進することが合意された」国連の障害者権利条約採択に呼応するかたちで，2007年に学校教育法が改正された。「盲学校，聾学校及び養護学校における教育（特殊学級を含む）」を内容とする「特殊教育」から，「障害ある児童生徒一人一人の教育的ニーズに応じて適切な教育的支援」をする「**特別支援教育**」への転換である。その後，すべての子どもを対象にしたインクルーシブ教育の考え方が意識されるようになり，こんにちに至っている。このunitでは，これまでの**障害児教育**の歩みをふまえながら，特別ニーズ教育，インクルーシブ教育（エデュケーション）の提唱の意味を考えてみよう。

「特殊教育」の成立

　特別なニーズを必要とする子どもへの教育が課題化されてきたのは20世紀

末である。それ以前はどのように処遇されていたのであろうか。

　そもそも障害をもつ子どもが教育の対象とされるようになったのは18世紀に入ってからであるが，当時は篤志家や慈善家の着想や努力に依存しており，ド・レペによる世界最初の聾啞学校（1760年設立），アユイによる盲学校（1784年設立）が有名である。19世紀には，セガンなどによって重度知的障害児への組織的教育的処遇が探求され始めた。日本においても，1878年に京都盲啞院の設立がなされている。

　19世紀後半から，欧米各国や日本において義務教育制度が整備される。それに伴うように，20世紀前半から中期にかけて，障害の種別や程度に応じた対応を特別な学校や学級で行う動きが生まれてくる。学業不振児問題から派生して，知的障害をもつ子どものための特別な学級や学校が設置され，また難聴，弱視，言語障害の子どもや肢体不自由，病弱な子どもの教育も普通教育とは分化されるようになり，「**特殊教育**」が築きあげられていった。一方で，同時に義務教育の免除や猶予が制度化され，多くの子どもが公教育から排除され，社会事業の対象とされた。そこには，障害をもつ子どもへの特別な処遇と排除を原則とし，通常の教育の負担の軽減という観点，また社会防衛上の観点が存在していたことがうかがえる。

日本の戦後「特殊教育」の展開と統合教育

　戦前の日本では，障害をもつ子どもの教育を慈恵としてとらえ，重い障害をもつ子どもは就学免除や猶予という形で排除されてきた。戦後は，憲法・教育基本法の理念に基づき，教育はすべての国民の権利とされ，障害をもつ子どもの教育も同様に位置づけられた。生存と発達に必要かつ適切な教育をすべての子どもに施すことが価値として認められ，その実質的な保障のために，盲学校，聾学校，養護学校の義務化を含めて，学校教育法は9年間の義務教育を規定した。実際には，盲，聾学校は，1948年から学年進行で義務化が実施されていく。しかし，養護学校については，1979年まで義務化が延期された。

　1979年の養護学校の義務化は，障害をもつ子どもの発達保障の機会を獲得するものとして高く評価された。その背景には，「この子らに世の光を」ではなく，「この子らを世の光に」（糸賀，1965）ととらえ，障害のある人々の発達と自立を保障しようとする「**発達保障論**」があった。糸賀一雄の創設した重症

> **重要ポイント**
>
> **「特殊教育」「障害児教育」「特別支援教育」**
>
> 　障害があるために特別の医療，教育，福祉を必要とする子どもが障害児とされ，そうした子どもを対象に行う教育が障害児教育とされている。盲，聾，知能遅滞，肢体不自由，病弱などの子どもに対しては特殊学校・学級が準備されているために「特殊教育」と呼ばれてきた（2007年の学校教育法改正までは，同施行規則22条の3に規定された障害基準によって盲，聾，養護学校〔「精神薄弱」「肢体不自由」「病弱」〕に就学）。しかし，一般的には，「特殊」という用語が差別的印象を与えかねないことや普通教育ではない特別な教育という意味合いを含むことから，法制上の「特殊教育」よりも「障害児教育」が広く普及してきた（渡辺ら，1991）。
>
> 　これに代わって2007年度に導入された「特別支援教育」とは，「障害のある幼児児童生徒の自立や社会参加に向けた主体的な取組を支援するという視点に立ち，幼児児童生徒一人一人の教育的ニーズを把握し，その持てる力を高め，生活や学習上の困難を改善又は克服するため，適切な指導及び必要な支援を行うもの」（文部科学省HPより）とされている。導入された特別支援教育は大きく2つの対象を含み込んでいる。1つは従来の障害児教育であり，もう1つは発達障害（→unit 3）への対応である。
>
> 　障害児教育の対象として注目されてこなかった発達障害のある子どもは，従来の障害児に比べて人数としては圧倒的に多く，障害に対する基本的な理解とそれに即した処遇や関係者の合意のもとでの支援が求められている。その場合，障害とラベリングすることで，それを通してのみの子どもの理解に陥りやすい弊害があることを自覚した現場のバランス感覚が求められる（大和久，2003）。
>
> 　特別支援教育は，障害認定を受けることで特別な教育を受けることができるという制度枠組みをとっている。一方で，普通学校の関係者にとっては，相変わらず普通教育への障害児教育の統合としてとらえられているという現状がある。これらは，子どものニーズに合わせて学校システムを改善しようとするインクルーシブ教育を阻害する大きな要因であり，制度的，現実的状況への対応が求められている。実践例として，大阪市立大空小学校は，特別支援の対象となる子どもも含めてすべての子どもたちが同じ教室で学び，地域住民や学生のボランティア，保護者らの支援も積極的に受け入れた「地域に開かれた学校」としてフルインクルーシブの実践を行っている（小国，2015）。

　心身障害児施設「びわこ学園」の実践にみられるように，発達保障論の実践研究の蓄積がなされてきたのである。しかし，一方で，こうした発達保障の機関としての養護学校は，「障害」を理由に「障害のある人々」を社会から分離す

るものとして批判されることにもなり，大きな論争を巻き起こした。批判の論点としては，①「発達保障論」が，結果として地域で生活していく障害児の権利を奪うことにならないか。②障害を個人還元的にみていないか。③本人のニーズが必ずしも親のニーズと同一ではないのではないか。さらに，④戦後の「通常教育」と「特殊教育」からなる別学体制自体が差別を助長するのではないか，といったものがある（篠原，1976）。

こうした議論は，必ずしも十分な形で総括されることなく，後述するノーマライゼーションの流れを背景に，**統合教育（インテグレーション教育）**が進められていくことになる。インテグレーションは，障害のあるなしにかかわらず同じ学校，学級で学ぶことを求めるが，あくまでも通常教育への準備を前提としており，少数者である障害児に働きかけて「普通」に合わせていこうとする傾向をもっていた。障害のある子どもが通常の学校や学級に在籍していても，ただいるだけということが起きることもあった。結果として，統合教育の議論や施策の多くは，学校の現場では必ずしも関心が高くなく通常の教育全体には広がらず，障害児学級の問題に収れんされてしまい，全体としては十分な改革には至らなかったとされている（山口，2000）。

サラマンカ宣言

特別支援教育の導入により，LD（学習障害）に加えて，ADHD（注意欠陥・多動性障害），高機能自閉症などの発達障害をもつ子どもも対象にふくまれるようになった。その背景には，ユネスコを中心に広がっている特別ニーズ教育にみられるような，障害児教育に対する理念的な展開がある。

その理念を象徴的にあらわすのが，1994年のスペイン・サラマンカで開催されたユネスコ「特別ニーズ教育世界会議」および同会議が採択した「**サラマンカ宣言**」と「**行動大綱**」である。そこでは，「すべての者の教育」（education for all）というスローガンのもとに，特別ニーズ教育とインクルージョン（inclusion）という新しい考え方が以下のように示されている。

「インクルーシブ校の基本的原則は，すべての子どもはなんらかの困難さもしくは相違をもっていようと，可能なさいはいつも共に学習すべきであるというものである。インクルーシブ校は（中略）すべての子に対し，質の高い教育を保障しながら，生徒の多様なニーズを認識し，それに応じなければならない。

そのさい，すべての学校内ででくわすさまざまな特別なニーズにふさわしい，さまざまな支援やサービスがなされなければならない」(UNESCO, 1994；中野, 1997)

　こうした動きをうけて，日本においては，**特別ニーズ教育**（special needs education：SNE）について，「障害児教育と通常教育という二分法的な教育ではなく，子どもの有する『特別な教育的ニーズ』に対応した特別な教育的ケア・サービスの保障を子ども固有の権利として承認し，特別な教育的ニーズを有する子どもの諸能力と人格の発達を保障するための教育の理念・目的，法制度，行財政，カリキュラム，方法，技術の総体」（日本特別ニーズ教育学会，2007，13頁）と定義している。

特別ニーズ教育／インクルーシブ教育

　特別ニーズ教育／**インクルーシブ教育**の用語を世界的に普及させる契機となったのがイギリスのウォーノック報告（1978年）である。この報告では，障害カテゴリーの代わりに「特別な教育的ニーズ」を用いることが提案された。この報告は，障害者と健常者とが区別されることなく社会生活を共にするのが正常なことであり望ましい姿であるとする，ノーマライゼーションの潮流を受けてのものであった。**ノーマライゼーション**は，1960年代に北欧諸国から始まった社会福祉をめぐる社会理念であるが，「障害者の権利宣言」（1975年）の採択，アメリカでの「全障害児教育法」（1975年）の施行などとならんで，ウォーノック報告を支える考え方である。

　インクルーシブ教育と特別ニーズ教育とはサラマンカ宣言においては同様な文脈でとらえられていたが，インクルーシブ教育は，障害のある子どもだけではなく，貧富，宗教，人種，性別の違いや社会・経済的な原因による困難についても特別な教育的ニーズの対象としてとらえるなど，包括性を有するものとして位置づけられていく（鈴木，2006；落合，2016）。その背景には，医学の進歩に伴って，学習に大きな困難をもつ子どもの存在がクローズアップされたことや，これまで「ちょっと変わった子」などと認識されてはいても特別な処遇が準備されていなかった発達障害の子どもたちの存在があった。また，国のコントロールを越えてヒト・モノ・カネ・情報の移動がおこるグローバリゼーションの進行などの新たな諸状況に伴い，外国籍の子どもに対する教育などの諸

問題も生まれていた。さらに，学校へ行くことが自明とされるなかで，いじめや不登校によって学校から排除されてしまう子どもの問題が大きくなっている。このような状況で，ユネスコを中心に広がっている特別ニーズ教育／インクルーシブ教育の理念が，障害児に限らず学習困難に遭遇するさまざまな子どもへの特別な施策を促すことになった。

インクルーシブ教育の展開と課題

すでにみたように，インクルージョンは，健常－障害という区分で障害をとらえるという考え方をとらない。子どもたちのさまざまな差異を容認して，子どもの特別なニーズに合わせて学校のシステムをつくり直すというものである。ただし，実際の処遇においては，養護学校の義務化の論争でもみたように，大きくわけて2つの考え方が併存しているといえる。すなわち，1つはそれぞれのニーズに丁寧に対応していく（発達保障を目指して障害に対応していく）ということであり，もう1つはまずは共通の場を保障するという考え方である。両者とも障害をもつ子どもがよりよく生きていくことを目指しているのであるが，具体的な対応において対立する場面がみられてきた。両者の議論にはそれぞれ限界や制限が存在する。すなわち，前者には，実際の社会生活につながる指導がどこまで可能なのかという限界があり，後者においては，障害をもつ子ども本人のための場所や教育内容などの個別の支援がどこまで保障できるかという現実的な制限が存在する。そのため分離別学か統合かという二者択一の議論が生まれてきた。いずれにしても，障害をもつ子ども本人とその保護者を，どのような教育を受けるかを選択する主体として位置づけ，そのための情報をさまざまな角度から提示し，よりよい判断が行われることが必要である。

こうした議論は一貫して底流にありながらも，実際の社会は大きくは**社会的インクルージョン**（共生社会）に向けて動いている。冒頭の国連の障害者権利条約採択（2006年）を経て，2013年に障害のある子どもに対して**合理的配慮**を提供することを大学も含め全公立学校に義務づけた**障害者差別解消法**が成立した。それをもとに文部科学省は，「インクルーシブ教育システム構築事業」をたちあげて，障害の状況に応じた物理的な環境や意思疎通の配慮などの実践事例を提示した。ただし，インクルーシブ教育の事例が特別支援教育に限定されていると批判が上がっている（インクルーシブ教育データバンク，2017）。

> **重要ポイント**
>
> 「障害」の把握の展開
>
> 　障害の把握自体も大きく展開してきた。1980年に世界保健機関（WHO）では，障害を国際障害分類ICFに基づいて定義している。そこでは，機能障害（impairment），能力障害（disability），社会的不利（handicap）の三層が定められている。これらの各層の関係が，例えば，耳が聞こえない（機能障害）から聞き取れない（能力障害）状況を引き起こし，さらにそのことで情報を収集しにくくなるという社会的不利につながるといった理解がなされがちであった。その結果，「障害」を否定の対象としてのみとらえたり，本人自身の問題として理解されることとなった。2001年にこうした定義を改訂し，人間の生活機能と障害を，「心身機能・身体構造」「活動」「参加」の3つの次元および「環境因子」等の影響を及ぼす因子で構成し，約1500項目に分類した。そこでは，障害は社会・文化的な構成物であるという点がつらぬかれている。障害を否定的にとらえて治療の対象とするという考え方ではなく，社会（環境因子）のあり方を見直していくという方向性が示された。こうした動きは，障害をどのようにとらえるかという把握の仕方の変化を背景にしている（鈴木，2006）。ちなみに，こんにちのイギリスやアメリカの障害学（disability studies）は，障害は社会によって構築され意味を付与されているという視点に立って，障害や障害者像を改めようとしている。

　とはいえ，インクルーシブ教育の実現には，日本においては学校制度や学校現場の対応などさまざまな困難がある。「社会を構成しているさまざまな人々が，互いにその存在を認め合い，共生していく社会」（内閣府，2005）を目指すためには，その担い手をつくるという視点をもった教育が一般の学校においても課題となっている。また，社会基盤に目を広げてみると，テクノロジーの開発やパラスポーツの取り組みなどにみるように，障害の垣根を低くする幅広い環境の整備の動向もみられるが，一般の人々の受け止めも含めさらなる展開が求められている。

要　約

　サラマンカ宣言で指摘された特別ニーズ教育やインクルーシブ教育は，これまでの障害児教育を転換させる内容をもつ。障害に対応した教育だけではなく，学習困難な状況によって生みだされるすべての「特別な教育的ニーズ」をもつ子ど

もへの対応が目指されている。その前提として，障害は社会によって構成されるものという理解があり，特別支援学校・学級，普通学校を問わず，全学校の教育が対象とされている。

　日本では「特別支援教育」として導入されたが，現実には理念的な転換はうかがいにくく，学校現場においても，関心が必ずしも高くないという指摘がある。その前提には普通教育と障害児教育が二元化されて組織されてきた学校体系から生じる原理的な問題があり，その克服が課題とされている。社会的インクルージョンという視点から普通学校においても共生社会に向けた教育の推進が求められている。

確認問題

- [ ] *Check 1*　インクルーシブ教育への2つの流れを整理して，その考え方の違いをまとめてみよう。
- [ ] *Check 2*　特別支援教育の課題について整理してみよう。
- [ ] *Check 3*　共生社会に向けたインクルーシブ教育の課題について考えよう。

読書案内

茂木俊彦『障害児教育を考える』岩波新書，2007年
　特別支援教育の理念・制度を問い，障害児の学習と発達を保障するという立場から障害児教育の可能性と課題について示した著書。

倉石一郎『増補新版 包摂と排除の教育学――マイノリティ研究から教育福祉社会史へ』生活書院，2018年
　教育の包摂（インクルージョン）は単純に排除の反対語としてあるわけではない。本書は福祉教員の果たした役割などを通して，包摂のなかに排除を見出し，排除のなかに包摂を見出すという「入れ子構造」を示した。

インクルーシブ教育データバンク編『つまり，「合理的配慮」って，こういうこと?!――共に学ぶための実践集』現代書館，2017年
　「障害者差別解消法」（2013年）によって公立学校に義務づけられた障害のある子どもへの「合理的配慮」に対しての，インクルーシブ教育を牽引してきた教員たちによる実践集。

unit 29

グローバリゼーションと教育開発

Keywords
グローバリゼーション,非政府組織(NGO),教育開発,万人のための教育(EFA),潜在能力(ケイパビリティ),ポスト・コロニアリズム,サバルタン,持続可能な開発,環境教育,SDGs

グローバリゼーションのなかの教育

ふつう**グローバリゼーション**といえば,市場経済が国家単位を超えて世界規模で展開することをさすものとみられている。しかしグローバリゼーションには,このような経済的な側面だけではない,さまざまな側面がある。例えば,U. ベックは,グローバリゼーションを世界市場の論理に還元してとらえるグローバリズムの思想を厳しく批判し,「世界市場の覇権と優越性の仮面をはぎ取り,その裏側にある実像を,社会のあらゆる次元に即して暴露する必要がある」と述べる(Beck, 2000, p. 117)。また,ベックと同様にグローバリゼーションに関する体系的な考察を展開している A. ギデンズも,「グローバリゼーションは,経済的な相互依存だけでなく,日常生活における時間と空間の変容という意味をも併せ持つ」という点を指摘している(ギデンズ,1999,62頁)。

これらベック,ギデンズらの指摘にもみられるように,グローバリゼーションは,単なる市場経済のグローバル化にとどまらない,私たちの生活のあらゆる面に及んでおり,教育の問題についてもそれは妥当する。そこで本 unit では,いわゆる発展途上国に対する教育援助を扱ってきた教育開発論について,グローバリゼーションをふまえて考えたい。

発展途上国の教育開発

世界には数多くの国が存在するが,経済的に豊かな国(いわゆる先進国)と貧

しい国（いわゆる発展途上国）の間の格差はいまなお大きい。そこで，国際的な格差の問題に対処するために，さまざまな国際協力活動が展開されてきた（浜野，2002）。

国際協力活動のうち，政府によって行われる途上国への援助を政府開発援助（ODA：official development assistance）という。途上国に対する開発や援助は従来このODAによるものが中心であった。だが，グローバリゼーションが進む近年は，政府によるODAの援助だけではなく，民間の市民レベルで援助活動に従事する**非政府組織**（**NGO**：non-governmental organization）も，開発援助に重要な役割を果たすようになっている。

NGOは自発的な市民や民間人によって運営されている組織である。そのためNGOには，機動的できめ細かな援助が可能である，国際的な市民同士のネットワーク構築ができやすい，等の利点がある（浜野，2002）。

以上で述べたODAやNGOによる途上国援助のなかでも，特に重要な役割を果たしているのが教育に関する援助であり，これを**教育開発**と呼んでいる。

教育開発の歴史をみるうえで重要な画期をなすのは，1990年3月「万人のための教育世界会議」である。これは，世界銀行，ユネスコ，ユニセフ，国連開発計画の共催により，タイのジョムティエンで開催されたもので，ジョムティエン会議とも呼ばれている。この会議では，すべての人々に基礎的な教育機会を保障することが呼びかけられ，**万人のための教育**（**EFA**：education for all）がその後の教育開発のキーワードとなっていった（黒田・横関，2005）。

このジョムティエン会議を契機として，教育開発の重要性がクローズアップされ，経済成長を中心とした援助から，人間開発を中心とした援助への転換が模索されることとなった。この人間開発を中心とした援助のあり方を具体化する際に重要な根拠となった理論の1つが，次に説明する，ノーベル経済学賞を受けた経済学者A.センらによる「潜在能力（ケイパビリティ）アプローチ」である。

2 潜在能力アプローチ

例えば，ある国に自転車という財を援助するとしよう。その国の人が自転車の使い方を知っていて自転車に乗ることができれば，自転車を援助したことによって，援助の効果が生まれる可能性がある。しかし，その国の人が自転車の

使い方を知らず,自転車に乗ることができなければ,いくら自転車を援助してもその効果は期待できない。

したがって,援助の効果を上げるには,単なる財の分配だけではなく,「財の特性を機能に変換する」能力,言いかえれば,その財を使いこなせる能力をつけさせるための教育が必要になる。この能力を,センは**潜在能力(ケイパビリティ)** と呼ぶ(セン,1988)。センとともに世界開発経済研究所で共同研究に従事した M. ヌスバウムは,センの唱えた,潜在能力アプローチを具体化するために,人間が生きていくために必要な潜在能力のリストアップを行った(ヌスバウム,2005;馬上,2006)。潜在能力アプローチは,援助の効果を上げるには財の分配だけではなく人間の開発,すなわち教育が必要であることを明らかにし,人間開発を中心とした援助を進める理論的基盤となった(宮寺,2006)。

ただ,ここで問題となるのは,潜在能力を具体的に特定することが果たして可能かどうかという点である。例えば自転車に乗ることができる能力が,すべての人にとって必要な能力であるとは限らない。たとえすべての人が自転車に乗れなくても,一部の人が自転車に乗ることができ,それによって,すべての人が物資の運搬などの利益を享受できれば,自転車という財の効用は達成できるかもしれない。

このように,自転車に乗れることがどれだけの人にとって必要な能力なのかは,その国や社会の文化,経済のあり方によって変わってくる。「この能力をつけさせなければいけない」と言い切ってしまうのは,援助者のお節介になる危険性もある。G. A. コーエンという哲学者はこの点をふまえて,財を効用に変えていくうえで必要なのは「潜在能力の平等」ではなく,「利益を享受しうる機会の平等」であると述べ,潜在能力アプローチを批判している(川本,1995)。

そもそも,発展途上国の援助がいかなる意味において正当化されうるのか,発展途上国にとって必要な援助とは何なのかは,それほど自明なことではない(橋本,2007)。それを決めるのはいったい誰なのか,援助者なのか,それとも被援助国の人々自身なのか,という点を含めた根本的な検討が求められている(→重要ポイント)。

「持続可能な開発」とは何か

グローバリゼーションが進むこんにちの教育開発が直面するもう1つの課題

> **重要ポイント**
>
> **ポスト・コロニアリズム**
>
> 　先進国と発展途上国の格差の背景には，先に近代化を成しとげた先進国の側による，発展途上国に対する侵略や植民地化の歴史がある。発展途上国の多くは，長い間植民地主義（コロニアリズム）支配を受けるなかで，支配者の言語や文化によって自らの存在を命名され，自分たち自身の言葉をもつことは困難であった。
>
> 　しかし1960年代以降の植民地のあいつぐ独立を経て，植民地支配を受けてきた人々は，支配者の言語や文化に強く影響を受けつつも，自分たちのことを自分たちの言葉で語ることがいかにして可能かを問い，文芸批評や人文社会科学の分野でその実践を試みるようになる。それを植民地主義以後の思想という意味で，**ポスト・コロニアリズム**と呼ぶ（スピヴァク，1992）。
>
> 　植民地支配のなかで従属的な地位に位置づけられ自分を語る言葉をもてない存在（**サバルタン**）が，はたして自らのことを語ることができるのかを探究したスピヴァクが著した『サバルタンは語ることができるか』は，ポスト・コロニアリズムの問題意識を端的に表明した書であるといわれている（スピヴァク，1998）。
>
> 　ポスト・コロニアリズムの思想は多様であるが，支配者－被支配者，開発者－被開発者，援助者－被援助者といった二項対立図式を組みかえ，異質なものの間の葛藤を含んだ平等な関係を追究しようという点では共通の志向性を有している。この視点は，教育開発の枠組みを問い直すうえでも重要な示唆を提起している。

は，地球温暖化や海洋汚染などの地球環境問題へのとりくみである。地球環境問題は，いわゆる先進国，途上国を問わず，地球上に住むすべてのものに影響を与える問題である。

　この地球環境問題を意識して，1987年に「環境と開発に関する世界委員会」の報告書で提起されたのが，**「持続可能な開発」**という考え方である。これは，環境と開発を不可分のものとしてとらえる考え方，言いかえれば，地球環境に配慮し，環境や資源を大切にしながら開発を行い，次世代に負担を残さないようにしようという考え方である（浜野，2002）。

　持続可能な開発という考え方は，1992年にブラジルのリオデジャネイロで開催された国連環境開発会議（いわゆる「地球サミット」）でも確認され，教育開発の中心的な考えになっている。日本でも，**環境教育**にこの考え方がとりいれられている。そして，2001年に策定されたミレニアム開発目標（MDGs）の後継として，2015年9月の国連サミットで採択された「持続可能な開発のため

の 2030 アジェンダ」に記載された 2016 年から 2030 年までの国際目標が、「持続可能な開発目標（SDGs）」である。これは、持続可能な開発を実行するための 17 のゴールと 169 のターゲットによって構成されたものである。「地球上の誰一人として取り残さない（leave no one behind）」というインクルーシブな理念を掲げている点が特徴であり、発展途上国のみならず、先進国自身がとりくむ課題として位置づけられており、日本でも積極的なとりくみがなされている。SDGs がインクルーシブな社会の実現を掲げていることにも示されているように、環境教育を単なる道徳教育とせず、環境問題の背後にある社会構造を批判的に読み解けるような教育実践が求められている。

要　約

グローバリゼーションのなかで、発展途上国の教育開発は政府による ODA だけではなく、民間の市民による NGO を通じても行われるようになってきている。教育開発の重要な画期をなすのは、1990 年 3 月「万人のための教育世界会議」での万人のための教育（EFA）という理念で、これはその後の教育開発のキーワードとなった。これを契機として、経済成長を中心とした援助から、人間開発を中心とした援助への転換が模索され、その際重要な根拠となった理論の 1 つが、センによる潜在能力（ケイパビリティ）アプローチである。だが、発展途上国にとって必要な援助とは何なのかは、それほど自明なことではなく、その正当化原理や、それを決めるのはいったい誰なのかが問われている。

確認問題

☐ *Check 1*　EFA の内容とそれが提起されるにいたる歴史的経緯をまとめておこう。

☐ *Check 2*　潜在能力アプローチとは何か、また、そこにはどのような問題点があるか、整理しておこう。

☐ *Check 3*　環境教育を行ううえで留意すべき点を、「持続可能な開発」や SDGs という言葉を用いてまとめてみよう。

読書案内

黒田一雄・横関祐見子編『国際教育開発論——理論と実践』有斐閣, 2005年

　教育開発論に関するスタンダードな教科書。教育開発論に関する基本的な知識を, 網羅的にわかりやすく解説してあるので, 本unitで教育開発に関心をもった人はぜひ読んでみてほしい。

北村友人ほか編『グローバル時代の市民形成』岩波講座 教育 変革への展望 第7巻, 岩波書店, 2016年

　国民国家を基盤に「国民」の育成を主眼としてきた教育が, グローバリゼーションの進展によって大きく転換している様を, 民主的な社会の実現を担う市民形成という視点から描き出す。世界各国の教育政策の現状を報告し, 日本の教育のゆくえを考える諸論文によって構成されており, この領域の研究の到達点を示す本である。

スピヴァク, G. C.（上村忠男訳）『サバルタンは語ることができるか』みすず書房, 1998年

　インドにおけるサティーと呼ばれる寡婦殉死（夫が死ねば自分も死ぬ）の慣習の例を素材としながら, サバルタン（従属者）の語りについて考察した哲学書。難解ではあるが, ポスト・コロニアリズムの到達点を示す本として紹介しておきたい。

unit 30

シティズンシップ

> **Keywords**
> シティズンシップ，市民性，公共性，参加，福祉国家，共同体主義，ソーシャルキャピタル，ボランティア，奉仕活動，フレンドシップ，クリック・レポート，社会的道徳的責任，共同体への参加，政治的リテラシー

いま，なぜシティズンシップか

シティズンシップとは，ある1つの政治体制を構成する構成員（メンバー），あるいは構成員であること（メンバーシップ）をさす概念である。日本語では公民性（公民的資質），**市民性**（市民的資質）などと訳されることが多い。いま，なぜシティズンシップが注目されているのか。その理由は，シティズンシップが，「国民」という概念よりも新しい社会の構成員をさす概念としてより適切なのではないか，という問題関心が広がってきているからである。

これまでの学校教育は，国民国家を単位として制度化され，実践されてきた（→unit 5）。しかし近年，グローバリゼーションの進展（→unit 29）とともに，多文化的状況が強まり（→unit 27），国民国家の枠内にとどまらない国際理解，異文化理解の必要性が認識されるようになっている。また，国民国家の内部でも，国籍をもたない外国人市民の子どもたちが多く学校に通うようになりつつある。このような状況のもとで，「国民」という枠組みとは異なる次元で，公教育を考えることが重要視されるようになった。

さらに，もう1つ，公教育における公の意味，すなわち**公共性**のとらえ方の変容もある。これまで公共性というと，お上や官僚のもの，というイメージがあった。しかし，私たちの社会では，これまで以上に，人々の価値観が多様化している。また，多様な考え方をもつ市民が，政治活動や経済活動をはじめ，社会に存在するさまざまな問題の解決に能動的に参加するようになっている。

そうしたなかで，公教育における公のイメージを，お上や官僚のものというイメージから，多様な市民の能動的な**参加**によって構築される公共性へと，とらえ直す動きが強まっている。そしてそうした新しい公共性の担い手である市民の資質として，シティズンシップへの注目度が高まっている（山口，2004）。

以上のような状況のなかで，欧米や日本ではシティズンシップ（市民性）という概念によって，新しい教育のあり方を考えていこうという動きが1990年代以降強まり，カリキュラムの改革や教育制度の改革に大きな影響を与えるようになってきている。

以下ではまず，シティズンシップという概念の意味について，その系譜をたどりながら確認をする。そのあとで，1990年代以降のシティズンシップ教育の展開について考えてみることにしたい。

シティズンシップの系譜

市民（シティズン）という概念の由来は，古代ギリシアにまでさかのぼる。古代ギリシアでは，市民とは，直接民主政に参加する都市国家（ポリス）の構成員をさす概念であった。そこには，単なる都市の住民という含意にとどまらず，「政治に参加する人」という意味が含まれていた。

17世紀からの近代市民革命（→unit 7）以降は，この「政治に参加する人」という市民の意味が，国民国家を構成する国民全体へと拡大されていく。その過程で，市民であること（市民性，シティズンシップ）の内実は，古代ギリシア的な都市国家の構成員という意味から，「国民国家を構成する国民の権利」をさすものへと転化する。例えば，社会学者のT. H. マーシャルは，シティズンシップの定義について，18世紀の個人的自由を中心にする市民的権利から，19世紀の政治的な権利（参政権）を経て，20世紀の生存権を含む社会権へと拡大発展していったととらえている。すべての国民が生存権を含む社会権を保障されるような国家のことを**福祉国家**と呼ぶ。その意味で，生存権を含む社会権へと拡大したシティズンシップを福祉国家的シティズンシップと呼ぶこともできる。

この福祉国家的シティズンシップには2つの特徴を見出すことができる。1つは，それが生まれながらにして付与されている権利（市民権）という性格を強く有している点である。もう1つは，国民国家における国民というアイデン

ティティと強く結びついている点である。その意味で、少なくとも福祉国家の段階までは、シティズンシップという用語と国民という用語は、それほど異なる概念であるとはとらえられていなかった (→unit 5)。

シティズンシップ概念の転換

しかしながら、このような国民概念によって特徴づけられてきた福祉国家的シティズンシップは、本 unit の冒頭でも述べたように、特に 1990 年代以降、グローバリゼーションの進展など社会構造の変化によって、以下の 2 つの点において、国民概念とは異なる新しい意味を体現し、新しいシティズンシップ概念へと転換している。

まず第 1 に、シティズンシップが教育によって獲得されるものであるというとらえ方への転換である。グローバリゼーションや財政危機などの影響で、例えば貧困層（ワーキングプア）の増加や格差問題の顕在化など、福祉国家の社会権保障機能が十分に果たされない状況が顕在化してきた (→unit 25 の**重要ポイント**)。そうした状況のなかで、生まれながらにして付与されている権利（市民権）としてシティズンシップをとらえる福祉国家的シティズンシップとは異なる、新しいシティズンシップのとらえ方が台頭してきた。それは、シティズンシップを生まれながらにして備わっている権利としてだけではなく、教育によって獲得されるべき資質としてとらえていこうとするものである。ここから、シティズンシップ教育という考え方が展開していく。そのなかには、共同体に参加する市民としての義務や責任を強調する**共同体主義**（後述）の思想も含まれていた。

第 2 に、グローバリゼーションや多文化的状況の進展に伴い、国民国家の枠組みが変容し、同質的な国民というアイデンティティに基づく市民概念がとらえ直しを迫られるようになったという点があげられる (→unit 5)。そして、同質的な関係ではなく、異なるアイデンティティを有する異質な他者の間の関係を視野に入れた多文化的なシティズンシップの可能性が模索されるようになっている (→unit 27)。

シティズンシップ教育の展開

1990 年代以降展開していくシティズンシップ教育の特徴は、上で述べたシティズンシップ概念の 2 つの転換に対応する形で、以下の 2 つに整理できる。

1つは，共同体主義的なシティズンシップ教育である。福祉国家の段階では，シティズンシップは生まれながらにして付与されている権利（市民権）という性格を強く有していた。したがってシティズンシップ教育も，そうした権利を行使するために必要な知識の教育を中心に考えられてきた。これに対して，前述のように，1990年代以降の欧米では，社会，共同体への参加や貢献を果たすことを主眼においたシティズンシップ教育を強調する流れが台頭している。これが，共同体主義的なシティズンシップ教育である。

例えば，共同体主義者であるR.パットナムらは，**ソーシャルキャピタル**（社会関係資本）といういわばご近所のつながりや底力を創り出す課題と，シティズンシップとを結びつけることによって，地域社会の信頼関係を強化しようという提案を行っている（パットナム，2006）。そのために，**ボランティア**活動などへの参加や，共同体への**奉仕活動**を通じて，ボランティア的シティズンシップを習得していく，という方法論が提起される。

もう1つは，政治的なシティズンシップ教育である。これは，政治に参加する主権者になるための教育を重視するシティズンシップ教育である。そこでは，参加民主主義と多文化主義の思想を接合し，同質的でない異質な他者との関わりや対立，葛藤のある状況での政治的判断力の養成が重視される。このような政治的シティズンシップ教育を強調する論者としては，イギリスでシティズンシップ教育を教育課程に位置づける政策を主導しているB.クリック（クリック，2004）や，1990年代のクリントン政権下で「新しいシティズンシップ」論の流れを主導したミネソタ大学のハリー・ボイトなどをあげることができる（Hildreth, 1998 ; Boyte, 2002）。

このように，1990年代以降の福祉国家の後のポスト福祉国家段階における市民形成の教育をめぐる議論は，共同体への奉仕活動を通じてのシティズンシップ教育を志向する共同体主義的なシティズンシップ教育の流れと，政治教育を通じてのシティズンシップ教育を志向する政治的なシティズンシップ教育の流れとが，対立と相克を内に含みながら共存している。

シティズンシップ教育の具体例――イギリスの場合

この2つの流れが合流してシティズンシップ教育政策を展開している例として有名なのが，イギリスのシティズンシップ教育である。

> **重要ポイント**

「友だち民主主義」の落とし穴

本文で述べた政治的なシティズンシップ教育の特徴は，同質的な関係ではなく，異なるアイデンティティを有する異質な他者の間の関係を視野に入れた公共性が追求されているという点である。この視点は，いまの学校に蔓延している「友だち民主主義」の落とし穴におちいらないために重要な意味をもつ。

ここでいう「友だち民主主義」とは，友だち関係が人間関係の全域を覆いそこから逃げられないような世界のことである。いいかえれば，「同質性を前提とする共同体の作法」が生みだす「友だち幻想」（菅野，2008，25頁）や，「個々の自律性を確保できずに互いに依存しあわなければ自らの存在確認さえ危うい人々の人間関係」が支配する「友だち地獄」（土井，2008，51頁）といってもいいだろう。例えば，その場にいないと悪口の対象にされるのでずっと一緒にいなければならない，とか，携帯メールはすぐに返信し合わないと心が安まらない，といった関係をさす。

私たちはともすれば友だち関係はいいものであると思いがちである。しかし，学校のようにいろいろな人が，特に目的を共有することなく集まってくるような空間では，友だち関係は，容易に，異質な他者を排除したり抑圧したりする装置へと転化する（雨宮，2008）。友だち関係が特に学校という場で異質な他者を排除する抑圧的な関係を強くもつようになっていくのは，日本では高度成長が行きづまる1970年代ぐらいからではないかと思われる。

社会学者の大澤真幸も示唆しているように，浦沢直樹の漫画『20世紀少年』はこの点を考える1つの手がかりを提供してくれる（大澤，2008）。『20世紀少年』では，1970年当時小学校5年生だった主人公の友だち関係と，そこで芽生えた排除や憎悪が21世紀の全体主義国家につながっていく様が描かれる。主人公の幼馴染みが「ともだち」を名乗るテロリスト集団の教祖となり主人公と敵対していく。

20世紀の友だち関係（とそこからの排除）

21世紀の全体主義

（出所）　（左）『20世紀少年』16（ビックコミックス／浦沢直樹，小学館，2004年）カバーデザイン。
　　　　（右）『20世紀少年』5（同上，2001年）カバーデザイン。

ちなみに,「ともだち」が率いる全体主義テロリスト政党の名は「友達民主党(友民党)」である。
　「友だち民主主義」の落とし穴におちいらないためには,**フレンドシップ**(友だち関係)を,異質な他者との関係をつくるシティズンシップ(公共性)の視点からくみかえていくことが,公教育の課題として求められている。

　イギリス政府は,1998年に上述の政治学者クリックらが中心となって,シティズンシップ教育に関する政策文書,通称**「クリック・レポート」**を発表した。そしてこれに基づいて,2002年から,中等教育段階でシティズンシップ教育が必修となった(窪田,2007;片山,2008)。
　この「クリック・レポート」では,シティズンシップを構成する3つの要素があげられている。それは,**「社会的道徳的責任」「共同体への参加」**,そして**「政治的リテラシー」**の3つである。この3つのうち,「社会的道徳的責任」と「共同体への参加」は,前述の共同体主義的なシティズンシップ教育の流れに対応し,「政治的リテラシー」は,政治的なシティズンシップ教育の流れに対応している。
　そこで問題となるのが,上記3つの要素のうち,「社会的道徳的責任」や「共同体への参加」と,「政治的リテラシー」との関係である。クリックによれば,「社会的道徳的責任」や「共同体への参加」だけでは,シティズンシップ教育はともすれば「ボランティア活動一辺倒」になりがちで,それは国家,社会や共同体にとって都合のいい「単なる使い捨ての要員」を育てるだけになってしまうという。そしてそのような「使い捨ての要員」ではなく,「政治文化の変革を担う積極的な市民(アクティブ・シティズン)」の育成をこそ,シティズンシップ教育の中心に位置づけるべきであると主張する(クリック,2004)。そのためには,「政治的リテラシー」(政治的判断力や批判能力)を中心とする政治教育が必要であると指摘する。
　ここでのクリックの指摘にもあるとおり,シティズンシップ教育が単なる国家,社会や共同体にとって都合のいい「使い捨ての要員」を育てるだけになってしまわないためには,政治的リテラシーの教育を含む,政治的なシティズンシップ教育をシティズンシップ教育の中心に位置づけることが重要である(→ unit 9)。

日本におけるシティズンシップ教育の展開

日本でも，イギリスのシティズンシップ教育などの影響を受けつつ，いくつかの自治体や学校で，シティズンシップ教育が実施されている。

例えば，東京都品川区では特別活動，道徳，総合的な学習の時間を「市民科」という1つの教科として組みかえ，小中一貫カリキュラムのなかで，「市民意識の醸成」を目指したカリキュラム編成を行っている（→unit 20）。また，お茶の水女子大学附属小学校では市民的資質の養成をカリキュラムの中心に位置づけている（小玉，2003；経済産業省・三菱総研，2006）。さらに，2015年の公職選挙法改正によって選挙権年齢が18歳以上に引き下げられたことは，このようなシティズンシップ教育の推進を後押しする可能性がある。実際，2015年10月29日に文部科学省が出した通知「高等学校等における政治的教養の教育と高等学校等の生徒による政治的活動等について（通知）」では，高校生の政治教育を禁止していた1969年通知を廃止し，高校生を政治的主体として期待し，位置づける立場を表明すると共に，「現実の具体的な政治的事象」を取り上げることを「重要」なものとして，積極的に推奨している（小玉，2016）。それをうけて，2018年3月に公示された高等学校の学習指導要領では公民に新必修科目「公共」を設置し，具体的政治を取り扱うことが期待されている。

日本の教育基本法第14条（旧教育基本法では第8条）では「政治教育」の尊重が規定され，第一項で「良識ある公民として必要な政治的教養は，教育上尊重されなければならない」とある（小玉，2007）。上記のような18歳選挙権の成立以降の動きは，この政治教育の趣旨を実質化する可能性を含んでいる。その可能性を現実のものとするためにも，シティズンシップ教育を通じて，政治的リテラシーの教育を含む政治教育の課題を追求していく作業が強く求められている（→unit 9）。

要　約

シティズンシップとは，ある1つの政治体制を構成する構成員（メンバー），あるいは構成員であること（メンバーシップ）をさす概念である。福祉国家の構造転換に伴い，特に1990年代以降は，共同体主義的なシティズンシップと，政治的なシティズンシップの2つの流れが台頭し，日本や世界のシティズンシップ教育に影響を与えている。価値観が多様化する現代社会において適切な判断を行

い，政治や社会の意思決定に参加する市民を育てるためには，特に後者の政治的シティズンシップの教育が重要であり，政治的判断力や政治的意思決定に参加する資質を育成することがそこでの課題となる。

確認問題

- ☐ *Check 1*　市民（シティズン）という概念はこれまでの政治思想や教育思想においてどのようにとらえられてきたか。具体的な思想家などにあたって調べてみよう。
- ☐ *Check 2*　なぜ，1990年代以降にシティズンシップ教育の議論が新たな発展をみせたのか。本文での記述をもとに考えてみよう。
- ☐ *Check 3*　日本の学習指導要領や各自治体，学校での教育実践において「公民」や「市民」という概念がどのように位置づけられ，それはカリキュラムの編成や教育制度改革にどのように反映されているか。調べ，整理してみよう。

読書案内

嶺井明子編『世界のシティズンシップ教育——グローバル時代の国民／市民形成』東信堂，2007年
　世界各国のシティズンシップ教育の現状を概観した本。日本や欧米だけでなく，他のアジア諸国やロシア，トランスナショナル（国を超えた）な動きについても説明してある。

小玉重夫『シティズンシップの教育思想』白澤社，2003年
　教育思想の歴史を説き起こしながら，シティズンシップ教育の理論と実践について述べた本。確認問題を考える際の手がかりとしても使える。

unit 31

結　本書がつかもうとした教育学

🔲 教育学という学問の性格について

　私たちはなぜ学問を学ぶのだろうか。文科系の学問について一般的に想定されている理由としては，大きくは2つあるように思う。

　1つは，資格や技術を取得，習得するために学問を学ぶという理由である。医学，法学，経営学，会計学などがその代表であろう。

　もう1つは，その領域のことを深く考え，研究するため，つまり，広い意味での教養を深めるために，学問を学ぶという理由である。政治学，経済学，社会学，歴史学，哲学，言語学，文学などが想定される。例えば政治学を学ぶのは政治家としての資格や技術を習得するためというよりは，むしろ政治について深く考え，研究するためであることのほうが一般的なのではないだろうか。

　では，教育学はどうだろうか。教育学はこの2つの両方にあてはまる。つまり，教員養成系大学の教育学部の場合のように，教員としての資格（教員免許）を取得するために教育学を学ぶ場合もあれば，非教員養成系大学の教育学部や，あるいは一般市民が教育学を学ぶ場合のように，必ずしも教員免許の取得を目的とせずに，教育のことを深く考え，研究するために教育学を学ぶ場合もあるからである。このことが，教育学という学問の性格をある意味であいまいなものにしている。

　そもそも，教育学に限らず，ある学問を自分のものにすることは，ある芸を身につけることと似ている。芸を身につけるときに，人は芸のネタを仕入れ，それを自分のものにしなければならない。学問も同様で，その学問に特有のネ

タ（学問の業界内部で通用する業界ツールのようなもの）があり，そのネタを自分のものにすることが必要なのである。このような意味での学問の世界における業界ツールとしてのネタは，密教，秘儀などともいわれる。

　他方で学問は，その業界に通じていない人たちにもわかるような，みんなに通じる言葉をもたなければ，社会のなかに自らを位置づけることができない。このような学問が社会のなかに自らを位置づけるための言葉は，顕教，公儀，ベタな語り，などと呼ばれたりする（小玉，2008；宮台ら，2007）。

　教育学は，誰でも経験している教育を対象としているために，とかくネタ（秘儀）が意識されていない状態，つまりベタな（公儀の）議論が流通しやすいという特徴をもっている。ネタをもったもの同士だけの秘儀的な議論はどうしても閉じた議論になるので，民主主義の社会ではアマチュアリズムに通じ，議論を開かれたものにするために，ベタに語る，つまり公儀で学問を語ることが必要な面もある。しかしあまりそれが行き過ぎると，大衆迎合的な論議（悪しきポピュリズム）に流される危険がある。やっかいなのは，教育学の場合，そういう悪しきポピュリズムを政治家や官僚，場合によっては教育の専門家とされる人々（研究者や教員など）が扇動することがあるという点である。

　教育学を学ぶということは，つきつめれば，教育についてのベタでない語り方もできるようにすること，いいかえれば，教育学の秘儀の世界にもふれ，それをアマチュアに開かれたものにすること，つまり，市民性を備えた教育学を身につけることなのである。本書はそのための入口を提供することを目指した。そこには，これまで大学の教職課程で学ばれてきた教育学に，そういった教育学の秘儀的な部分にふれる面が必ずしも十分とはいえなかったのではないか，という反省も込められている。

　unit 0 でペダゴジーという概念を導入した意図もこの点にある。学校のペダゴジー（教授方法）は自明なものとして存在しており，それを再生産している。そうした世界では，教育学はともすれば単なる教授方法の技術伝達のための学問であり，研究的な学問ではないととらえられている。しかし，自明のものの奥にある独特のコミュニケーションの質を明らかにしなければ，教育学の内まわりをとらえることができない。

　また，教授方法や教育課程の意義と編成，つまりカリキュラム論を多く扱った第Ⅱ部では，従来の教職教育学的な議論のスタイルだけにしばられずに，第

Ⅰ部の歴史的，哲学的な考察となるべく結びつくような議論を展開するようにした。前述したように，教育学部には教員養成系でないところもある。そこでは，全体のなかの一部分に過ぎない領域である教育社会学や教育哲学などだけに特化してそれを集中的に学ぶ。教育学部の教育学の学び方は，そういう非教職的な教育学を学ぶところと，師範学校的な教職教育学を学ぶところとに二元化されていて，その間が分断されている。そこにこそ，こんにちの教育学のあり方の問題がある。教育学の大学院が，研究者を主として養成する大学院と教員のための教職大学院とに分化されつつあるし，また，本テキストでもふれたように，2019年度の新入生から適用される教員免許法の改訂によって教職課程の科目がコアカリキュラムに則りシラバス上の拘束を受けるようになった。そうしたことも，この非教職教育学と教職教育学の分断の傾向に拍車をかけることを危惧する。

そこで本書では，非教職教育学と教職教育学とを共通にクロスさせるための枠組みの構築を目指した。

㊁ 教育学と社会，政治の関係について

本書では，教育学の通説的な議論をひととおり理解できるようにしたが，それとともに，その通説に対する批判的な視点を意識して書かれている。

教育学の通説では，ふつうは，教育の理念から出発して，その理念に照らして現実を批判するという，いわば理念先行型の枠組みが採用されることが多かった。だから，教育学の教科書の多くも，教育哲学や思想など，教育の理念に関わる内容を冒頭にもってきて，それに基づいて教育の実践や制度を説明するというスタイルになっている。

本書はこのような理念先行型のスタイルを批判することを意識して書かれている。そのために，特に，2つの点を強調した。

第1は，教育の理念や思想といわれるものも，その時代の社会や歴史的変化に規定されて存在し，変化するものであるという点である。したがって第2に，教育の実践や改革は政治や経済など，社会全体の改革や実践との関係のなかでしか議論することができないという点である。

例えば，第Ⅱ部では，「理念先行型」の議論を極力排するようにした。社会，時代が変わっても普遍的なものとして考えられている「子どもを大切に」，「内

側にあるものを引き出す」などは，ともすれば，具体的な手だてとして，お手本を求めていこうという思考，「何々しなければいけない」という規範と結びつきやすい傾向がある。このようなお手本を求める思考が，教育現場ではことのほか大きく，強い。しかし，そういう思考では教育学を深めていくことはできない。「子どもを大切に」といってもその方法は時代によって異なる。スパルタ教育も，かつては子ども尊重の1つであった。管理教育も規範伝達の方法として子どもを大切にする1つの仕方であった。第Ⅱ部では，このような普遍的な理念に従ってそのお手本を求める思考を，批判し改革することを意識して書かれている。

　また，unit 2では，人口動態への言及がある。たくさん子どもが生まれたくさん死んでいくという世界と，1人の子どもにたくさんの目が注がれる世界では，子ども観が異なる。社会的な条件のもとで，やり方が定まってくるのであり，現代はどういう時代なのかということを考えなければ，違いを浮かびあがらせることはできない。子どもを育てる育て方の形は，地域，時代によって異なる。それは，ペダゴジーの蓄積の仕方の違いによるものである。ペダゴジーの蓄積の仕方は，歴史，社会，文化によって異なるのである。

　このように書くと，結局教育学というのは，歴史学，政治学，経済学など，他の学問の従属変数なのではないか，という疑問も生じるかもしれない。しかし，むしろ逆なのである。

　教育ほど，ときの政治勢力のプロパガンダ（宣伝）に都合よく用いられやすい領域はない。それは，教育が政治や社会から独立している，自律的な領域であるという前提が素朴に信じられていることが，逆に，教育を政治や経済に寄生させ，その道具にさせてきたという現実があるからである。

　そのように教育を政治や経済に寄生させ，教育を政治の道具にしないためにこそ，教育が社会的事実に規定されたものであることをリアルに認識する必要があるのである。それによってはじめて，教育に何ができるか，という課題に立ち戻ることができる。

公共性の再構成

　本書を通じて，教育が社会的事実に規定されたものであることをリアルに認識し，そのうえで，教育に可能なことをみきわめていく目を養うことができた

のではないかと思う。本書ではそうした実践的な指針の1つの柱として，教育と政治の関係をとらえ直すことを通じての，公共性の再構成という点を特に強調した。

例えば，unit 9, 21, 26, 27, 30 などは，脱政治化から再政治化へ，というポリティカルエンパワメントや政治的リテラシーの側面を強く意識して書かれた。従来の学校教育は国家が独占してきたから，教室での学習は一斉授業でよかったが，こんにち，それは破綻している。国家に独占された公共性とは異なる，市民的な公共性の議論が沸き起こっている。そこでは，子どもやマイノリティなど，それまで周辺的に位置づけれられてきたものが，クローズアップされる。人間が公共的な次元にどういう意味で現れてくるのか，その現れの質に関わってくる複数化された位置取り（ポジショナリティ）の問題が，これらのユニットでは特に強く意識されている。

また，unit 28 では，特別ニーズ教育の問題を扱っている。ここでは，「科学」による名づけにはらまれている権力の問題が強く意識されている。障害者をサポートするためにそういう人たちを集合として名づけ，とりだすというときの働きかけと，社会のなかで異質な者同士が共生していくための働きかけとの間の緊張をどう考えるのかが問われている。ここでもやはり，公共空間への現れ方の筋道のなかで，ニーズへの応答の多様性，複数化の筋道が探究されている。

東日本大震災と教育

2019年度の新入生から適用される新しい教員免許法では，「教育に関する社会的，制度的又は経営的事項」の科目に，「学校安全への対応」を含めなければならないことがコアカリキュラムによって定められている。具体的には到達目標として，「危機管理や事故対応を含む学校安全の必要性について理解している」ことが求められている。

2011年の東日本大震災を経験した私たちにとって，この「危機管理や事故対応を含む学校安全の必要性について理解」することほど，上に述べた市民的な公共性の議論が沸き起こっている典型例はない。原発事故が示したように，災害などに伴う危機管理や事故対応の問題は私たちの予知の可能性の域を超えている部分があり，その場合，避難を強制するパターナリズム（保護主義）と，

個人の選択に任せるリバタリアニズム（自由至上主義）との間で激しい論争があるからである（サンスティーン，2015）。

　東日本大震災当時の原発事故で，多くの専門家が原発事故の規模を低く見積もる発言を行い，放射線被曝の影響についても「直ちに健康に悪影響を与えるものではない」といった類の発言を繰り返してきたことが，市民の間に専門家への不信をかき立てたことは私たちの記憶に新しい。だが，そうした発言は必ずしも市民から信頼されておらず，その結果，被災地の生産物などをめぐって消費者，生産者の双方が不安と負担に悩まされている状況がある。

　このような科学や専門家への不信を解消するためには，専門家と市民の間を橋渡しすること，いいかえれば，専門家の間でも論争があることを隠さずに示し，市民の側の判断力（政治的リテラシー）を高め，判断を専門家任せにしないような教育を行うことである。本書がシティズンシップ教育の重要性を強調するのもこうした点によるものである。この専門家（プロ）と市民（アマチュア）の間の橋渡しという点こそが，これからの教育学を学ぶものにとって重要な課題となるのではないだろうか。それは，分断されてきた非教職的な教育学と教職教育学とを架橋することにもつながるだろう。ここに私たちは，プロフェッショナリズムとしての教育学の秘儀とアマチュアリズムとしての公儀を橋渡しする視点を，いいかえれば，市民へと開かれた秘儀，あるいは秘儀的な公儀としての市民性の世界とでもいうべきものの構築可能性を見出すことができるように思う。

引用・参考文献

青砥恭・さいたまユースサポートネット，2015『若者の貧困・居場所・セカンドチャンス』太郎次郎エディタス
アガンベン，G.（上村忠男訳），2007『幼児期と歴史』岩波書店
秋田喜代美，1996「教師教育における『省察』概念の展開」森田尚人ら編『教育と市場』教育学年報5，世織書房
秋田喜代美，1998「実践の創造と同僚関係」佐伯胖ら編『教師像の再構築』岩波講座 現代の教育6，岩波書店
秋田喜代美・ルイス，C.，2008『授業の研究 教師の学習』明石書店
浅井幸子，2008『教師の語りと新教育』東京大学出版会
浅野誠，1996a『学校を変える学級を変える』青木書店
浅野誠，1996b『転換期の生活指導』青木書店
東洋，1994『日本人のしつけと教育』東京大学出版会
麻生武，1996「ピアジェ」浜田寿美男編『発達の理論』ミネルヴァ書房
アップル，M. W.（浅沼茂・松下晴彦訳），1992『教育と権力』日本エディタースクール出版部
アップル，M. W. ら（長尾彰夫ほか訳），1994『カリキュラム・ポリティクス――現代の教育改革とナショナル・カリキュラム』東信堂
アップル，M. W. ら（長尾彰夫ほか訳），2009『批判的教育学と公教育の再生』明石書店
天野郁夫，1980『変革期の大学像』日本リクルートセンター出版部
雨宮処凛，2007『生きさせろ！』太田出版
雨宮処凛，2008『ともだち刑』講談社
網野善彦，1980『日本中世の民衆像』岩波書店
網野善彦，1987『無縁・公界・楽』増補版，平凡社
荒井克弘，1996『大学のリメディアル教育』広島大学大学教育研究センター
荒井克弘，2018「高大接続改革・再考」『名古屋高等教育研究』18
荒井克弘・橋本昭彦編，2005『高校と大学の接続』玉川大学出版部
アリエス，P.（杉山光信・杉山恵美子訳），1980『〈子供〉の誕生』みすず書房
アルチュセール，L.（西川長夫ら訳），2005『再生産について』平凡社
アレント，H.（志水速雄訳），1995『革命について』筑摩書房
アンダーソン，B.（白石隆・白石さや訳），2007『定本 想像の共同体』書籍工房早山
五十嵐顕ら編，1982『岩波教育小事典』岩波書店
石川松太郎，1978『藩校と寺子屋』教育社
石附実，1992『近代日本の学校文化誌』思文閣出版
石戸教嗣，2003『教育現象のシステム論』勁草書房
伊藤悟・簗瀬竜太，1999『異性愛をめぐる対話』飛鳥新社
糸賀一雄，1965『この子らを世の光に』柏樹社
稲垣忠彦，1995『明治教授理論史研究』増補版，評論社
稲垣忠彦・久冨善之編，1994『日本の教師文化』東京大学出版会
乾彰夫，1990『日本の教育と企業社会』大月書店
乾彰夫，2000「『戦後的青年期』の解体」『教育』50 (3)

犬山市教育委員会編，2007『全国学力テスト，参加しません。』明石書店
今井康雄，2004『メディアの教育学』東京大学出版会
今津孝次郎，2017『変動社会の教師教育』新版，名古屋大学出版会
入江宏，1991「教育史における時期区分試論」『日本の教育史学』34 集
イリッチ，I.（東洋・小澤周三訳），1977『脱学校の社会』東京創元社
岩波明，2017『発達障害』文藝春秋
インクルーシブ教育データバンク，2017『つまり，「合理的配慮」って，こういうこと?!』現代書館
ヴィゴツキー，L. S.（柴田義松訳），1962『思考と言語』上・下，明治図書出版
ウィッティ，G.・ウィズビー，E.（松田洋介訳／久冨善之編），2008「近年の教育改革を超えて」『教師の専門性とアイデンティティ』勁草書房
上野淳，1999『未来の学校建築』岩波書店
上野千鶴子，1995「差異の政治学」井上俊ら編『ジェンダーの社会学』岩波講座 現代社会学 11，岩波書店
上野千鶴子，1996「セクシュアリティの社会学・序説」井上俊ら編『セクシュアリティの社会学』岩波講座 現代社会学 10，岩波書店
上原専禄，1989『国民形成の教育』増補，上原専禄著作集 14，評論社
潮木守一，2008『フンボルト理念の終焉?』東信堂
氏原寛・村山正治，1998『今なぜスクールカウンセラーなのか』ミネルヴァ書房
碓井峯夫，1979「教育目標と教育実践の構図」城戸幡太郎ら『教育目標と評価』講座 日本の学力 2，日本標準
宇野常寛，2008『ゼロ年代の想像力』早川書房
梅根悟，1967『世界教育史』改訂新版，新評論
梅根悟監修，1974『世界教育史大系 33 障害児教育史』講談社
浦沢直樹，2007『20 世紀少年』22，小学館
江口怜，2018「夜間中学の成立と再編」木村元編『日本における学校化社会成立の諸相』科研報告書 15K04215
エンゲストローム，Y.（山住勝広ら訳），1999『拡張による学習』新曜社
遠藤光男・天野正輝編，2002『到達度評価の理論と実践』昭和堂
大江洋，2004『関係的権利論』勁草書房
大澤真幸，2008『不可能性の時代』岩波書店
太田和敬編，2001『学校選択を考える』現代のエスプリ 406，至文堂
大田堯，1987『教育研究の課題と方法』岩波書店
大多和雅絵，2017『戦後夜間中学校の歴史』六花出版
大津和子，1987『社会科＝一本のバナナから』国土社
大西忠治，1991『教育的集団の発見・定本「核のいる学級」』大西忠治教育技術著作集 1，『「班・核・討議づくり」の指導技術』大西忠治教育技術著作集 2，明治図書出版
大貫隆志編，2013『「指導死」』高文研
大和久勝，2003『「ADHD」（注意欠陥多動性障害）の子どもと生きる教室』新日本出版社
荻原克男，1996『戦後日本の教育行政構造』勁草書房
小熊英二，2002『〈民主〉と〈愛国〉』新曜社
小沢有作，1985「学校メタファ」『国家の教師・民衆の教師』新評論
落合恵美子，2004『21 世紀家族へ』第 3 版，有斐閣
落合俊郎，2016「発達障害からみる現代の教育と発達論」秋田喜代美編『変容する子どもの関係』教育 変革への展望 3，岩波書店

折出健二，2003『市民社会の教育』創風社
オルポート，G. W.（原谷達夫・野村昭訳），1968『偏見の心理』培風館
加瀬和俊，1997『集団就職の時代』青木書店
片山勝茂，2008「多文化社会イギリスにおけるシティズンシップ教育」教育哲学会『教育哲学研究』97
勝田守一，1964『能力と発達と学習』国土社
勝田守一，1970「教育の理論についての反省」『教育と教育学』岩波書店
ガードナー，H.（佐伯胖・海保博之監訳），1987『認知革命』産業図書
金子郁容ら，2000『コミュニティ・スクール構想』岩波書店
金子忠史，1985『変革期のアメリカ教育　学校編』東信堂高文社
苅谷剛彦，1991『学校・職業・選抜の社会学』東京大学出版会
苅谷剛彦，1995『大衆教育社会のゆくえ』中央公論社
苅谷剛彦，2001『階層化日本と教育危機』有信堂高文社
苅谷剛彦ら，2000『学校・職安と労働市場』東京大学出版会
苅谷剛彦ら，2008『杉並区立「和田中」の学校改革』岩波書店
河口和也　2003『クイア・スタディーズ』岩波書店
川本隆史，1995『現代倫理学の冒険』創文社
川本隆史，2008『共生から』岩波書店
カント，I.（篠田英雄訳），1974『啓蒙とは何か』岩波書店
菅野仁，2008『友だち幻想』筑摩書房
喜多明人，1995『新世紀の子どもと学校』エイデル研究所
喜多明人編，2004『現代学校改革と子どもの参加の権利』学文社
喜多明人ら編，1996『子どもの参加の権利』三省堂
北日本国語教育連盟，1935「北方性とその指導理論」『綴方生活』7月号
喜多村和之，1986『高等教育の比較的考察』玉川大学出版部
ギデンズ，A.（佐和隆光訳），1999『第三の道』日本経済新聞社
城戸幡太郎編，1951「教育の研究法」『教育学研究入門』福村書店
木村元，2015『学校の戦後史』岩波書店
木村元，2017「少子高齢化社会と教育の課題」日本教育社会学会編『学問としての展開と課題』教育社会学のフロンティア 1, 岩波書店
木村元ら，2002「教育調査としての TIMSS」『教育目標・評価学会紀要』12
木村元ら，2003「教員文化の形成」久冨善之編『教員文化の日本的特性』多賀出版
木村元ら，2006「学校方式の時代」『一橋大学研究年報社会学研究』44
木村元彦，2005『オシムの言葉』集英社インターナショナル
木村涼子・小玉亮子，2005『教育／家族をジェンダーで語れば』白澤社
清原道寿，1991『職業指導の歴史と展望』清原道寿著作集第 2 巻，国土社
金侖貞，2007『多文化共生教育とアイデンティティ』明石書店
久木幸男，1990『日本古代学校の研究』玉川大学出版会
グッドソン，I.・サイクス，P. J.（高井良健一ら訳），2006『ライフヒストリーの教育学』昭和堂
工藤和美，2004『学校をつくろう！』TOTO 出版
久冨善之，1993『競争の教育』労働旬報社
久冨善之，2004「『新・競争の教育』と企業社会の展開」渡辺治編『変貌する〈企業社会〉日本』旬報社
窪田眞二，2007「各国のシティズンシップ教育——イギリス」嶺井明子編『世界のシティズンシップ

教育』東信堂
クラントン, P.（入江直子ら訳），1999『おとなの学びを拓く』鳳書房
クリック, B.（添谷育志・金田耕一訳），2004『デモクラシー』岩波書店
クリック, B.（関口正司監訳），2011『シティズンシップ教育論』法政大学出版局
黒崎勲, 1999『教育行政学』岩波書店
黒崎勲, 2004『新しいタイプの公立学校』同時代社
黒田一雄・横関祐見子編, 2005『国際教育開発論』有斐閣
経済産業省・三菱総研, 2006「シティズンシップ教育宣言」
ゲゼル, A.（生月雅子訳），1967『狼にそだてられた子』家政教育社
小国喜弘, 2007『戦後教育のなかの〈国民〉』吉川弘文館
小国喜弘ら, 2015「インクルーシブ教育における実践的思想とその技法」『東京大学大学院教育学研究科紀要』55
国立教育研究所編, 1998『小学校の算数教育・理科教育の国際比較――第3回国際数学・理科教育調査最終報告書』東洋館出版社
小嶋一浩編, 2000『アクティビティを設計せよ！』彰国社
小嶋秀夫責任編集, 1991『発達と社会・文化・歴史』新・児童心理学講座14, 金子書房
小玉重夫, 1999『教育改革と公共性』東京大学出版会
小玉重夫, 2003『シティズンシップの教育思想』白澤社
小玉重夫, 2007「第14条政治教育」浪本勝年・三上昭彦編『「改正」教育基本法を考える』北樹出版
小玉重夫, 2008「教育学における公儀と秘儀」『教育哲学研究』(97)
小玉重夫, 2016『教育政治学を拓く――18歳選挙権の時代を見すえて』勁草書房
小玉亮子, 2008「PISAショックによる保育の学校化」泉千勢ら編『世界の幼児教育・保育改革と学力』明石書店
後藤卓也, 1988「文化の〈学校化〉〈教育化〉と学習の論理」岡村達雄編『現代の教育理論』教育の現在 2, 社会評論社
子どもの参画情報センター編, 2002『子ども・若者の参画』萌文社
小西健二郎, 1992『学級革命』国土社
小松佳代子, 2006『社会統治と教育』流通経済大学出版会
児美川孝一郎, 2005「フリーター・ニートとは誰か」佐藤洋作・平塚真樹編『ニート・フリーターと学力』明石書店
児美川孝一郎, 2007『権利としてのキャリア教育』明石書店
コメニウス, J. A.（鈴木秀勇訳），1962『大教授学』1・2, 明治図書出版
コメニウス, J. A.（井ノ口淳三訳），1995『世界図絵』平凡社
小山静子, 1995「ジェンダーと教育」『教育学研究』62(3)
小山静子, 2004「少子社会の子ども観」『教育学研究』71(4)
コリンズ, A.ら（道又爾訳），1991「状況的認知と学習の文化」『現代思想』19(6)
コール, M.（天野清訳），2002『文化心理学』新曜社
近藤博一, 2013『知っていますか？ シックスクール』農山漁村文化協会
コンドルセら,（阪上孝編訳），2002『フランス革命期の公教育論』岩波書店
斉藤里美, 2017「人工知能とエンハンスメントの時代における『学ぶ意味』と『学力』」『教育学研究』84(4)
斎藤喜博, 2006『授業』新装版, 国土社
佐伯胖, 1995『「学ぶ」ということの意味』岩波書店
佐伯胖ら編, 1992『学校の再生をめざして』1, 東京大学出版会

酒井朗編，2007『進学支援の教育臨床社会学』勁草書房
佐久間亜紀，2007「なぜ，いま教員免許更新制なのか」『世界』2月号
小砂丘忠義，1993「生活指導と綴方指導」中内敏夫ら編『小砂丘忠義教育論集』南の風社
佐藤秀夫，1987『学校ことはじめ事典』小学館
佐藤秀夫，2005『学校の文化』阿吽社
佐藤広和，1995『フレネ教育』青木書店
佐藤学，1996『カリキュラムの批評』世織書房
佐藤学，1997『教師というアポリア』世織書房
佐藤学，2008「教師教育の危機と改革の原理的検討」日本教師教育学会編『日本の教師教育改革』学事出版
里見実，2005『学校でこそできることとは，なんだろうか』太郎次郎社エディタス
里見実，2010『パウロ・フレイレ「被抑圧者の教育学」を読む』太郎次郎社エディタス
沢山美果子，1990「教育家族の誕生」『〈教育〉』叢書 産む・育てる・教える1，藤原書店
サンスティーン，C.（角松生史ほか訳），2015『恐怖の法則——予防原則を超えて』勁草書房
ジェルピ，E.（前平泰志訳），1983『生涯教育——抑圧と解放の弁証法』東京創元社
汐見稔幸，1979「教育目標としての学力・人格」『教育目標と評価』講座 日本の学力2，日本標準
汐見稔幸，2006「発達と発達観」教育科学研究会編『現代教育のキーワード』大月書店
篠原睦治，1976『「障害児」観再考』明治図書出版
柴田義松ら編，1994『教科と教材の開発』日本書籍
清水睦美ら，2013『「復興」と学校』岩波書店
庄司和晃ら，1983「対談」『民衆のカリキュラム学校のカリキュラム』叢書 産育と教育の社会史2，新評論
ショーン，D. A.（柳沢昌一・三輪建二監訳），2007『省察的実践とは何か』鳳書房
ジョーンズ，G. ウォーレス，C.（宮本みち子監訳），1996『若者はなぜ大人になれないのか』新評論
ジルー，H.A.（渡部竜也訳），2014『変革的知識人としての教師——批判的教授法の学びに向けて』春風社
新藤宗幸，2004『分権と改革』世織書房
新・日本的経営システム等研究プロジェクト，1995「新時代の『日本的経営』」日本経営者団体連盟
鈴木文治，2006『インクルージョンをめざす教育』明石書店
鈴木庸裕ら，2018『子どもの貧困に向きあえる学校づくり』かもがわ出版
鈴木庸裕編，2018『学校福祉とは何か』ミネルヴァ書房
ストーン，L.（北本正章訳），1991『家族・性・結婚の社会史』勁草書房
スピヴァク，G.C.（清水和子・崎谷若菜訳），1992『ポスト植民地主義の思想』彩流社
スピヴァク，G.C.（上村忠男訳），1998『サバルタンは語ることができるか』みすず書房
生命環境倫理ドイツ情報センター編（松田純・小椋宗一郎訳），2007『エンハンスメント』知泉書館
関曠野，2001『民族とは何か』講談社
セン，A.（鈴村興太郎訳），1988『福祉の経済学』岩波書店
全国進路指導研究会，1976『偏差値』民衆社
全国進路指導研究会，2006『働くことを学ぶ』明石書店
全国到達度評価研究会編，1989『だれでもできる到達度評価入門』あゆみ出版
仙崎武ら，2002『21世紀のキャリア開発』新訂版，文化書房博文社
全生研常任委員会，1963『学級集団づくり入門』明治図書出版
全生研常任委員会，1971『学級集団づくり入門』第2版，明治図書出版
全生研常任委員会，1990『学級集団づくり入門 小学校』新版，明治図書出版

全生研常任委員会，1991『学級集団づくり入門 中学校』新版，明治図書出版
全生研常任委員会，2005『子ども集団づくり入門』明治図書出版
センターフォーエコリテラシー（ペブル・スタジオ訳），2006『食育菜園』家の光協会
卒業式ソング取材班，2005『「旅立ちの日に」の奇蹟』ダイヤモンド社
園原太郎，1977「発達と教育」村井潤一『発達の理論』ミネルヴァ書房
宋基燦，2012『「語られないもの」としての朝鮮学校』岩波書店
タイラー，R. W.（金子孫市監訳），1978『現代カリキュラム研究の基礎』日本教育経営協会
高橋智，2000「障害児教育の歴史」鮫島宗弘編『障害理解への招待』日本文化科学社
竹内章郎，1990「『よりよく』と『よりよく主義』」第1巻編集委員会『〈教育〉』叢書 産む・育てる・教える1，藤原書店
竹内常一，1969『生活指導の理論』明治図書出版
竹内常一，1987『子どもの自分くずしと自分つくり』東京大学出版会
竹内常一，1998『10代との対話／学校ってなあに』新装版，青木書店
竹内洋，2003『教養主義の没落』中央公論新社
田崎英明，1992「摩擦と抵抗」『現代思想』20 (1)
田嶋信元，2003『共同行為としての学習・発達』金子書房
田嶋一，1979「歴史の中の子ども観(1)」『子ども観と発達思想の展開』岩波講座 子どもの発達と教育2，岩波書店
田嶋一，1983「民衆社会の子育ての文化とカリキュラム」『民衆のカリキュラム学校のカリキュラム』叢書 産育と教育の社会史2，新評論
田嶋一，1990「共同体の解体と〈青年〉の出現」『〈教育〉』藤原書店
田嶋一ら，2007『やさしい教育原理』新版，有斐閣
田中耕治編，2002『新しい教育評価の理論と方法』Ⅰ・Ⅱ，日本標準
田中耕治・西岡加名恵，1999『総合学習とポートフォリオ評価法』日本標準
田中仁一郎，1993『フレネ教育 教室を変える』青木書店
田中昌人，1987『人間発達の理論』青木書店
竺沙知章，2016「これからの人材育成と教職大学院の課題」『日本教育経営学会紀要』58
千葉市立打瀬小学校，1998『21世紀の学校はこうなる』国土社
チャイルド，G.（禰津正志訳），1951『文明の起源』岩波書店
堤清二・橋爪大三郎編，1999『選択・責任・連帯の教育改革』勁草書房
壺井栄，1979『二十四の瞳』ポプラ社
デューイ，J.（宮原誠一訳），1957『学校と社会』岩波書店
デューイ，J.（松野安男訳），1975『民主主義と教育』上・下，岩波書店
デュルケーム，E.（佐々木交賢訳），1976『教育と社会学』誠信書房
寺崎弘昭，1997「教育と学校の歴史」藤田英典ら『教育学入門』岩波書店
寺﨑昌男，2007『大学改革 その先を読む――立教大学「大学教育開発・支援センター」連続セミナー講演記録』東信堂
寺﨑昌男ら，1991『御雇教師ハウスクネヒトの研究』東京大学出版会
寺﨑昌男・佐藤秀夫編，1994『選抜と競争』日本の教育課題6，東京法令出版
寺田光雄，1996『民衆啓蒙の世界像』ミネルヴァ書房
「転換期の障害児教育」編集委員会／高橋智編，1999『世界の障害児教育・特別なニーズ教育』講座 転換期の障害児教育6，三友出版社
ドーア，R. P.（松居弘道訳），1998『学歴社会 新しい文明病』岩波書店
土井隆義，2008『友だち地獄』筑摩書房

ドキュメント所沢高校「学校が楽しい」編集委員会編, 1998『ドキュメント所沢高校 学校が楽しい』蕗薹書房
トロウ, M.（天野郁夫・喜多村和之訳）, 1976『高学歴社会の大学』東京大学出版会
内閣府共生社会政策統括官・共生社会形成促進のための政策研究会, 2005『「共に生きる新たな結び合い」の提唱』詳細版
中内敏夫, 1976『学力と評価の理論』増補版, 国土社
中内敏夫, 1988『教育学第一歩』岩波書店
中内敏夫, 1992『新しい教育史』改訂増補版, 新評論
中内敏夫, 1998「宗教改革の〈教育〉性」『教育の民衆心性』藤原書店
中内敏夫／木村元ら編, 1998『「教室」をひらく』中内敏夫著作集 1, 藤原書店
中内敏夫／内島貞雄ら編, 1999『学校改造論争の深層』中内敏夫著作集 6, 藤原書店
中内敏夫／上野浩道ら編, 2000『綴方教師の誕生』中内敏夫著作集 5, 藤原書店
中内敏夫／上野浩道ら編, 2001『家族の人づくり』中内敏夫著作集 8, 藤原書店
中内敏夫・三井大相, 1983『これからの教育評価』有斐閣
中川清, 2000『日本都市の生活変動』勁草書房
長崎栄三・瀬沼花子, 2000「IEA 調査にみる我が国の算数・数学の学力」『国立教育研究所紀要』129
中澤正夫, 2018『「福島に生きる」ということ』本の泉社
中西新太郎, 1998『情報消費型社会と知の構造』旬報社
中西新太郎, 2001『思春期の危機を生きる子どもたち』はるか書房
中西新太郎, 2007「青年問題を再定義する」『経済理論』44(3)
中野善達編, 1997『国際連合と障害者問題』エンパワメント研究所
成田幸夫, 1987『学校をかえる力』ぎょうせい
西岡加名恵, 2002「教育評価の方法」田中耕治編『新しい教育評価の理論と方法』Ⅰ, 日本標準
西原博史, 2007「『君が代』伴奏拒否訴訟最高裁判決批判」『世界』765
西平直, 2005『教育人間学のために』東京大学出版会
西本勝美, 1996「心理臨床の構造と教育の構造」堀尾輝久ら編『子どもの癒しと学校』講座 学校 4, 柏書房
二宮厚美, 1994『生きがいの構造と人間発達』労働旬報社
日本教育学会特別課題研究「教育改革の総合的研究」研究委員会, 2003-4「教育改革の総合的研究」（特別課題研究報告書）
日本教育方法学会, 2016『アクティブ・ラーニングの教育方法的検討』図書文化社
日本特別ニーズ教育学会編, 2007『テキスト 特別ニーズ教育』ミネルヴァ書房
ヌスバウム, M. C.（池本幸生ら訳）, 2005『女性と人間開発』岩波書店
沼尾実編, 1996『多文化共生をめざす地域づくり』明石書店
ネグリ, A.（杉村昌昭・斉藤悦則訳）, 1999『構成的権力』松籟社
根津朋実, 2006『カリキュラム評価の方法』多賀出版
野淵龍雄, 1983-86「アメリカ合衆国における Career Educatonal Movement の研究」『新潟大学教育学部紀要（人文社会科学編）』
ノーマン, D. A.（佐伯胖監訳）, 1996『人を賢くする道具』新曜社
野村芳兵衛, 1973『生活訓練と道徳教育』野村芳兵衛著作集 3, 黎明書房
ノールズ, M. S.（堀薫夫・三輪建二監訳）, 2002『成人教育の現代的実践』鳳書房
橋本伸也ら, 2001『エリート教育』近代ヨーロッパの探求 4, ミネルヴァ書房
橋本憲幸, 2007「開発途上国への教育援助の正当化と制限原理」『教育学研究』74(3)

ハーシュ，E. D.（中村保男訳），1989『教養が，国をつくる。——アメリカ建て直し教育論』TBS ブリタニカ
長谷部恭男・杉田敦，2006『これが憲法だ！』朝日新聞社
波多野誼余夫・堀尾輝久，1979「発達と教育の関係についての理論」『発達と教育の基礎理論』岩波講座 子どもの発達と教育 3, 岩波書店
パットナム，R.（柴内康文訳），2006『孤独なボウリング』柏書房
ハート，R.（木下勇ら監修／IPA 日本支部訳），2000『子どもの参画』萌文社
バトラー，J. P.（竹村和子訳），1999『ジェンダー・トラブル』青土社
バトラー，J. P.・スピヴァク，G. C.（竹村和子訳），2008『国家を歌うのは誰か？』岩波書店
浜田寿美男，1994『ピアジェとワロン』ミネルヴァ書房
浜野隆，2002『国際協力論入門』角川書店
ハミルトン，D.（安川哲夫訳），1998『学校教育の理論に向けて』世織書房
原ひろ子，1979『子どもの文化人類学』晶文社
韓裕治・藤川正夫監修，2008『多文化・多民族共生教育の原点』明石書店
バンクス，J. A.（平沢安政訳），1999『入門 多文化教育』明石書店
バンクス，J. A. ら（平沢安政訳），2006『民主主義と多文化教育』明石書店
東田直樹，2007『自閉症の僕が跳びはねる理由』エスコアール
兵庫在日韓国朝鮮人教育を考える会編，2008『多文化・多民族共生教育の原点』明石書店
平野広朗，1994『アンチ・ヘテロセクシズム』パンドラ
広井良典，2009『コミュニティを問いなおす』筑摩書房
広重徹，1973『科学の社会史』中央公論社
広田照幸，1999『日本人のしつけは衰退したか』講談社
広田照幸，2001『教育言説の歴史社会学』名古屋大学出版会
広田照幸，2007「教育学の混迷」『思想』995
フィヒテ，J. G.（鵜飼哲ら訳），1997「ドイツ国民に告ぐ」『国民とは何か』河出書房新社
フィン，C. E. Jr. ら（高野良一監訳），2001『チャータースクールの胎動』青木書店
福井大学教育地域科学部附属中学校研究会，2011『専門職として学び合う教師たち』エクシート
フーコー，M.（田村俶訳），1977『監獄の誕生』新潮社
フーコー，M.（渡辺守章訳），1986『知への意志』性の歴史 I, 新潮社
藤岡信勝，1989『授業づくりの発想』日本書籍
藤田秀雄，2001『ユネスコ学習権宣言と基本的人権』教育史料出版会
藤田英典，2005『義務教育を問いなおす』筑摩書房
藤原和博・天野一哉，2003『民間校長，中学改革に挑む』日本経済新聞社
船橋一男，2006「教育科学運動と生活指導実践」『立教大学教育学科研究年報』第 52 号
船橋一男，2008「生徒指導におけるゼロトレランス方式導入の問題点」教育科学研究会編『なくならない「いじめ」を考える』国土社
船橋一男，2013「生徒綴方の教師たち」趙景達ら編『講座東アジアの発見と変容——韓国併合〜満洲事変』有志舎
プラトン（藤沢令夫訳），1979『国家』上・下, 岩波書店
プラトン（藤沢令夫訳），1994『メノン』岩波書店
フランドラン，J.（蔵持不三也・野池恵子訳），1989『農民の愛と性』白水社
フリースクール全国ネットワーク・多様な学び保障法を実現する会編，2017『教育機会確保法の誕生——子どもが安心して学び育つ』東京シューレ出版
ブルーナー，J. S.（岡本夏木ら訳），2004『教育という文化』岩波書店

ブルーム，A.（稲葉宏雄ら訳），1986『すべての子どもにたしかな学力を』明治図書出版
ブルーム，A.（菅野盾樹訳），1988『アメリカン・マインドの終焉』みすず書房
フレイレ，P.（小沢有作ら訳），1979『被抑圧者の教育学』亜紀書房
フレイレ，P.（里見実ら訳），1982『伝達か対話か』亜紀書房
フレイレ，P.（三砂ちづる訳），2018『被抑圧者の教育学』50周年記念版，亜紀書房
フレネ，C.（宮ケ谷徳三訳），1986『仕事の教育』明治図書出版
プロ教師の会，1991「ザ・中学教師 子どもが変だ」『別冊宝島』129，JICC出版局
ヘルバルト，J.（三枝孝弘訳），1960『一般教育学』世界教育学選集第13，明治図書出版
堀尾輝久，1971『現代教育の思想と構造』岩波書店
堀尾輝久，1987『天皇制国家と教育』青木書店
堀尾輝久，1991『人権としての教育』岩波書店
ポルトマン，A.（高木正孝訳），1961『人間はどこまで動物か』岩波書店
本田由紀，2005『多元化する「能力」と日本社会』NTT出版
本田由紀，2007『若者の労働と生活世界』大月書店
本田由紀，2014『社会を結びなおす――教育・仕事・家族の連帯へ』岩波書店
本田由紀ら，2006『「ニート」って言うな！』光文社
前田晶子，2018「インクルージョンに向けた能力概念の検討」鹿児島子ども研究センター『研究報告』14
馬上美知，2006「ケイパビリティ・アプローチの可能性と課題」『教育学研究』73(4)
増山均，2004『余暇・遊び・文化の権利と子どもの自由世界』青鞜社
松尾知明，2007『アメリカ多文化教育の再構築』明石書店
松下佳代，2002「数学学力低下論の検討」天野正輝編『教育評価論の歴史と現代的課題』晃洋書房
松下佳代，2005「習熟とは何か」梅原利夫・小寺隆幸編『習熟度別授業で学力は育つか』
松下佳代，2007『パフォーマンス評価』日本標準
松下佳代，2016「資質・能力の形成とアクティブ・ラーニング」日本教育方法学会編『アクティブ・ラーニングの教育方法学的検討』図書文化社
松下佳代・京都大学高等教育研究開発推進センター，2015『ディープ・アクティブラーニング』勁草書房
松下圭一，1986『社会教育の終焉』筑摩書房
松下良平，2002「教育的鑑識眼研究序説」天野正輝編『教育評価の歴史と現代的課題』晃洋書房
松下良平，2005「表象の学習／生としての学び」『近代教育フォーラム』第14号
マリィ，C.，2007「イデオロギー・アイデンティティ・ディザイヤー」小玉亮子編『現在と性をめぐる9つの試論』春風社
マリィ，C.，2008「大学におけるクイア・スタディーズの意義」『日本教育学会2007年度関東地区研究活動報告書教育学 meets クィア・スタディーズ』
溝上慎一，2014『アクティブラーニングと教授学習パラダイムの転換』東信堂
嶺井明子編，2007『世界のシティズンシップ教育』東信堂
峰地光重，1981『文化中心綴方新教授法』復刻版，峰地光重著作集，けやき書房
ミノウ，M.（大江洋訳），1994「次代への権利」『家族〈社会と法〉』第10号
耳塚寛明，2007「学力格差は今や社会問題だ」『エコノミスト』1月23日号，毎日新聞社
宮澤康人，1975「選択制と近代の個人主義と共通教養」『教育』11月号
宮澤康人，1985「近代的子ども観の発明」小林登ら編『育つ』新しい子ども学3，海鳴社
宮澤康人，1992「学校を糾弾するまえに」佐伯胖ら編『学校の再生をめざして1』東京大学出版会
宮澤康人，1993『近代の教育思想』放送大学教育振興会

宮下与兵衛，2004『学校を変える生徒たち』かもがわ出版

宮台真司ら，2007『幸福論』日本放送出版協会

宮寺晃夫，2006『教育の分配論』勁草書房

宮本常一，1984『家郷の訓』岩波書店

宮本誠貴・浅野誠，1994『能力主義をぶっとばせ』明治図書出版

ミュラー，D.K. ら編（望田幸男監訳），1989『国際セミナー現代教育システムの形成』晃洋書房

三輪建二，2004「成人の学習」日本社会教育学会編『成人の学習』日本の社会教育，第 48 集，東洋館出版社

三輪建二，2006「成人学習論の動向」赤尾勝己編『生涯学習社会の諸相』現代のエスプリ 466，至文堂

民間教育史料研究会，1984『教育の世紀社の総合的研究』一光社

無着成恭，1995『山びこ学校』岩波書店

宗像誠也ら編，1967『教師の自由と権利』労働旬報社

村山正治・山本和郎編，1995『スクールカウンセラー』ミネルヴァ書房

メイヒュー，C.・エドワーズ，A.（小柳正司監訳），2017『デューイ・スクール』あいり出版

望田幸男編，1990『近代中等教育の構造と機能』名古屋大学出版会

森繁男，1992「『ジェンダーと教育』研究の推移と現況」『教育社会学研究』第 50 集

森重雄，1993『モダンのアンスタンス』ハーベスト社

守泉理恵，2005「少子化時代の教育と家族形成」大淵寛・兼清弘之編『少子化の社会経済学』原書房

森田尚人ら編，2003『教育と政治』勁草書房

森田伸子，1986『子どもの時代』新曜社

森田伸子，1996「『子ども』から『インファンス infans』へ」井上俊ら編『こどもと教育の社会学』岩波講座 現代社会学 12，岩波書店

森田伸子，2006「学力論争とリテラシー」『現代思想』34 (5)

森田朗監修，国立社会保障・人口問題研究所編，2017『日本の人口動向とこれからの社会』東京大学出版会

文部科学省，2005「小・中学校における学校選択制等の実施状況について（調査結果の概要）」文部科学省ホームページ

文部科学省，2008『文科省学校基本調査 2008』

文部科学省，2012「小・中学校における学校選択制の実施状況について」

文部科学省，2017a「エコスクール」(http://www.mext.go.jp/a_menu/shisetu/ecoschool/detail/__icsFiles/afieldfile/2017/06/16/1289492_1.pdf)

文部科学省，2017b「平成 29 年度学校基本調査（確定値）の公表について」

文部科学省（初等中等教育局特別支援教育課），2012「通常の学級に在籍する発達障害の可能性のある特別な教育的支援を必要とする児童生徒に関する調査結果について」

文部科学省（初等中等教育局教育課程課教育課程企画室），2018「OECD EDUCATION 2030 プロジェクトについて」『初等教育資料』967

文部省，1975『カリキュラム開発の課題』文部省大臣官房調査統計課

安丸良夫，1992『近代天皇像の形成』岩波書店

柳治男，2005『〈学級〉の歴史学』講談社

柳田國男，1946『笑いの本願』養徳社

矢野智司，1998「生成と発達の場としての学校」佐伯胖ら編『学校像の模索』岩波講座 現代の教育 2，岩波書店

矢野智司，2000『自己変容という物語』金子書房

山形浩生，2007『新教養主義宣言』河出書房新社
山縣文治監修，2001『子どもを支える相談ネットワーク』ミネルヴァ書房
山口薫編，2000『学習障害・学習困難への教育的対応』文教資料協会
山口定，2004『市民社会論』有斐閣
山崎準二，2002『教師のライフコース研究』創風社
山崎準二，2005『教師としての仕事・生き方』日本標準
山住勝広，2004『活動理論と教育実践の創造』関西大学出版部
山住勝広・エンゲストローム，Y. 編，2008『ノットワーキング』新曜社
山根俊喜，2002「通知表・指導要録の課題」田中耕治編『新しい教育評価の理論と方法』Ⅰ，日本標準
山野則子・峯本耕治編，2007『スクールソーシャルワークの可能性』ミネルヴァ書房
山村滋，1988「スクール・サーティフィケートにおける中等教育『修了』の意味」『京都大学教育学部紀要』34
矢守克也，2010『アクションリサーチ──実践する人間科学』新曜社
幸重忠孝・村井琢哉，2018『まちの子どもソーシャルワーク』かもがわ出版
横井敏郎，2018「教育機会確保法制定論議の構図」『教育学研究』85 (2)
横湯園子，2002『教育臨床心理学』東京大学出版会
吉田清悟・姜成明，2011『日本代表・李忠成，北朝鮮代表・鄭大世』光文社
吉田辰雄ら編，2001『21世紀の進路指導事典』ブレーン出版
吉田昇ら，1980『中等教育原理』有斐閣
米村まろか，1994「Currere」『カリキュラム研究』第3号
ライチェン，D. S.・サルガニク，L. H.（立田慶裕訳），2006『キー・コンピテンシー』明石書店
Rights ら編，2008『18歳が政治を変える！』現代人文社
ランシエール，J.（梶田裕・堀容子訳），2011『無知な教師──知性の解放について』法政大学出版局
リャン，S.（中西恭子訳），2005『コリアン・ディアスポラ』明石書店
リンドクウィスト，A.・ウェステル，Y.（川上邦夫訳），1997『あなた自身の社会』新評論
ルソー，J.-J.（今野一雄訳），1962『エミール』岩波書店
レイヴ，J.・ウェンガー，E.（佐伯胖訳），1993『状況に埋め込まれた学習』産業図書
レオンチェフ，A. N.（西村学・黒田直実訳），1980『活動と意識と人格』明治図書出版
ロゴフ，B.（當眞千賀子訳），2006『文化的営みとしての発達』新曜社
ロジャーズ，C. R.（保坂亨ら訳），2005『クライアント中心療法』ロジャーズ主要著作集 2，岩崎学術出版社
ロック，J.（大槻春彦訳），1972-77『人間知性論』1-4，岩波書店
若狭蔵之助，1994『生活に向かって学校を開く』青木書店
和歌山県教育委員会，2008『平成20年度学校教育指導の方針と重点』
渡辺治編，2004『高度成長と企業社会』吉川弘文館
渡辺健治・西川さやか，1991「障害児教育」『国際教育事典』アルク
ワーチ，J. V.（田島信元ら訳），1995『心の声』福村出版
ワーチ，J. V.（佐藤公治ら訳），2002『行為としての心』北大路書房
ワロン．H.（浜田寿美男訳），1983『身体，自我，社会』ミネルヴァ書房
http://www.mext.go.jp/b_menu/houdou/17/03/05032405.htm
Abowitz, K. K., 2001, Charter Schooling and Social Justice. *Educational Theory*, 51 (2) : 151-170.
Beck, U. (translated by Camiller, P.), 2000, *What is Globalization?*. Polity Press.

Boyte, H., 2002, Citizenship: What does it mean?, *The Minnesota Daily*, Monday, September 9, 2002.

Collins, A. et al., 1989, Cognitive Apprenticeship. in Resnick, L. B. (ed.), *Knowing, Learning, and Instruction*. Cambridge University Press.

Eisner, E. W., 1979, *The Educational Imagination*. Macmillan.

Freire, P. & Macedo, D., 1987, *Literacy*. Bergin & Garvey.

Giroux, H. A., 1992, *Border Crossings*. Routledge.

Hargreaves, A., 1994, *Changing Teachers, Changing Times*. Teacher College Press.

Harry, C. B., 2004, *Everyday Politics*. University of Pennsylvania Press.

Hildreth, R., 1998, *Building Worlds, Transforming Lives, Making History*. 2nd ed., Center for Democracy and Citizenship, Minneapolis.

Kliebard, H. M., 1995, *The Struggle for the American Curriculum, 1893–1958*. Routledge.

Ladson-Billings, G., 2004, New Directions in Multicultural Education. In Banks, J. A. et al. (eds.), *Handbook of Research on Multicultural Education*, 2nd ed., Josey-Bass.

OECD, 2006, *Assessing Scientific, Reading and Mathematical Literacy: A Framework for PISA 2006*. Organisation for Economic Co-operation and Development.

Piner, W. F. et al., 1995, *Understanding Curriculum*. Peter Lang Publishing.

Seaborne, M., 1971, *The English School : Its Architecture and Organization 1370–1870*. Routledge & Kegan Paul.

Sleeter, C. E. & Grant, C. A., 1998, *Making Choice for Multicultural Education*. Merril.

UNESCO, 1966, *Recommendation Concerning the Status of Teachers*. (教員の地位に対する勧告『解説教育法』三省堂などを参照のこと)

Van Manen, M., 1977, Linking Ways of Knowing with Ways of Being Practical. *Curriculum Inquiry*, 6 (3).

Van Manen, M., 1991, Reflectivity and the Pedagogical Moment. *Journal of Curriculum Studies*, 23 (6).

Verhellen, E., 1994, *Convention on the Rights of the Child*. Garant.

Whitty, G. & Wisby, E., 2006, 'Collaborative' and 'Democratic' Professionalisms: Alternatives to 'Traditional' and 'Managerialist' Approaches to Teacher Autonomy?. *Educational Studies in Japan: International Yearbook*, No.1.

事 項 索 引

（太字数字は，Keywordsとして表示されている語句の掲載頁を示す）

◻ アルファベット

e ポートフォリオ　**115**
e ラーニング　**48**
IEA（国際教育到達度評価学会）　119
ILO（国際労働機関）　186
LGBT　**86**
OECD（経済協力開発機構）　88, 94, 114, 121
OJT　**224**
PBL（問題解決型学習）　**135**
PISA　→学習到達度調査
SDGs　**268**
STEM 教育　**125**

◻ あ 行

愛国心　56
アイデンティティ　35, 53, 58, **239**
アイデンティティ・ポリティクス　**252**
アカウンタビリティ　**206**
アカデミック・ハラスメント　**244**
アクションリサーチ　**190**
アクティビティの誘発　**150**
アクティブラーニング　**135**, 220
新しい世代の権利　**240**
アーティキュレーション　**211**
アーティファクト　136
アビトゥア　**215**
アフォーダンス　136
アメニティの追求　**149**
現われ　**161**
アンドラゴジー　**233**
暗黙知　**181**
意見表明権　**241**
異質協同型　**160**
いじめ　**165**

異性愛中心主義　**85**
一望監視施設　**45**
一斉教授　**44**, 46
一斉授業　146, 151
――の廃止　148
逸　脱　**160**
一般教育運動　**90**
一般教養　219
居場所　**162**
インクルーシブ教育　**256**, 258, 260, 261, 262
インクルージョン　**259**
インファンス　**93**
インフォーマル教育　**147**
英語教育　**125**
エイジング　**36**
エコスクール　**150**
エージェンシー　**94**
エスニシティ　**248**
『エミール』　2, **16**, 17, 75, 76
エリート型　218, **219**
エンハンスメント　**19**
オープンスクール　**147**, 148, 149

◻ か 行

カウンセリング　**165**-170
カウンセリングマインド　**165**, 167, 169
『家郷の訓』　**15**
格差社会　**234**
学　習　**101**, **129**, **139**
――の個別化・個性化　**148**
学習観　130, **131**, 133
学習形態　**131**
学習権　**240**
学習権宣言　**233**, 239, 240
学習材　**143**

学習指導要領　92, 113, **118**, 119, 120, 220, 276
学習者の共同体　**136**
学習心理学　129
学習到達度調査（PISA）　88, 114, **115**
学習理論　129
学　制　55
拡張による学習　35, **133**
獲得的適応　**34**
学問知の枠組み（エピステーメー）　103
学　力　109-111
学力評価　112
学　歴　46
学歴主義　46, 211
隠れたカリキュラム　57, **83**, 124
家族のおこなう教育　62, 66
課題提起型教育　**106**, 254
語　り　**182**
片廊下一文字型校舎　**147**
『学級革命』　158
学級集団づくり　**158**, 159
学　校　41
学校安全　283
学校運営協議会　**200**
学校化　48
学校階梯　211
学校教育法　89, 114, 223, 231, 256, 257
学校システム　211
学校心理学　166
学校制度　4, 46, 213, 223
学校接続　211, 214
学校選択　**200**, 201
学校不信　66
学校文化　47, 161
学校方式　42
活動理論　132
家庭教育　26, 66, 231
家父長制　82
カリキュラム　118
カリキュラム開発　120
　　学校に基礎をおく——　122, 123

カリキュラム研究　120
カリキュラム評価　122
カリキュラム・ポリティクス　**125**
環境教育　267
観点別評価　113
企業内教育　224
キー・コンピテンシー　92, 94, 114
技術的熟達者　**179**
機能的リテラシー　92
義務教育学校　214
キャリア・ガイダンス　227
キャリア教育　92, **224**, 227
　　権利としての——　229
教　育　2, 13, **17**, 18
　　権利としての——　62, 239
教育委員会　197-200
教育委員会法　197
教育委員公選制　197
教育改革　49, 77, 105
教育開発　265
教育科学　5, 6
教育学　1, 3
教育家族　160
教育機会確保法　50, 51, 201
教育基本法　56, 89, 114, 204, 231, 276
教育行政　197
　　——の一般行政からの独立　**204**
教育言説研究　18
教育思想史　102
教育実践　119
教育職員免許法　78, 185, 281, 283
教育政治　206
教育接続　215
教育専門職博士課程　189
教育勅語　47, 55
教育的公正　249
教育的瞬間　181
教育的な価値　7
教育的平等　249
教育的マルサス主義　26, 28
教育投資論　65

298

教育評価　109
教育福祉論　162
教育への権利　240
教育目的　109
教育目標　109, 122
教育を受ける権利　240
教員の地位に関する勧告　186
教員免許更新講習　185
教化（エディフィケーション）　14, 155
境界教育学　107
教科書　140, 141, 143
教科書検定　204
教　具　139
教　材　139
教材解釈　141, 142, 144
教材開発　144
教材研究　141, 144
教　師　177
　──の教育権　187
　──の政治的コミットメント　187
教師教育　188, 190
教師発達　190
教師文化　178
教授印刷術　104
教授学　43, 103
教授要目　120
教職課程　78, 185, 281
教職教育学　281
教職大学院　185, 189, 281
教職の専門職化　186, 188
競争の教育　63, 64, 225
共同体主義　272
共同体のための教育　14
共同体への参加　275
教養型リテラシー　90, 91
教養主義　219
均衡化理論　34
近代家族　81
近代学校　43
近代啓蒙思想　73
クイア・スタディーズ　85

クイア・ペダゴジー　85, 86
クライエント中心療法　167
クリック・レポート　275
グローバリゼーション　264, 270
グローバルリテラシー　92
経　験　105
経験主義　105
形　成　14, 61
形成的評価　113
コアカリキュラム　281, 283
行為のなかの知　181
郷　学　46
工学的アプローチ　121, 122
公　共　276
公教育　54, 58, 77, 270
公共性　161, 270, 283
合計特殊出生率　26
構成主義の学習論　105
構成的権力　205
高大接続　215, 219
高大接続改革　220
公的領域　82
高等教育　211, 217
高度成長　60, 62
公認心理師　172
後発効果　46
公　僕　178
公民館　232
公民権運動　249
合理的配慮　33, 261
国際障害分類（ICF）　262
国民教育　6, 53, 54, 247
国民国家　54, 55, 247
国民主権　56
国民の教育権論　204
子宝思想　24
国家のイデオロギー装置　57
国家の教育権論　204
子ども観　22, 23, 24, 241
子ども中心主義　24
子どもの学習権　204

子どもの権利に関する条約　240, 241, 244
『〈子供〉の誕生』　74
子どもの発見　16, 241
子どもの貧困　162
コミュニティ・スクール　200
ゴール・フリー評価　122
コンピテンシー　113, 114

さ　行

最近接領域　35
再生産　57
再生産理論　57, 107, 124, 141
サバルタン　267
サラマンカ宣言　259, 260
参加　271
参加型学習　108
参加権　242
参加のはしご　242
参加民主主義　163, 243
産婆術　102
ジェンダー　81, 83, 124
ジェンダー・アイデンティティ　84
自己決定権　241
自然の秩序　76
持続可能な開発　267
シックスクール　150
実践記録　182
実践のなかの理論　181
シティズンシップ　270
　　共同体主義的な──　273
　　福祉国家的──　271
シティズンシップ教育　94, 107, 200, 234, 254, 272
私的領域　82
指導死　244
指導，助言　197, 199
指導要録　113
自発的従属　17
市民（公民）　54, 56, 271
市民革命　77
市民性　270

市民との協働　187
社会教育　231
社会教育法　231
社会性　2
社会的インクルージョン　261
社会的事実　5, 6
社会的道徳的責任　275
社会の秩序　76
社会文化的アプローチ　132
社会変動　60
就活　226
宗教改革　24
習熟　115
就職指導　225
習俗　14, 61
集団づくり　160
習得　133
修得主義　214
18歳選挙権　206, 276
授業研究　190
主権者教育　159
受容と共感のアプローチ　168
生涯学習　232
生涯教育　232
障害児教育　256, 258
障害者権利条約　256, 261
障害者差別解消法　33, 261
状況的学習　35, 130, 131
小産小死　25, 26
少子化社会　27
情報化社会　64
『女教師の記録』　178
職業指導　229
初等教育　211
進学指導　225
人格的自立権　241
新規学卒一括採用　62, 224
新教育運動　105, 147
人権教育　242
人口減少　67
人口置換水準　27

真正の評価（オーセンティックアセスメント）　115
診断的評価　113
進歩主義　78
進路指導　223, 229
スクールカウンセラー　165, 166, 170
スクールソーシャルワーカー　162, 171
生活訓練　159
生活指導　155
生活綴方　156, 228
省察　181, 190
省察的実践者モデル　189
性差別　83
政治的なシティズンシップ　273
政治的リテラシー　94, 106, 275
成熟　31
聖職者　178
成人教育　233
成人教育学　232
生成　36
成長　31
正統的周辺参加　130
生徒指導　170
青年　61
政府開発援助（ODA）　265
性別役割規範　81
『世界絵図』　103
世界人権宣言　240
世界保健機関（WHO）　262
セクシュアリティ　81, 84, 248
セクシュアル・ハラスメント　244
セクシュアル・マイノリティ　85
世代交代　13
絶対評価　112, 113
全国学力・学習状況調査　203
戦後民主主義　158
潜在能力（ケイパビリティ）　265, 266
専門家の指導性　198
専門職　186
専有　133
総括的評価　113

総合的な学習の時間　125
相対評価　112, 113
ソーシャルキャピタル　273
祖霊信仰　24

た　行

大学進学率　63, 218
大学入学共通テスト　220
大学のユニバーサル化　135
『大教授学』　103
大衆消費社会　64
タイラー原理　121
多産多死　25, 26
脱学校社会　48
脱学校論　47, 48
多文化教育　124, 247
多文化共生社会　250
多文化主義　58, 107, 247
多文化的なシティズンシップ　272
多民族学習　250
多民族教育　250
単元　123
単婚家族　24
単線型学校制度　47
小さな大人　17
知性の解放　221
地方教育行政　198, 199
地方教育行政の組織及び運営に関する法律　197, 199, 206
チャータースクール　49, 206
中等教育　62, 211, 212, 217
中等教育修了資格試験　215
中等後教育　218
長期欠席　64
朝鮮学校　252
通過儀礼　41
ディープ・アクティブラーニング　135
手習塾　46
統一学校運動　213
同化　247
道具箱　133

事項索引

統合教育（インテグレーション教育）　259
到達度評価　112, 113
到達目標　110
特殊教育　256, 257, 258
特別支援教育　256, 258, 259
特別ニーズ教育　253, 259, 260
徒弟制　89, 130
徒弟方式　42
トランジッション　224, 228

な 行

仲間づくり　158
ナショナリズム　55, 56
滲み込み型　25
『二十四の瞳』　73, 178
日本国憲法　56, 62, 187, 203
日本的雇用　65, 225
入試制度　214
ニューカマー　50
人間形成　7, 13, 16, 61
認知革命　129
認知心理学　129
認知的徒弟制　131
認定こども園　231
能力主義　63, 65, 160
ノットワーキング　134
ノーマライゼーション　260

は 行

媒介された行為　133
ハイパー・メリトクラシー　65
バイリンガル教育　253
バウチャー制　201
バカロレア　215
白紙（タブラサ）　3, 75
パーソンズ　228
パターナリズム　283
発達　30, 31
発達障害　33, 258, 259
発達保障論　257
パノプティコン　45

パフォーマンス評価　115
班・核・討議づくり　159
藩校　46
反省　105
反省的思考　180
反省的実践家　180, 182
汎知学　103
汎知主義　44
万人のための教育（EFA）　265
汎用性（ジェネリック）　114
非指示的カウンセリング　167
非政府組織（NGO）　265
批判的意識化　106
批判的教育学　107
批判的リテラシー　106
フェミニズム　82, 84, 107
フォーク・ペダゴジー　61
フォーメーション　→形成
福祉国家　271
普通教育　89, 90, 94
不登校　47, 50, 51
フリースクール　49
プレカリアート　234
フレンドシップ　275
プログラミング学習　125
文化性　2
文化的リテラシー　91
文化伝達　3, 31, 42
分散認知　136
フンボルト理念　220
ペダゴジー　4, 6
保育所（保育園）　231
方向目標　110
奉仕活動　273
法治主義　203, 205
ボケーショナル・ガイダンス　228
ポスト・アンドラゴジー　233
ポスト構造主義　84
ポスト国民国家　107, 247
ポスト・コロニアリズム　107, 267
ポスト福祉国家　273

北方性教育　157
ポートフォリオ　115
ホームエデュケーション　48
ボランティア　273

ま行

マイノリティ　248, 252
マス型　218
学びの履歴　124
導かれた参加　132
民衆統制　198
民主的公共圏　163
民主的専門職性　188
民族　54
民族学習　249
民族主義　57
娘組　62
メディア（媒体）　139
メディアリテラシー　92, 141
メリトクラシー　→能力主義
盲学校　257
モニトリアル・システム　44
文部科学省　197, 199

や行

夜間中学　50
山びこ学校　158
ユニバーサル型　218

ユネスコ　186, 232, 239, 259
養護学校　257
養護教諭　171
幼児教育　93
幼稚園　231
弱さ　32

ら行

ライフコース　183
ライフストーリー　183
羅生門的アプローチ　122
ラーニングセンター型　147
履修主義　214
立憲主義　204, 205
リテラシー　88
リバタリアニズム　284
リベラルアーツ　90, 103
臨床心理学　168
ルーブリック　115
レッジョ・エミリア　93
聾学校　257
6-3-3-4制　47, 213

わ行

若者組　62
ワーキングプア　234
ワークスペース型　147

人名索引

あ行

アップル（M. W. Apple） 124, 125
アトキン（J. M. Atkin） 121
網野善彦 61
アユイ（V. Hauy） 257
アリエス（P. Ariès） 16, **74**, 90
アルチュセール（L. Althusser） 57
アレント（H. Arendt） 161, 205
糸賀一雄 257
イリッチ（I. Illich） 48
ヴァン・マーネン（M. Van Manen） 181, 182
ヴィゴツキー（L. S. Vygotsky） **34**, 131
ウィズビー（E. Wisby） 188
ウィッティ（G. Whitty） 188
ウェンガー（E. Wenger） 130
エリクソン（E. H. Erikson） 35
エンゲストローム（Y. Engeström） 133
大澤真幸 274
大田堯 32, 33
落合恵美子 26

か行

勝田守一 5, 7, 34, 90
金子郁容 200
カント（I. Kant） **74**, 77
ギデンズ（A. Giddens） 264
城戸幡太郎 5
ギンタス（H. Gintis） 57
クリック（B. Crick） 94, 273, 275
クリバード（H. M. Kliebard） 124
コーエン（G. A. Cohen） 266
小西健二郎 158
コメニウス（J. A. Comenius） 3, 43, **103**
コリンズ（A. Collins） 131

コール（M. Cole） 132
コンドルセ（M. J. A. C. Condorcet） **74**, 77, 240

さ行

斎藤喜博 142
小砂丘忠義 156
佐藤学 124
ジェルピ（E. Gelpi） 232, 234
ショーン（D. A. Schön） 180–182
ジルー（H. A. Giroux） **107**
新藤宗幸 199
スピヴァク（G. C. Spivak） 267
セガン（E. Seguin） 257
セン（A. Sen） 265
ソクラテス（Sōkratēs） **102**

た行

タイラー（R. W. Tyler） 121
壺井栄 73, 178
デューイ（J. Dewey） 105, 180, 181
デュルケーム（E. Durkheim） 4
ド・レペ（C.-M. de l'Epée） 257
トロウ（M. A. Trow） 218–220

な行

ヌスバウム（M. C. Nussbaum） 266
野村芳兵衛 159
ノールズ（M. S. Knowles） 233

は行

パイナー（W. F. Piner） 124
ハーシュ（E. D. Hirsch） 91
パットナム（R. Putnam） 273
ハート（R. Hart） 242, 243
バトラー（J. Butler） 58, 84

人名索引

バンクス（J. A. Banks）　249
バーンスティン（B. Bernstein）　57
ピアジェ（J. Piaget）　34
平野婦美子　178
フィヒテ（J. G. Fichte）　53, 54
フーコー（M. Foucault）　85
ブラウン（A. L. Brown）　136
プラトン（Platōn）　102, 103
ブルデュー（P. Bourdieu）　57
ブルーナー（J. S. Bruner）　131
ブルーム（B. S. Bloom）　122
フレイレ（P. Freire）　106, 107, 233, 254
フレネ（C. Freinet）　143
フレーベル（F. Fröbel）　23, 54
フンボルト（W. F. von Humboldt）　220
ペスタロッチ（J. H. Pestalozzi）　3, 74, 105
ベック（U. Beck）　264
ヘルバルト（J. F. Herbart）　3, 54, 74
ベンサム（J. Bentham）　45
ボイト（H. Boyte）　273
ボウルズ（S. Bowles）　57
ポルトマン（A. Portmann）　32

■ ま 行

マーシャル（T. H. Marshall）　271

松下圭一　232
マルサス（T. R. Malthus）　28
峰地光重　156
宮澤康人　23, 90
宮本常一　15

■ や 行

柳田國男　15

■ ら 行

ラングラン（P. Lengrand）　232
ランシエール（J. Rancière）　220
ルソー（J.-J. Rousseau）　1, 16, 17, 61, 75, 105
ルペルチェ（L. M. Lepeletier）　77
レイヴ（L. Lave）　130
レオンチェフ（A. N. Leontiev）　133
蠟山政道　55
ロゴフ（B. Rogoff）　132
ロック（J. Locke）　3, 75

■ わ 行

ワーチ（J. V. Wertsch）　133
ワロン（H. Wallon）　34, 35

■著者紹介

木村　元　一橋大学名誉教授，青山学院大学コミュニティ人間科
　　　　　学部特任教授
小玉重夫　東京大学大学院教育学研究科教授
船橋一男　埼玉大学教育学部教授

教育学をつかむ〔改訂版〕
The Essentials of Education, 2nd ed.

2009 年 4 月 20 日　初　版第 1 刷発行
2019 年 4 月 1 日　改訂版第 1 刷発行
2023 年 8 月 30 日　改訂版第 7 刷発行

	木　村　　　元	
著　者	小　玉　重　夫	
	船　橋　一　男	
発行者	江　草　貞　治	
発行所	株式会社　有　斐　閣	

郵便番号 101-0051
東京都千代田区神田神保町 2-17
https://www.yuhikaku.co.jp/

印刷・株式会社理想社／製本・牧製本印刷株式会社
© 2019, H. Kimura, S. Kodama, K. Funabashi. Printed in Japan
落丁・乱丁本はお取替えいたします。
★定価はカバーに表示してあります。
ISBN 978-4-641-17726-0

JCOPY　本書の無断複写（コピー）は，著作権法上での例外を除き，禁じられています。複写される場合は，そのつど事前に（一社）出版者著作権管理機構（電話03-5244-5088, FAX03-5244-5089, e-mail:info@jcopy.or.jp）の許諾を得てください。